“ “हे दशानन! मेरा परिचय, मेरे आगमन का कारण और मेरा उद्देश्य–सभी मैंने प्रकट कर दिए हैं।” दशानन के दरबार में हनुमान दृढ़ स्वर में बोले–“अब मैं जिस उद्देश्य से यहां उपस्थित हूं, उसमें मात्र तुम्हारा ही हित है। सुबाहु, ताड़का, मारीच, कबंध, विराध और खर-दूषण जैसे महाबलियों का क्षण-मात्र में वध करने वाले, दुंदुभि के पर्वत शिखर जैसे अस्थि-पिंजर को तनिक-सी ठोकर से वायुमंडल में विलीन करने वाले, महाशिव के सारंग धनुष को खंड-खंड करने वाले उन प्रभु श्रीराम से तुमने जो वैर लिया है, क्या वह उचित है? जिनकी कृपा से मैं समस्त बाधाओं को ध्वस्त करके तुम्हारे समक्ष आ पहुंचा, क्या वे मात्र तपस्वी हैं? जिन्होंने उस परम बली बाली को अपने एक बाण से बींध दिया, जिसने छह माह तुम्हें कांख में दबाए रखा था, क्या वे साधारण मानव हैं? लंकेश! संकेत हमें सचेत करते हैं, बोध कराते हैं, परंतु जिनके भाग्य में दारुण दुख होते हैं, प्रभु उनकी मति पहले ही हर लेते हैं।” ”

प्रथम संस्करण: 2024

PRAKASH

प्रकाश बुक्स इंडिया प्राइवेट लिमिटेड का एक प्रकाशन

113/ए, दरियागंज,
नई दिल्ली-110 002
Email: info@prakashbooks.com/sales@prakashbooks.com

🅕 Fingerprint Publishing
🆇 @FingerprintP
🅞 @fingerprintpublishingbooks
www.fingerprintpublishing.com

ISBN: 978 93 5856 232 3

श्री हनुमान

चरित्र एवं चालीसा

श्रीराम के परम भक्त महाबली हनुमान के अवतरण
से लेकर अमरत्व प्राप्त करने तक की पुण्यगाथा!

संपादन एवं प्रस्तुति

एम.आई. राजस्वी

(उ.प्र. हिंदी संस्थान से सम्मानित)

PRAKASH

"देवी!" पवनदेव ने कहा—"भगवान शिव के वरदान, मेरे संकल्प और श्रीहरि की कृपा से तुम्हें एक ऐसे पुत्र की प्राप्ति होगी, जिसका यश अमिट होगा। तुम अपने पुत्र को 'राम-नाम' का मंत्र देकर दीक्षित करना—शेष प्रभु स्वयं करेंगे।"

अंजना की प्रसन्नता का ठिकाना न रहा। वायुदेव की स्तुति करके उन्होंने विधिपूर्वक दिव्य पायस ग्रहण कर लिया और केसरी को इस शुभ समाचार से अवगत कराया।

केसरी ने देवताओं का आभार प्रकट किया और अंजना सहित अपने महल में आ गए। समय आने पर अंजना के गर्भ में देवांश प्रकट होने लगा। समय आने पर प्रसव पीड़ा हुई।

यह चैत्र मास की शुक्ल एकादशी का महानक्षत्र था, दिन मंगल का और लग्न मेष था, जब अंजना ने तेजस्वी पुत्र को जन्म दिया, जो आंजनेय कहलाया।

महावीर हनुमान : बल-बुद्धि के अप्रतिम प्रतिमान

बुद्धिर्बलं यशो धैर्यं निर्भयत्वमरोगता।
सुदादर्यं वाक्स्फुरत्वं च हनुमत्स्मरणद् भवेत्॥

—आनंद रामायण मनोहर-13/16

अखिल ब्रह्मांड में बहुत से लोक-परलोकों की कथाएं प्राचीन काल से ही चली आ रही हैं। पौराणिक मान्यताओं में देवलोक, असुरलोक, पाताललोक, सुरलोक, भूलोक आदि कई लोकों का वर्णन मिलता है। इन सभी में भूलोक की महिमा बड़ी निराली है। देवता भी इस लोक में जन्म लेने की इच्छा रखते हैं। जीवन-मृत्यु का संघर्षमय और सांसारिक खेल केवल इस धरा धाम पर ही संभव है, तभी तो श्रीहरि नारायण कारण उत्पन्न करके बार-बार यहां अवतार लेते हैं। प्रत्येक युग में श्रीहरि ने पूर्ण और आंशिक अवतार लिये हैं।

त्रेतायुग में जब आसुरी शक्तियों का प्रभाव अधिक बढ़ गया तो पृथ्वी पाप के बोझ से पीड़ित हो उठी और देवता भी अत्याचारों से त्रस्त हो उठे। दक्षिण में लंकापति रावण ने अधर्म का नेतृत्व संभाल रखा था। वरदानी और शिवभक्त रावण स्वयं तो था ही महाबलशाली, ऐसे ही उसके पुत्र मेघनाद आदि एक से बढ़कर एक बलवान थे और कुछ ऐसे ही उसके अनुचर भी थे। तीनों लोकों पर अपना आधिपत्य जमाने के लिए उसने युद्धों की लंबी श्रृंखला आरंभ की थी। उसने देवताओं को बंदी बना लिया था और धार्मिक कर्मकांडों को शून्य कर दिया था।

इन अत्याचारों से त्रस्त होकर व्याकुल धरा ने श्रीहरि नारायण से प्रार्थना की जिसे स्वीकार करके श्रीहरि ने अयोध्या में अवतार लिया। उसी समय भगवान शिव ने ग्यारहवें रुद्र के रूप में माता अंजना के गर्भ से जन्म लिया। अंजना-पुत्र हनुमान न केवल राम के भक्त थे, अपितु धर्म की पुनर्स्थापना के मुख्य कारक भी थे। उनकी अनुपस्थिति में उस युग की कल्पना भी नहीं हो सकती। जब राम वन-पथ पर थे, तब हनुमान उनके लिए सैन्य संगठन कर रहे थे। वे जानते थे कि वह धर्मयुद्ध होना अनिवार्य था तो तैयारियां भी आवश्यक थीं। नियत समय पर दोनों की भेंट हुई और आगामी रूप-रेखा तय की गई।

श्रीराम के भक्त बनकर हनुमान भगवान की प्रतिष्ठा करने में जुट गए तो श्रीराम भक्त-वत्सल होकर भक्त की महिमा सिद्ध करने में। असाध्य को भी साध्य करने वाले हनुमान स्वयं किसी श्रेय को नहीं लेते, अपितु सब प्रभु श्रीराम की कृपा ही मानते हैं। जब यह स्थापित हो गया कि रावण ही सीताजी का हरण करके ले गया है तो प्रभु श्रीराम के कहने पर हनुमान उनकी खोज में लंका गए।

हनुमान पराक्रमी हैं तो कुशल राजनीतिज्ञ भी हैं। उन्हें केवल सीताजी की खोज करके ही लौट आना था, परंतु वे इससे भी अधिक करते हैं। वे दशानन रावण को प्राथमिक चेतावनी देने के रूप में उसके पुत्र अक्षय कुमार का वध कर देते हैं। अंत में बहुत से राक्षसों का संहार करते हुए वे लंका दहन करके रावण को उसके भविष्य से परिचित भी कराते हैं।

समरांगण में जब मेघनाद की शक्ति से लक्ष्मण मरणासन्न हो जाते हैं तो श्रीराम के आशापूर्ण नेत्र हनुमान पर ही टिकते हैं और महावीर हनुमान बिना प्राणों की चिंता किए शत्रु की नगरी में प्रवेश कर वैद्य सुषेण को ले आते हैं। हनुमान बल-बुद्धि के अप्रतिम प्रतिमान हैं। जब संजीवनी बूटी लाने की बात आती है तो पुनः हनुमान ही इसी दुष्कर कार्य के लिए प्रस्तुत होते हैं। बाधाओं एवं अवरोधों का दमन करके वे लक्ष्मण के प्राण बचा लेते हैं, तब क्योंकर वे श्रीराम के प्रिय न होंगे! जब भी असाध्य संकट आया, हनुमान ने उसे साध्य किया, तभी तो श्रीराम ने उन्हें भरत समान प्रिय कहा। यदि आप महावीर हनुमान की भक्ति भाव से परिपूर्ण पुण्यगाथा का संपूर्ण रसास्वादन करना चाहते हैं तो फिंगरप्रिंट से प्रकाशित पुस्तक **'दशरथ-नंदन दशानन गाथा'** अवश्य पढ़ें।

हनुमान बड़े उदार, दयालु और भक्त-वत्सल हैं। जो प्राणी राम का भक्त है, वह हनुमान के लिए साक्षात् राम जैसा है। उसकी सेवा करने को वे प्रभु-सेवा मानते हैं। दुर्लभ भक्ति है उनकी! उन्हीं परम भक्त, महाबली हनुमान के जीवन-चरित्र को उनके चालीसा, संकटमोचन हनुमानाष्टक और आरती सहित इस पुस्तक में प्रस्तुत किया गया है।

मुझे पूर्ण विश्वास है कि प्रस्तुत पुस्तक **'श्री हनुमान चरित्र एवं चालीसा'** आपके लिए परम पुण्य एवं कल्याणकारी सिद्ध होगी।

—एम.आई. राजस्वी

अनुक्रमणिका

खंड-1 : आंजनेय से हनुमान तक

1.	सूर्यदेव का भक्षण	11
2.	देवताओं के दिव्य वरदान	15
3.	अप्सरा पुंजिकास्थली को श्राप	19
4.	केसरी का प्रणय निवेदन	23
5.	आंजनेय का प्राकट्य	27

खंड-2 : श्राप से शिक्षा तक

1.	आंजनेय की चपलता	33
2.	ऋषियों की शिकायत	37
3.	ऋषियों का श्राप	41
4.	आंजनेय का उपनयन संस्कार	45
5.	सूर्यदेव को गुरु दक्षिणा	49

खंड-3 : शिव से श्रीराम तक

1.	मदारी स्वरूप शिव की लीला	55
2.	विचित्र मदारी की विचित्र इच्छा	59
3.	हनुमान का अयोध्या से प्रस्थान	63

खंड-4 : सुग्रीव के रक्षा-कवच

1.	हनुमान की सुग्रीव से भेंट	71
2.	हनुमान का बाली को परामर्श	75
3.	जामवंत की सांत्वना	79
4.	गुरु के आदेश का पालन	83

खंड-5 : श्रीराम-सुग्रीव मिलन

1.	हनुमान की व्यग्रता	89
2.	सुग्रीव की व्यथा	93

3.	मैत्री का प्रथम परिचय	97
4.	ताड़ वृक्षों का संधान	101
5.	बाली का उद्धार	105

खंड–6 : सीताजी की खोज

1.	लक्ष्मण का रोष	111
2.	गंधर्व-पुत्री स्वयंप्रभा से भेंट	115
3.	हनुमान को अपने बल का स्मरण	119
4.	सुरसा और सिंहिका से सामना	123
5.	लंका में प्रवेश	127
6.	विभीषण से भेंट	131

खंड-7 : लंका में भीषण अग्निकांड

1.	अशोक वाटिका में हनुमान	137
2.	अक्षय कुमार का अंत	141
3.	हनुमान दशानन के दरबार में	145
4.	हनुमान की पूंछ में आग	149

खंड-8 : अमरत्व की प्राप्ति

1.	हनुमान की सराहना	157
2.	श्रीराम सेतु का निर्माण	161
3.	संकटमोचक सखा हनुमान	165
4.	संजीवनी बूटी का प्रभाव	169
5.	अहिरावण व रावण का संहार	173
6.	भक्त और भक्ति की महत्ता	177

खंड-9 : श्री हनुमान चालीसा एवं अन्य स्तुतियां

1.	श्री हनुमान चालीसा	185
2.	संकटमोचन हनुमानाष्टक	195
3.	श्री रामचंद्रजी की आरती	199
4.	श्री हनुमान लला की आरती	201

खंड-1

आंजनेय से हनुमान तक

“हे देवराज!” देवर्षि नारद ने इंद्रदेव को आंजनेय के अवतरण से लेकर हनुमान होने तक की कथा संक्षेप में समझाते हुए कहा–“अब तो आप जान गए कि आंजनेय कौन है और वायुदेव से उनका क्या संबंध है! आपके वज्र के प्रहार से जिसे केवल मूर्च्छा ही आई, वह कोई साधारण कपि नहीं हो सकता।”

“आप सत्य कह रहे हैं देवर्षि! प्रभु की लीला अपरंपार है।” देवराज ने नमन किया–“अवश्य ही अब कुछ नया घटनाचक्र घटने वाला है।”

“आपके लिए तो घटनाचक्र आरंभ भी हो गया देवेंद्र!” नारद रहस्यमय स्वर में बोले–“आप शीघ्र ही देवलोक पहुंचिए। रावण का पराक्रमी पुत्र मेघनाद सेना सहित देवलोक पर आक्रमण करने की तैयारी कर रहा है।”

“मैं उस अभिमानी रावणसुत का वध कर दूंगा।” देवराज क्रोध से भर उठे।

“देवेंद्र, यह कार्य तो कोई और ही संपन्न करेगा–नारायण-नारायण!”

सभी देवताओं द्वारा दिए गए वरदानों से वायुदेव प्रसन्न हो गए और उन्होंने अपने कंठ से वायु का संचार किया तो मृतशून्य प्राणी पुनर्जीवन प्राप्त कर उठे–वृक्ष पुन: हरियाली से भर गए–वनस्पतियां फिर से सचेत हुईं।

"हे हनुमान!" श्रीहरि ने कहा–"मेरे हेतु इस धरा पर जो भी कार्य सिद्ध होगा, वह तुम्हारे सहयोग से ही संपन्न होगा।"

सभी देवताओं ने दिव्य वरदानों से रक्षित हनुमान की स्तुति की।

इसके बाद सभी देवगण अपने-अपने लोक की ओर प्रस्थान कर गए।

"देवर्षि!" देवराज इंद्र ने लपककर नारदजी से विनय की–"आप सर्वज्ञ हैं, सत्यभाषी हैं। कृपा करके मेरे मन में उत्पन्न कुछ प्रश्नों का उत्तर दे दें।"

"निसंकोच होकर पूछिए देवराज!" देवर्षि ने कहा।

"मुझे हनुमान की उत्पत्ति और हेतु के विषय में जानने की जिज्ञासा है, क्योंकि जिसे श्रीहरि सहित सभी ने वर-रक्षित किया है, वह साधारण तो कदापि नहीं हो सकता। मुझे उसके माता-पिता आदि के विषय में बताने की कृपा करें।"

"देवराज, इस धरा धाम पर धर्म की पुनर्स्थापना की आधारशिला आज रखी गई है–हनुमान उसका केंद्र हैं।

1

सूर्यदेव का भक्षण

बाल समय रबि भक्षि लियो तब, तीनहुं लोक भयो अंधियारो।
ताहि सों त्रास भयो जग को, यह संकट काहु सों जात न टारो।।
—संकटमोचन हनुमानाष्टक–1

"हे देवराज, मेरी रक्षा करो–मुझे बचाओ। निर्वात में चला गया तो वहीं बंदी हो जाऊंगा। मुझे बचाओ देवराज!" राहु ने आर्त स्वर में पुकार लगाई।

देवराज इंद्र ने वह पुकार सुनी और दौड़े चले आए।

ऐरावत ने सूंड बढ़ाकर राहु को लपेट लिया।

"हे देवराज!" राहु रोता हुआ बोला–"आपने मुझे सूर्य भक्षण का अधिकार दिया था, परंतु आज एक वानर शिशु ने हस्तक्षेप किया और मेरे ललकारने पर उसने मुष्टि प्रहार से मेरी ऐसी दशा कर दी।"

"वानर शिशु!" देवराज आश्चर्य में पड़ गए–"किसी वानर का ऐसा तेज नहीं हो सकता, जो सूर्यदेव के ताप को सहन कर सके। अरे, यह क्या? सूर्यदेव तो लुप्त हो गए। क्या उसने रवि-भक्षण कर लिया? चलो ऐरावत!"

सिं हिका-पुत्र राहु बहुत प्रसन्न था। आज अमावस्या की तिथि जो थी। आज उसे उसका इच्छित भोजन मिलने का दिन था। भोजन भी साधारण नहीं, अपितु ब्रह्मांड के परम तेजस्वी देवता सूर्य का भक्षण। एकमात्र

वही उसके अमर जीवन का कार्य रह गया था। राक्षस कुल में जन्मा कभी वह स्वरभानु नाम से जाना जाता था। देवासुर संग्राम के पश्चात् समुद्र-मंथन हुआ और उसमें से अमृत व सुरा दोनों प्राप्त हुए। अमृत को लेकर दोनों पक्ष झगड़ने लगे थे, तब एक अति रूपवान मोहिनी ने आकर अमृत को बांटने की मध्यस्थता की। उसके यौवन और चितवन ने दोनों ही पक्षों को संतुष्ट कर दिया था और वे अलग-अलग पंक्तियों में शांतिपूर्वक बंट गए।

मोहिनी अमृत-कलश से अमृत बांटने लगी।

स्वरभानु अपनी बारी की प्रतीक्षा में टकटकी लगाए अनिंद्य सुंदरी को देख रहा था, तभी उसे शंका हुई कि जब मोहिनी देवताओं को अमृत देती थी तो वह रक्तवर्ण होता था और दैत्यों को देती तो धवल वर्ण। वह समझ गया कि दैत्यों के साथ छल हो रहा है।

स्वरभानु चाहता तो दैत्यों को छल के विषय में बता सकता था, परंतु स्वार्थी प्रवृत्ति के कारण उसने ऐसा न किया और स्वयं मौका देखकर देवताओं की पंक्ति में जा बैठा और अमृतपान कर लिया, तभी सूर्य और चंद्रदेव ने उसे पहचान लिया और श्रीविष्णु को संकेत कर दिया।

श्रीविष्णु ने अपने सुदर्शन चक्र से उसका सिर धड़ से अलग कर दिया। वह अमृतपान कर चुका था, इसलिए मृत्यु तो उसकी नहीं हुई, परंतु वह दो हिस्सों में विभक्त हो गया। उसके सिर का नाम राहु और धड़ का नाम केतु हुआ। सभी देवता अमृतपान कर चुके थे और मोहिनी कलश सहित अंतर्ध्यान हो गई थी।

दैत्य ताड़ गए कि उनके साथ छल हुआ था, अत: झगड़ा बढ़ गया। सुरा के प्रभाव से दैत्यों की शक्ति तो क्षीण हो चुकी थी और देवता अमृतपान से परम शक्तिवान हो गए थे। दैत्यों की पराजय हुई। अब राहु-केतु का क्या किया जाए, जो मारे न मरता था और देवताओं को त्रास दे रहा था, तब देवराज इंद्र ने समाधान निकाला।

"राहु-केतु, तुम अमरत्व को प्राप्त हो गए हो, परंतु देवों को परास्त नहीं कर सकते। उचित होगा कि तुम कोई उचित वरदान लेकर शांत रहो। हम तुम्हें नवग्रहों में स्थान देने को तैयार हैं।" इंद्र ने कहा।

"देवराज! यह आपकी अनुकंपा है, क्योंकि दो भागों में विभक्त होकर हमारा जीवन किसी कार्य का नहीं रहा। आप हमें इच्छित वरदान दीजिए। हमारी यह दशा सूर्य और चंद्र के कारण हुई है, अत: हमें अपना आहार इन्हीं से प्राप्त करने का अधिकार दीजिए—यही न्याय है।"

"तथास्तु! परंतु उसके लिए समय निश्चित होगा। जब चंद्रमा अपनी गति से सूर्य के प्रकाश को पृथ्वी पर पहुंचने में अवरोध करें, तब तुम सूर्य को आहार बना सकते हो और केतु भी इसी स्थिति में चंद्रमा का भक्षण कर सकेगा।"

राहु-केतु ने इच्छित वरदान पाकर प्रसन्नता प्रकट की, परंतु इसका कोई विशेष लाभ न दिखाई दिया, क्योंकि बहुत समय बीत जाने पर ही कभी-कभी ही आहार की स्थिति बन पाती थी। अमावस्या या पूर्णमासी पर, यही उनका भाग्य था!

आज बहुत समय पश्चात् यह स्थिति बन रही थी तो राहु प्रसन्नता से सूर्य को ग्रसने के लिए भागा जा रहा था। वह छह मास से भूखा था और आज आंशिक नहीं, पूर्ण भक्षण कर लेने का मन बना चुका था। भोजन दिखाई दिया, पर यह क्या? उससे आगे कोई और भी बड़े वेग से सूर्य की ओर उड़ा जा रहा था। राहु को बड़ा क्रोध आया। उसके भोजन में हस्तक्षेप करने का साहस किसने किया? उसने गति बढ़ाकर विरोधी का मार्ग रोका।

"अरे, तू तो कोई वानर शिशु है!" राहु आश्चर्य से बोला–"सराहनीय बल और दुस्साहस किया, परंतु अब लौट जाओ। वह मेरा आहार है।"

"भूख तो मुझे भी लग रही है, धड़हीन और ऐसा फल मैंने पहले कभी नहीं चखा। बड़ी लंबी यात्रा की है। तुम्हारे कहने से लौटा तो नहीं जाएगा।" वानर शिशु ने निर्भीकता से कहा–"अब तुम ही निर्णय कर लो।"

"तू अपनी मृत्यु को पुकार रहा है बालक! मैं राहु हूं, राहु! मेरी कुपित दृष्टि जिस पर पड़ जाए, उसका विनाश हो जाता है।"

"अरे...रे...रे...रे, तनिक विनाश करके तो दिखाओ।" वानर शिशु ने उपहास किया।

राहु जबड़ा फैलाकर अत्यंत क्रोध में उस पर झपटा तो वानर शिशु ने उसकी कनपटी पर ऐसा मुष्टि-प्रहार किया कि वह गेंद की तरह उछलता हुआ अंतरिक्ष की ओर जाने लगा।

"हे देवराज, मेरी रक्षा करो–मुझे बचाओ। निर्वात में चला गया तो वहीं बंदी हो जाऊंगा। मुझे बचाओ देवराज!" राहु ने आर्त स्वर में पुकार लगाई।

देवराज इंद्र ने वह पुकार सुनी और दौड़े चले आए।

ऐरावत ने सूंड बढ़ाकर राहु को लपेट लिया।

"हे देवराज!" राहु रोता हुआ बोला–"आपने मुझे सूर्य भक्षण का अधिकार दिया था, परंतु आज एक वानर शिशु ने हस्तक्षेप किया और मेरे ललकारने पर उसने मुष्टि-प्रहार से मेरी ऐसी दशा कर दी।"

"वानर शिशु!" देवराज आश्चर्य में पड़ गए–"किसी वानर का ऐसा तेज नहीं हो सकता, जो सूर्यदेव के ताप को सहन कर सके। अरे, यह क्या? सूर्यदेव तो लुप्त हो गए। क्या उसने रवि-भक्षण कर लिया? चलो ऐरावत!"

ऐरावत तीव्र गति से उस ओर चला। इंद्र ने देखा कि वास्तव में एक वानर शिशु ने सूर्यदेव को अपने मुंह में रख लिया था।

"अरे दुष्ट वानर, तेरा ऐसा दुस्साहस! ठहर, अभी तेरा अंत करता हूं।" क्रोध में भरे इंद्र ने अपना अमोघ वज्र उस शिशु की ओर छोड़ दिया। वज्र ने वानर के मुख पर प्रहार किया जिससे उसकी ठोड़ी टूट गई, जबड़ा खुला और सूर्यदेव बाहर की ओर भागे। वानर शिशु उस वज्र-प्रहार से मूर्च्छित हो गया और पृथ्वी की ओर गिरने लगा, तभी वायुदेव प्रकट हुए और देवराज को रोष भरी दृष्टि से देखा।

"यह आपने अच्छा नहीं किया सुरेश्वर! एक अबोध बालक पर ऐसा घातक प्रहार। यह शक्ति और पद का मद है। इसका दंड अवश्य मिलेगा।"

वायुदेव इतना कहकर बड़े वेग से नीचे की ओर गए और उस वानर शिशु को भुजाओं में लेकर दक्षिण दिशा में चले गए।

"देवराज, यह क्या था?" सूर्यदेव चकित स्वर में बोले–"ऐसा अद्भुत वानर हमने कभी नहीं देखा। आज हमारा ताप अधिक नहीं था, परंतु इतना कम भी नहीं था कि कोई वानर उसे सह सकता। कौन था यह वानर शिशु?"

"हम भी अनभिज्ञ हैं सूर्यदेव! हम तो राहु की पुकार पर यहां आए थे। उस वानर ने राहु को भी प्रताड़ित किया और वायुदेव का व्यवहार! प्रतीत होता है कि वायुदेव अवश्य उस वानर के विषय में जानते थे।" इंद्र असमंजस में पड़ गए।

एकाएक वातावरण में जैसे प्राणवायु संकुचित होने लगी। कुछ ही क्षण में सभी लोक वायु से शून्य हो गए। देवराज की समझ में इतना तो आ रहा था कि यह सब वायुदेव के उस रोष का परिणाम है जो वे दिखाकर गए थे, परंतु क्यों एक वानर के लिए उन्होंने इतना क्रोध किया और प्रवाह बंद कर दिया। समस्त प्राणी जगत घोर संकट में था।

देवराज ने ऐरावत को तत्काल क्षीर सागर चलने का आदेश दिया। अब वहीं से समस्या का समाधान हो सकता था।

2

देवताओं के दिव्य वरदान

मत्करोत्सृष्टवज्रेण हनुरस्य यथाऽहतः।
नाम्ना वै कपिशार्दुलो भविता हनुमानिति॥

—वाल्मीकि रामायण-7/36/11

"हे वायुदेव, मेरे वज्र-प्रहार से आंजनेय की हनु (ठोड़ी) क्षतिग्रस्त हो गई है, परंतु यही इसका मान होगा।" देवराज ने कहा—"संसार इसे हनुमान के नाम से जानेगा। मेरा वरदान है कि संसार का कोई भी वज्र इसका अहित न कर सकेगा। यह वज्र से भी अधिक कठोर शरीर प्राप्त करेगा।"

"इस बालक की निर्भयता और सामर्थ्य ने मुझे चकित कर दिया।" सूर्यदेव ने कहा—"मैं इसे अपने तेज का शतांश प्रदान करता हूं। जब यह शिक्षा के योग्य हो जाएगा, तो मैं इसे शिष्य के रूप में स्वीकार करूंगा।"

"हनुमान को मैं अपने पाश से अभय करता हूं।" वरुणदेव ने कहा—"यह जल में सदैव निर्भय और सुरक्षित रहेगा।"

"मैं इसे सदा निरोगी और अपने सभी दंडों से अभय करता हूं।" यमदेव ने कहा।

देवराज इंद्र के पीछे-पीछे ही सभी देवगण क्षीर सागर पहुंच गए और श्रीहरि के चरणों की वंदना करके वायुदेव द्वारा प्राणवायु को रोक देने से प्राणी जगत में मच रहे हाहाकार के विषय में बताया।

"प्रभो, पृथ्वीलोक पर सभी प्राणी मृतप्रायः हो गए हैं।" वरुणदेव ने बताया–"वायुदेव ने ऐसा क्यों किया! प्रभु, कुछ उपाय करें, अन्यथा...!"

"वायुदेव अकारण ही तो ऐसा नहीं करेंगे।" श्रीविष्णु ने कहा–"अवश्य उनके रोष के पीछे कोई कारण होगा।"

इस पर देवराज इंद्र ने उस घटना के विषय में बताया जिसकी पुष्टि सूर्यदेव ने भी की कि जो हुआ, एक वानर शिशु के कारण हुआ।

"नारायण-नारायण!" तभी देवर्षि नारद वहां पधारे और श्रीहरि व लक्ष्मीजी को प्रणाम किया तो सभी देवताओं ने करबद्ध होकर देवर्षि को प्रणाम किया।

"देवर्षि! आप तो नित्य लोक-भ्रमण करते हैं।" श्रीहरि ने मुस्कराकर कहा–"क्या आप ऐसे वानर शिशु के विषय में जानते हैं, जो सूर्यदेव को फल समझकर भक्षण कर सकने का दुस्साहस कर सकता है?"

"प्रभु, जिस पर आपकी कृपा हो, वह क्या नहीं कर सकता!" देवर्षि ने विनम्र स्वर में कहा–"आंजनेय के लिए कौन कार्य दुष्कर है! वे चाहें तो पर्वत को पीस दें, समुद्र का उल्लंघन कर दें, अभिमानियों का गर्व चूर कर दें। प्रभो, वानरश्रेष्ठ कुंजर की पुत्री और महाबली केसरी की पत्नी अंजना का पुत्र आंजनेय ही तो इस लीला का मुख्य पात्र है।"

"हे त्रिलोकीनाथ!" इंद्र ने कहा–"देवर्षि तो उस दुस्साहसी वानर का ऐसा महिमामंडन कर रहे हैं, जैसे वह कोई अवतारी बालक है। इस समय सृष्टि संकट में है और वायुदेव जाने किस अज्ञात स्थान पर जा बैठे हैं।"

"देवराज, आप प्रत्यक्ष को भी स्वीकार नहीं कर रहे हैं। सूर्यदेव को उस शिशु के मुख में देखकर भी आप उसे साधारण वानर कह रहे हैं।" देवर्षि ने कहा–"वह वायुदेव का ही पुत्र और भगवान रुद्र का अवतार है। इस संसार में जो धर्म-संतुलन होना है, उसमें उसी महावीर की भूमिका होगी। शीघ्र ही वायुदेव की खोज कीजिए और उनसे क्षमा-याचना कीजिए।"

देवराज इंद्र ने याचक दृष्टि से श्रीहरि की ओर देखा तो अंतर्यामी प्रभु ने उनकी भावना समझ ली। उन्हें तो कण-कण का भान था।

"देवराज, वायुदेव वेंकटाचल पर्वत की कंदरा में रोषपूर्ण मुद्रा में बैठे हैं। हम सभी उनके पास चलते हैं और उनसे विनय करते हैं कि वे अपना प्रवाह सतत् रखें। देवराज, आपको भी अपनी भूल के लिए उनसे क्षमा मांगनी होगी। उनका रोष स्वाभाविक और अस्थायी है–चलो, सब कल्याण होगा।"

श्रीहरि के परामर्श पर देव समाज वेंकटाचल पर्वत की उस कंदरा में पहुंचा, जहां

अपने पुत्र को गोद में लिये वायुदेव बैठे थे। सभी देवों को वहां आया देखकर उन्होंने सरोष नेत्रों से देवराज की ओर देखा।

"क्षमा, क्षमा वायुदेव!" देवराज विनीत स्वर में हाथ जोड़कर बोले–"मुझसे बड़ी भूल हो गई, जो मैं आंजनेय को पहचान न सका। राहु को दिया हुआ वचन और सूर्यदेव को हो रहे कष्ट को देखकर मैं तत्काल यह न समझ सका कि यह कोई साधारण वानर नहीं। मुझे क्षमा कर दें वायुदेव!"

"देवराज! यह वीरता नहीं है कि एक बालक पर आप ऐसा आघात करें! बालक चंचल होते हैं। उन्हें समझाया जाता है, डांटा भी जाता है, मृत्युदंड नहीं दिया जाता। तुमने इसकी जो दशा कर दी है, उसने मेरे मर्म को बींध दिया है।"

"वायुदेव, देवराज का भूलवश किया गया कार्य आपके क्रोध का कारण है तो आप इस क्रोध से देवराज को पीड़ित करें।" देवर्षि नारद ने कहा–"इस प्रकार प्रवाह अवरुद्ध करके समस्त प्राणी जगत को मरणासन्न करना उचित नहीं। क्रोध प्रायः विवेक को नष्ट करता है और जीव उससे अनुचित निर्णय लेता है। देवराज ने राहु को दिए गए अधिकार की रक्षा और सूर्यदेव के त्रास को दूर करने के लिए जो निर्णय लिया, वह राजधर्म था। एक बालक पर ऐसा भीषण आघात यद्यपि इनकी गरिमा के अनुकूल न था। अब इस मतभेद को दूर करने की कृपा करें।"

देवराज क्षमाप्रार्थी होकर वायुदेव के समीप आए और मूर्च्छित आंजनेय के शरीर पर अपना दिव्य हस्त फिराया। तत्काल आंजनेय सचेत हो गए और बड़े कौतूहल से देव समाज को देखने लगे।

"हे वायुदेव, मेरे वज्र-प्रहार से आंजनेय की हनु (ठोड़ी) क्षतिग्रस्त हो गई है, परंतु यही इसका मान होगा।" देवराज ने कहा–"संसार इसे हनुमान के नाम से जानेगा। मेरा वरदान है कि संसार का कोई भी वज्र इसका अहित न कर सकेगा। यह वज्र से भी अधिक कठोर शरीर प्राप्त करेगा।"

"इस बालक की निर्भयता और सामर्थ्य ने मुझे चकित कर दिया।" सूर्यदेव ने कहा–"मैं इसे अपने तेज का शतांश प्रदान करता हूं और जब यह शिक्षा के योग्य हो जाएगा, तो मैं इसे शिष्य के रूप में स्वीकार करूंगा।"

"हनुमान को मैं अपने पाश से अभय करता हूं।" वरुणदेव ने कहा–"यह जल में सदैव निर्भय और सुरक्षित रहेगा।"

"मैं इसे सदा निरोगी और अपने सभी दंडों से अभय करता हूं।" यमदेव ने कहा।

"ऐसे पराक्रमी वीर को मैं यह गदा प्रदान करता हूं जिससे इसे कभी युद्ध में विषाद या पराजय का सामना नहीं करना पड़ेगा।" लोकपाल कुबेर ने कहा।

"संसार का कोई भी अस्त्र-शस्त्र और दिव्यास्त्र इसे मोहित न कर सकेगा।" विश्वकर्मा ने भी हनुमान को वरदान दिया।

सभी देवताओं द्वारा दिए गए वरदानों से वायुदेव प्रसन्न हो गए और उन्होंने अपने कंठ से वायु का संचार किया तो मृतशून्य प्राणी पुनर्जीवन प्राप्त कर उठे–वृक्ष पुनः हरियाली से भर गए–वनस्पतियां फिर से सचेत हुईं।

"हे हनुमान!" श्रीहरि ने कहा–"मेरे हेतु इस धरा पर जो भी कार्य सिद्ध होगा, वह तुम्हारे सहयोग से ही संपन्न होगा।"

सभी देवताओं ने दिव्य वरदानों से रक्षित हनुमान की स्तुति की।

इसके बाद सभी देवगण अपने-अपने लोक की ओर प्रस्थान कर गए।

"देवर्षि!" देवराज इंद्र ने लपककर नारदजी से विनय की–"आप सर्वज्ञ हैं, सत्यभाषी हैं। कृपा करके मेरे मन में उत्पन्न कुछ प्रश्नों का उत्तर दें।"

"निसंकोच होकर पूछिए देवराज!" देवर्षि ने कहा।

"मुझे हनुमान की उत्पत्ति और हेतु के विषय में जानने की जिज्ञासा है, क्योंकि जिसे श्रीहरि सहित सभी ने वर-रक्षित किया है, वह साधारण तो कदापि नहीं हो सकता। मुझे उसके माता-पिता आदि के विषय में बताने की कृपा करें।"

"देवराज, इस धरा धाम पर धर्म की पुनर्स्थापना की आधारशिला आज रखी गई है–हनुमान उसका केंद्र हैं। क्या आपको पुंजिकास्थली का स्मरण है?"

"पुंजिकास्थली!" इंद्र के नेत्रों के समक्ष एक दिव्य यौवन से परिपूर्ण अप्सरा की मूर्ति साकार हो उठी।

3

अप्सरा पुंजिकास्थली को श्राप

केसरी कुंजरस्याथ सुतां भार्यामविन्दत।।
अंजना नाम सुभागा गता पुंसवने शुचिः।

–ब्रह्मांड पुराण–3/7/223–224

ऋषि द्रवित हो गए। दया तो ऋषियों का गुण है। उन्होंने पुंजिकास्थली के सिर पर स्नेहिल हाथ फिराया–"पुत्री, हम सभी विधि के अधीन हैं। हम जो कहते हैं, वह स्वयं हमारा कहा नहीं होता।" ऋषि बोले–"विधि किसी को यश या दंड देने हेतु इसी प्रकार की परिस्थिति उत्पन्न करती है। हमारी वाणी विधि की प्रेरणा है, अतः हमारा श्राप तो मिथ्या नहीं हो सकता, परंतु हम अपने संचित पुण्यों के संकल्प से उसमें संशोधन अवश्य कर सकते हैं। पुत्री, तुम उच्च वानर कुल में जन्म लोगी और इच्छानुसार रूप धारण कर सकोगी। समय आने पर श्रीहरि की तुम पर ऐसी कृपा होगी कि सृष्टिपर्यंत तुम तीनों लोकों में पूजनीय माता मानी जाओगी। जाओ पुत्री, विधि का लेख सत्य करो।"

वह लावण्यमयी मोहिनी अप्सरा पुंजिकास्थली थी, जो इंद्र के दरबार की शोभा थी। वह सभी अप्सराओं में सबसे अधिक रूपवान थी। उसका यौवन देखकर ब्रह्मचारियों का मन भी कामवश हो जाता था। रूप के साथ ही पुंजिकास्थली में कुछ अन्य गुण भी थे जिन्होंने उसे इंद्र और शचि की दृष्टि में महत्त्व दिया था।

देवराज का दरबार जब भी सजता, पुंजिकास्थली के द्वारा भव्य हो जाता था। सभी देवता उस अप्सरा के लावण्य पर मोहित थे। उसकी चंचल चितवन और हिरनी जैसी चाल देखकर कामदेव भी विकल हो जाते थे। देवराज इंद्र उसे क्षण-भर के लिए अपनी दृष्टि से ओझल न होने देते थे और इंद्राणी भी उसे अपने ही पास देखना चाहती थीं।

पुंजिकास्थली ने अपने स्वामी और स्वामिनी के मध्य इस संतुलन को सदैव बनाए रखा था। वह क्षण में दरबार में होती और क्षण में महल में। उसकी इसी चंचलता ने एक दिन उसे कष्ट दिया।

देवराज इंद्र के दरबार में उस दिन पृथ्वीलोक से एक तपोधनी ऋषिमंडल हरि-चर्चा करने पहुंचा था। सभी ऋषि परम विद्वान और भगवद्-प्रेमी थे। ईश-चर्चा ही उनका नित्य पुण्य था।

देवराज इंद्र ऐसी चर्चाओं के लिए विशेष व्यवस्था करते थे। नृत्य-गान, सोमपान उस समय के लिए पूर्ण प्रतिबंधित होता था जिससे ऋषि समाज कुपित न हो। उस दिन भी यही अनुशासनपूर्ण व्यवस्था थी। ऋषिगण श्रीहरि की दिव्य लीलाओं का मधुर स्वर में गुणगान कर रहे थे। देव समाज मनोयोग से श्रवण कर रहा था।

उसी समय सुगंधित पवन के झोंके की भांति पुंजिकास्थली ने दरबार में प्रवेश किया और ऋषिगणों को प्रणाम कर देवराज के समीप जा खड़ी हुई। ऋषियों ने इसे सहजता से लिया और चर्चा सतत् चलती रही। कुछ ही क्षण बीते थे कि पुंजिकास्थली महल की ओर चली गई। ऋषियों ने इसे भी सहजता से ही लिया, परंतु यह प्रक्रिया जब कई बार हो गई तो एक ऋषि की भृकुटि तन गई। उसने उस चंचल अप्सरा के आने-जाने से हरि-चर्चा में हो रहे व्यवधान का आभास कर लिया। व्यवधान हो भी रहा था। श्रुतिमग्न श्रोता उसके आने-जाने पर ऐसे लोलुप नेत्रों से उसे देखते मानो वह नृत्यसभा थी। इससे ऋषि को क्रोध आना स्वाभाविक था।

इस बार पुंजिकास्थली ने अपनी चितवन से देवताओं को घायल किया और महल की ओर कुलांच भरी।

"हे चंचल उच्छृंखल अप्सरा!" ऋषि रोष भरे स्वर में बोले–"क्या वानरी की भांति इधर-से-उधर कूदती फिर रही है! क्या तुझे ईश्वर की चर्चा का महत्त्व नहीं पता? अपने इस रूप और यौवन के अहंकार में तू प्रभु-चर्चा का निरादर कर रही है। जा, मैं तुझे श्राप देता हूं कि तू वानरी हो जाए।"

इंद्र सहित संपूर्ण सभा स्तब्ध रह गई। पुंजिकास्थली तो पाषाण ही हो गई। वह तो अपनी दिनचर्या के अनुसार ही व्यस्त थी। उसने तो जान-बूझकर किसी का निरादर

नहीं किया था। उसने कातर दृष्टि से देवराज की ओर देखा, परंतु देवराज ऋषियों के विरुद्ध कैसे कुछ कहते! जबकि कारण भी उचित ही था। व्यवधान तो हो ही रहा था। इंद्र ने नेत्रों से यही समझाया कि ऋषियों से क्षमा-याचना करे, इसके अलावा कोई उपाय नहीं है।

"हे महर्षि!" पुंजिकास्थली रोती हुई ऋषि के चरणों में गिर गई–"मुझसे भूलवश यह अपराध हो गया। आप तो दया के सागर हैं। ऋषि तो कल्याण का पर्याय होते हैं। हे महात्मन्, अपना श्राप वापस लेने की कृपा करें। मुझे ऐसा कठोर दंड न दें। कृपा करें मुनिवर! कृपा करें।"

ऋषि द्रवित हो गए। दया तो ऋषियों का गुण है। उन्होंने पुंजिकास्थली के सिर पर स्नेहिल हाथ फिराया।

"पुत्री, हम सभी विधि के अधीन हैं। हम जो कहते हैं, वह स्वयं हमारा कहा नहीं होता।" ऋषि बोले–"विधि किसी को यश या दंड देने हेतु इसी प्रकार की परिस्थिति उत्पन्न करती है। हमारी वाणी विधि की प्रेरणा है, अत: हमारा श्राप तो मिथ्या नहीं हो सकता, परंतु हम अपने संचित पुण्यों के संकल्प से उसमें संशोधन अवश्य कर सकते हैं। पुत्री, तुम उच्च वानर कुल में जन्म लोगी और इच्छानुसार रूप धारण कर सकोगी। समय आने पर श्रीहरि की तुम पर ऐसी कृपा होगी कि सृष्टिपर्यंत तुम तीनों लोकों में पूजनीय माता मानी जाओगी। जाओ पुत्री, विधि का लेख सत्य करो।"

पुंजिकास्थली उसी क्षण सूक्ष्म स्वरूप होकर पृथ्वीलोक की ओर जाने लगी। ऋषियों ने पुन: प्रभु-चर्चा आरंभ कर दी। सभी श्रोता उस घटना से स्तब्ध थे, परंतु ऋषियों का कोपभाजन कौन बनता!

उधर पुंजिकास्थली का सूक्ष्म स्वरूप पृथ्वीगमन कर रहा था तो श्रीहरि की प्रेरणा से योगमाया ने उसे स्थिर किया और सुमेरु पर्वत के वानरराज कुंजर की पत्नी के गर्भ में आरोपित कर दिया।

वानरराज कुंजर बड़े ही पराक्रमी राजा थे और समस्त वानर समाज में उनकी ख्याति थी। प्रभु की कृपा से सभी ऐश्वर्य उन्हें सुलभ थे, परंतु उनके कोई संतान नहीं थी। इसके लिए वानरनरेश कुंजर ने बहुत वर्षों तक परमपिता ब्रह्मा की उपासना की। उनकी तप-निष्ठा से प्रसन्न होकर एक दिन ब्रह्माजी उनके समक्ष प्रकट हुए।

"हे वानरराज, तुम्हारी तपस्या से मैं बहुत प्रसन्न हूं।" ब्रह्माजी ने कहा–"जिस विधि से तुम्हारा कल्याण होगा, मैं वैसा ही करूंगा। अपनी इच्छा प्रकट करो।"

"हे रचनाकार, आपकी कृपा से मुझे इस लोक के समस्त वैभव प्राप्त हैं, परंतु इस वैभव का कोई उत्तराधिकारी न होने से मेरा मन व्याकुल रहता है।" कुंजर ने हाथ जोड़कर विनती की–"आप मुझे एक पुत्र प्रदान करने की कृपा करें।"

"वानरराज, नियति ने तुम्हारे भाग्य में पुत्र-सुख नहीं लिखा। विधि का ध्येय सदैव कल्याणकारी होता है। तुम्हारा और समस्त जगत का कल्याण करने हेतु तुम्हारे भाग्य में एक ऐसी परम तेजस्विनी पुत्री का योग है, जो तुम्हारे कुल और वंश की प्रतिष्ठा को अमर करेगी। वह इस धरा धाम पर ऐसे महान योद्धा की जननी होगी जिसे स्वयं श्रीहरि और माता लक्ष्मी अपने हृदय में विराजेंगे–जाओ, तुम्हारा कल्याण हो।"

ब्रह्माजी का वरदान पाकर कुंजर की प्रसन्नता का ठिकाना न रहा। आज तक संतानहीन होने का जो दारुण दुख था, ब्रह्माजी ने उसे दूर कर दिया।

कुंजर ने यह शुभ समाचार अपनी पत्नी को दिया तो वह भी विषादरहित हो गई। समय आने पर गर्भ वृद्धि करने लगा तो वानर समाज में हर्ष फैल गया। सभी के लिए यह बड़ा ही शुभ समाचार था।

समय आने पर कुंजर के महल में एक कन्या का जन्म हुआ तो सारे राज्य में खुशियां मनाई गईं। ऋषियों के द्वारा उस कन्या का नामकरण 'अंजना' हुआ, जो चंद्रमा की कलाओं की भांति नित्य प्रति बढ़ने लगी। यह जानकर तो वानर समाज अत्यंत गर्व से भर गया था कि उनकी राजकुमारी अंजना इच्छानुसार मानवी और वानरी रूप धारण कर लेती थी।

4

केसरी का प्रणय निवेदन

तत्त्वज्ञानसुधासिंधु निमग्नाय महीयसे।
आंजनेयाय शूराय सुग्रीवसचिवाय ते॥

—श्रीमारुति स्तोत्रम्-4

"कौन हो तुम?" प्रत्यक्ष में अंजना ने रोष व्यक्त किया—"इस प्रकार किसी कन्या को चोरी-छिपे देखने की धृष्टता कैसे की?"

"ईश्वर की सबसे सुंदर रचना को देखने के लिए इस धृष्टता का जो भी दंड हो, वह केसरी को स्वीकार है राजकुमारी!"

"राजकुमार केसरी! बहुत कीर्ति सुनी है आपकी! पर यह व्यवहार क्यों? वीर अपने मनोवांछित के लिए स्थापित आदर्शों का आश्रय लेते हैं।"

"जब हृदय वश में न हो तो धृष्टता हो जाती है।"

"क्या चाहते हैं आप?" अंजना ने जान-बूझकर क्रोध दिखाया।

"इस जीवन पथ पर आपका सहचर्य।"

"इसके लिए प्रणय निवेदन की नहीं, माता-पिता की सहमति चाहिए। आपको उचित स्थान पर जाकर यह इच्छा व्यक्त करनी चाहिए।"

कपिकन्या अंजना की सुंदरता के चर्चे दूर-दूर तक फैले थे। साक्षात् रति का रूप लिये अंजना जब श्रृंगार करके निकलती थी तो युवा हृदय झंकृत हो जाते थे। पंपापुर के युवराज केसरी ने जब अंजना के विषय में सुना तो उनके हृदय में उस रूप-लावण्य को देखने की इच्छा प्रबल हो उठी।

केसरी एक असाधारण योद्धा वानरकुमार था। उसका वास्तविक नाम तो सारंग था, परंतु एक बार उसके अद्‌भुत पराक्रम से ऋषिगणों ने उसे केसरी अर्थात् सिंह का संबोधन दिया तो कालांतर में वह इतना प्रसिद्ध हो गया कि वह स्वयं अपना वास्तविक नाम भूल गया था। अब तो हर कोई उसे केसरी के नाम से ही जानता था।

जब विशाल और सुदृढ़ देहयष्टि वाला केसरी मात्र किशोरवय ही था तो एक दिन अपने साथियों सहित वह पहाड़ी पर खेल रहा था। घाटी में नीचे ऋषियों के आश्रम थे। चारों ओर बड़ा ही मनोरम वातावरण था। वेद-मंत्रों से घाटी गुंजायमान रहती थी। अनेक वन्य जीव वहां निर्विघ्न विचरण करते थे। पक्षियों के कलरव गूंजते रहते थे, तभी नीचे घाटी में शोर उठा।

कपिकुमारों ने देखा कि एक उन्मत्त हाथी मानो विक्षिप्त होकर वहां आ गया था और विध्वंस मचा रहा था। बड़े-बड़े वृक्षों को उखाड़कर वह कुटियों पर फेंक रहा था। साधुजन पुकार करते हुए प्राण बचाते फिर रहे थे।

युवराज सारंग ने क्षण-भर भी विलंब नहीं किया और वायुवेग से पहाड़ी से कूद गए। मदमस्त हाथी ने अभी-अभी एक बालक को सूंड में लपेटकर आकाश की ओर उछाल दिया था जिसे कपिकुमार ने हवा में ही लपक लिया और सुरक्षित भूमि पर ला छोड़ा।

"ठहर जाओ गजराज!" कपिकुमार ने गर्जना की-"अपने बल के घमंड में तुम ऐसा अनर्थ कर रहे हो कि संतों को पीड़ा दे रहे हो। शांत हो जाओ, अन्यथा मैं तुम्हें सदैव के लिए शांत कर दूंगा।"

मदोन्मत्त हाथी उस ललकार को चुनौती मानकर उसकी तरफ घूम गया और भीषण चिंघाड़ से घाटी को दहला दिया।

कपिकुमार उसके सामने डट गए और पैंतरा बदल लिया। वे जानते थे कि उस मस्त हाथी की सूंड का लपेटा ही उसकी शक्ति था। उसकी पकड़ से बचना ही अच्छा था। हाथी ने बड़े वेग से अपनी सूंड लहराई। युवराज सारंग ने झुकाई देकर वार बचाया ही नहीं, अपितु बड़ी फुर्ती से उसके दांत पकड़ उछलकर उसके मस्तक पर बैठ गए।

इसके बाद कपिकुमार ने अपने भीषण मुष्टि-प्रहारों से उन्मत्त गजराज को इस प्रकार ठोका मानो कोई धोबी शिला पर वस्त्र धो रहा हो। कुछ ही क्षणों में चिंघाड़ते हुए उस हाथी का मस्तिष्क सुन्न हो गया था और वह उसी स्थान पर बेदम-सा होकर पहले बैठा और फिर लेट गया। उसके नेत्र बंद हो गए मानो गहरी मूर्च्छा में चला गया हो।

ऋषिगणों ने कपिकुमार की जय-जयकार की तो कपिकुमार ने विनयपूर्वक सबको प्रणाम किया।

"कपिकुमार, तुमने समय पर आकर हम लोगों की रक्षा की। अद्भुत बल और कौशल का प्रदर्शन किया। कोई सिंह ही ऐसे उन्मत्त गज को संज्ञाशून्य कर सकता था। आज से हम तुम्हें केसरी का नाम देते हैं। तुम अपने इस पुण्य कार्य से यश के भागी तो हुए ही, साथ ही हम सबका आशीर्वाद है कि तुम जब भी कोई इच्छा पवित्र हृदय से करोगे, वह अवश्य पूरी होगी।" ऋषिगणों ने समवेत् आशीर्वाद दिया।

कपिकुमार केसरी ने कृतज्ञता से उस आशीर्वाद को ग्रहण किया। कपिसमूह ने अपने युवराज की जय-जयकार की और उस मूर्च्छित हाथी को इस तरह हाथों में उठा लिया मानो वह भारहीन हो और उसे घाटी से दूर नदी किनारे ले जा पटका।

"अब भूलकर भी ऐसा उत्पात न करना गजराज! अन्यथा केसरी इस बार तुम्हें प्राणहीन ही कर देंगे।" कपिसमूह ने चेतावनी दी।

अब पंपापुर में सारंग का यशोगान होने लगा और कुछ ही दिनों में उन्हें 'केसरी' के नाम से जाना जाने लगा। युवा होने पर केसरी के बल-पराक्रम से वानर समाज परिचित हो गया था। इसी बीच केसरी को परम सुंदर, इच्छाधारी अंजना के विषय में पता चला और वे उसे देखने की इच्छा से सुमेरु क्षेत्र में आ गए।

केसरी को पता चला कि राजकुमारी यदा-कदा वेंकटाचल पर्वत शिखर पर सूर्यास्त का मनोरम दृश्य देखने आती है। कई दिनों की प्रतीक्षा के पश्चात् अंततः उन्हें राजकुमारी अंजना को देखने का अवसर मिला। अहा, जैसे साक्षात् रति ही श्रृंगार करके वहां आ गई हो। केसरी का हृदय पहली दृष्टि में ही अंजना का दास हो गया।

केसरी ने उसी क्षण प्रणय निवेदन करने का मन बना लिया। सच्ची प्रेम भावना को प्रकट करने में विलंब करना उचित जो न था। केसरी ने भगवान का स्मरण किया और अंजना के पीछे पहुंच गए। नेत्रों में अनुराग भरकर वे एकटक उस सौंदर्य-प्रतिमा को देख रहे थे। अंजना ने भी उस सुदर्शन कपिकुमार को देखा तो मन-ही-मन पुलकित हो उठी। वह जैसे जीवन साथी की कल्पना अपने स्वप्न-विचारों में करती थी, वही सामने था।

"कौन हो तुम?" प्रत्यक्ष में अंजना ने रोष व्यक्त किया—"इस प्रकार किसी कन्या को चोरी-छिपे देखने की धृष्टता कैसे की?"

"ईश्वर की सबसे सुंदर रचना को देखने के लिए इस धृष्टता का जो भी दंड हो, वह केसरी को स्वीकार है राजकुमारी!"

"राजकुमार केसरी! बहुत कीर्ति सुनी है आपकी! पर यह व्यवहार क्यों? वीर अपने मनोवांछित के लिए स्थापित आदर्शों का आश्रय लेते हैं।"

"जब हृदय वश में न हो तो धृष्टता हो जाती है।"

"क्या चाहते हैं आप?" अंजना ने जान-बूझकर क्रोध दिखाया।

"इस जीवन पथ पर आपका सहचर्य।"

"इसके लिए प्रणय निवेदन की नहीं, माता-पिता की सहमति चाहिए। आपको उचित स्थान पर जाकर यह इच्छा व्यक्त करनी चाहिए।"

अंजना यह कह और केसरी पर चंचल चितवन का वार कर वहां से चली गई।

केसरी का हृदय तो जैसे उसके पीछे ही चला गया। उन्होंने यह दृढ़ निश्चय कर लिया कि प्रातःकाल वानरराज कुंजर के दरबार में याचक बनकर जाना ही है। स्वयं अंजना ने संकेत भी कर दिया था अर्थात् उसने उन्हें अपने योग्य तो स्वीकार कर ही लिया था।

केसरी ने वह रात्रि उसी स्थान पर खुले आकाश के नीचे तारों को गिनते और अंजना के स्वप्न में डूबते हुए गुजार दी और सूर्योदय के साथ ही अपने इष्ट का स्मरण करके वानरराज कुंजर के महल की ओर चल दिए।

5

आंजनेय का प्राकट्य

चैत्रे मासि सिते पक्षे हरिदिन्यां मघाभिधे।
नक्षत्रे स समुत्पन्नो हनुमान् रिपुसूदनः॥
—आनंद रामायण सारकांड-13/162

"देवी!" पवनदेव ने कहा—"भगवान शिव के वरदान, मेरे संकल्प और श्रीहरि की कृपा से तुम्हें एक ऐसे पुत्र की प्राप्ति होगी, जिसका यश अमिट होगा। तुम अपने पुत्र को 'राम-नाम' का मंत्र देकर दीक्षित करना—शेष प्रभु स्वयं करेंगे।"

अंजना की प्रसन्नता का ठिकाना न रहा। वायुदेव की स्तुति करके उन्होंने विधिपूर्वक दिव्य पायस ग्रहण कर लिया और केसरी को इस शुभ समाचार से अवगत कराया।

केसरी ने देवताओं का आभार प्रकट किया और अंजना सहित अपने महल में आ गए। समय आने पर अंजना के गर्भ में देवांश प्रकट होने लगा। समय आने पर प्रसव पीड़ा हुई।

यह चैत्र मास की शुक्ल एकादशी का महानक्षत्र था, दिन मंगल का और लग्न मेष था, जब अंजना ने तेजस्वी पुत्र को जन्म दिया, जो आंजनेय कहलाया।

अंजना और केसरी का विवाह बड़ी धूमधाम से संपन्न हुआ। कुंजर ने सहर्ष ऐसे सुयोग्य, यशस्वी और पराक्रमी जमाता को स्वीकार किया

था। अंजना अब पंपापुर की महारानी बनकर रहने लगी। केसरी उसके प्रेम में आकंठ डूब गए थे।

समयचक्र बड़ी तेजी से घूम रहा था। सर्वसुख होने पर भी कुछ वर्षों के पश्चात् अंजना व केसरी को संतान की प्रबल इच्छा हो उठी। एक दिन मतंग ऋषि किष्किंधा पर्वत पर पधारे तो दंपती ने आतिथ्य के पश्चात् अपनी इच्छा उनके सम्मुख प्रकट की।

"पुत्री, तुम्हारा जन्म एक विशेष ध्येय से हुआ है और अब उसके पूर्ण होने का समय भी आ पहुंचा है। तुम परम शिव का आश्रय लो। समस्त चराचर के स्वामी त्रिलोकीनाथ शिव तुम्हारा कल्याण करेंगे।"

ऋषि मतंग का परामर्श पाकर व पति की आज्ञा लेकर अंजना वेंकटाचल पर्वत पर शिव-आराधना में लीन हो गईं। यही वह समय था, जब सुदूर दक्षिण में समुद्र में स्थित कुबेरपुरी लंका में महामुनि विश्रवा और राक्षसरानी कैकेसी के संयोग से उत्पन्न दुर्जन रावण तीनों लोकों में असुर-साम्राज्य की स्थापना करने के लिए चतुरानन ब्रह्मा की कठोर साधना कर रहा था। उसके तप के उग्र प्रभाव से ही धर्म विचलित होने लगा था। उस महाबली ने अपने अंगूठे से पृथ्वी को ऐसे दबा रखा था कि वह पीड़ित हो रही थी, तब पृथ्वी गौ रूप धारण करके श्रीहरि की शरण में पहुंचीं।

"हे कृपानिधान! मैं अत्यंत पीड़ित हूं। रावण ने मेरा श्वास अवरुद्ध कर रखा है। वह विनय नहीं जानता। दया से शून्य है। उसके अनुचरों ने भारी उत्पात मचा रखा है। हे दीनानाथ, पाप के भार से मैं दबी जा रही हूं। आप मेरा कल्याण करें प्रभो!" गौ रूपी पृथ्वी ने अपनी व्यथा कही।

"हे परम दृढ़ धरा, युग परिवर्तन का समय आ गया है। त्रेता के समस्त कर्मों का लेखा-जोखा बन गया है। अब बस संतुलन की प्रक्रिया चल रही है। श्रीशिव इस संतुलन की तुला बना रहे हैं। निश्चिंत रहो, शीघ्र ही तुम इस दुख से मुक्त हो जाओगी।"

श्रीहरि के आश्वासन से सभी देवताओं ने सुख की अनुभूति की। लीलाधर शिव ने अपनी लीला का विस्तार किया। उसी समय तपस्यारत अंजना के समक्ष वरदाता भोले प्रकट हुए और मनोवांछित वरदान मांगने को कहा।

"हे अंतर्यामी, इस चराचर में किस जीव की क्या कामना है, यह सब आपसे ही तो प्रेरित होता है।" अंजना विनयपूर्वक बोलीं-"हे दीनदयाल, आपने मुझे श्रेष्ठ वानरकुल में जन्म दिया और श्रेष्ठ सहचर भी प्रदान किया, परंतु हे नाथ, एक स्त्री की संपूर्णता तो उसके मातृत्व से होती है। हे चंद्रमौलि, मुझ पर भी आपकी कृपा हो। मैं समस्त सद्‌गुणों से युक्त एक पुत्र की अभिलाषी हूं।"

"तथास्तु! समय आने पर मैं स्वयं अपने ग्यारहवें रुद्रांश स्वरूप तुम्हारे गर्भ से पुत्र रूप में जन्म लूंगा। तुम वायुदेव का स्मरण कर उन्हें अपने अनुकूल करना। तुम्हारा अभीष्ट होगा।" परम शिव ने कहा।

अंजना प्रसन्न हो गईं और वायुदेव का स्मरण करने लगी। अपने मनोवांछित की सिद्धि में अंजना मनोयोग से जुट गईं। उसी समय रघुकुल की नगरी अयोध्या में महाराज दशरथ पुत्रयेष्टि यज्ञ संपन्न कर चुके थे और अग्निदेव द्वारा प्रदत्त दिव्य खीर को रानियों में वितरित कर चुके थे। रानी कैकेयी हाथ में पायस लेकर कुछ विचार कर ही रही थी कि कहीं से उड़ती हुई आई एक चील ने कटोरे में चोंच मारी और कुछ पायस लेकर उड़ गई। उस चील ने कुछ दाने तो उदरस्थ कर लिए और कुछ हवा में छूट गए। वायुदेव ने तत्काल उन दानों को अपने वेग से संतुलित किया और दिशा प्रदान कर दी।

ध्यानमग्न अंजना को सहसा ही ऐसा लगा, जैसे किसी ने उसका स्पर्श किया हो। वे चौकीं, किंतु कहीं कोई दिखाई न दिया। अवश्य कोई अदृश्य मायावी असुर होगा। अंजना के नेत्र क्रोध से भर गए।

"कौन है वह धृष्ट जिसे अपने जीवन से मोह नहीं रहा।" वह क्रोध से बोलीं।

वायुदेव ने अंजना को क्रोध में देखा तो प्रकट हो गए।

"हे सुमुखी अंजना, मैं पवनदेव, भगवान शिव के आदेश से आपके मनोरथ को पूर्ण करने आया हूं। मैंने अव्यक्त रूप से तुम्हारा स्पर्श किया है जिससे मेरा मानिसक संकल्प तुम्हें प्राप्त हो सके। निर्भय होकर अपनी अंजलि बढ़ाओ और परम दिव्य प्रसाद ग्रहण करो। यह दिव्य पायस तुम्हारे सहित जिन माताओं ने ग्रहण किया है, वे सभी परम यश को प्राप्त होने वाली हैं।"

अंजना ने श्रद्धा भाव से अंजलि आगे बढ़ा दी तो पवनदेव द्वारा प्रदान किया गया दिव्य पायस उनकी हथेली पर आ गया।

"देवी!" पवनदेव ने कहा–"भगवान शिव के वरदान, मेरे संकल्प और श्रीहरि की कृपा से तुम्हें एक ऐसे पुत्र की प्राप्ति होगी, जिसका यश अमिट होगा। तुम अपने पुत्र को 'राम-नाम' का मंत्र देकर दीक्षित करना–शेष प्रभु स्वयं करेंगे।"

अंजना की प्रसन्नता का ठिकाना न रहा। वायुदेव की स्तुति करके उन्होंने विधिपूर्वक दिव्य पायस ग्रहण कर लिया और केसरी को इस शुभ समाचार से अवगत कराया।

केसरी ने देवताओं का आभार प्रकट किया और अंजना सहित अपने महल में आ गए। समय आने पर अंजना के गर्भ में देवांश प्रकट होने लगा। समय आने पर प्रसव पीड़ा हुई।

यह चैत्र मास की शुक्ल एकादशी का महानक्षत्र था, दिन मंगल का और लग्न मेष था, जब अंजना ने तेजस्वी पुत्र को जन्म दिया, जो आंजनेय कहलाया–अत्यंत चंचल और चपल आंजनेय!

"हे देवराज!" देवर्षि नारद ने इंद्रदेव को आंजनेय के अवतरण से लेकर हनुमान होने तक की कथा संक्षेप में समझाते हुए कहा–"अब तो आप जान गए कि आंजनेय कौन है और वायुदेव से उनका क्या संबंध है! आपके वज्र के प्रहार से जिसे केवल मूर्च्छा ही आई, वह कोई साधारण कपि नहीं हो सकता।"

"आप सत्य कह रहे हैं देवर्षि! प्रभु की लीला अपरंपार है।" देवराज ने नमन किया–"अवश्य ही अब कुछ नया घटनाचक्र घटने वाला है।"

"आपके लिए तो घटनाचक्र आरंभ भी हो गया देवेंद्र!" नारद रहस्यमय स्वर में बोले–"आप शीघ्र ही देवलोक पहुंचिए। रावण का पराक्रमी पुत्र मेघनाद सेना सहित देवलोक पर आक्रमण करने की तैयारी कर रहा है।"

"मैं उस अभिमानी रावणसुत का वध कर दूंगा।" देवराज क्रोध से भर उठे।

"देवेंद्र, यह कार्य तो कोई और ही संपन्न करेगा–नारायण–नारायण!"

देवराज स्तब्ध रह गए। देवर्षि के शब्दों का मर्म समझते उन्हें देर न लगी कि मेघनाद उन पर भारी पड़ने वाला था।

खंड–2

श्राप से शिक्षा तक

शिवांश वायुपुत्र आंजनेय ने हंसकर वह श्राप स्वीकार किया। उसी क्षण वे वृक्ष से भूमि पर गिर पड़े और कराहकर बैठ गए। कठोर भूमि पर गिरकर वज्रदेह में भी पीड़ा हुई और उनकी आंखों से अश्रु निकल आए। मुनि का श्राप तत्काल फलीभूत हुआ। उस श्राप के प्रभाव से हनुमान बच्चों की भांति इस प्रकार रो रहे थे, जैसे उन्हें अत्यधिक पीड़ा हो रही हो। दयालु साधु द्रवित हो गए और हनुमान को गोद में उठाकर वे स्वयं भी रोने लगे।

"हे मंगलमूर्ति, यह सब आपकी ही प्रेरणा से हुआ है। इस चराचर में एक पत्ता भी आपकी इच्छा के बिना नहीं हिलता, फिर भी हम क्षमाप्रार्थी हैं। हमें क्षमा करना रुद्र भगवान, क्षमा करना वायुपुत्र!"

सूर्यदेव ने सर्वप्रथम हनुमान को दीक्षित किया और विधिपूर्वक उन्हें शिष्य बनाया, तत्पश्चात् हनुमान उनके समक्ष विराजमान हो गए और सूर्यदेव ज्ञान प्रदान करने लगे। समस्त वेद, विद्या, कला आदि का सूर्यदेव वर्णन करते जाते थे और उदाहरण देकर भी समझाते थे।

हनुमान सुनते जाते थे। गुरु-शिष्य के इस अद्भुत समागम पर अरुणदेव चकित थे। जिस धारा-प्रवाह से सूर्यदेव अपनी बात कहे जा रहे थे, उससे लगता तो नहीं था कि सब कुछ हनुमान की समझ में आ रहा हो! इतना अद्भुत शिष्य कोई कैसे हो सकता है, जो बिना किसी शंका के इतना मनोयोगी हो सके? वे नहीं जानते थे कि अपनी माता अंजना की कृपा से हनुमान उन समस्त विद्याओं से अवगत थे। सूर्यदेव तो उस ज्ञान की आवृत्ति ही कर रहे थे, अत: हनुमान के पास शंका हेतु आश्रय कहां!

कुछ ही दिनों में उन्होंने सूर्यदेव से शास्त्र शिक्षा प्राप्त कर ली और फिर संकल्प के द्वारा ही सूर्यदेव ने अपने शिष्य को शस्त्र विद्या भी प्रदान कर दी।

1

आंजनेय की चपलता

अंजना सुप्रजा येन मातरिश्वा च सुव्रत।
हनूमान् वानरश्रेष्ठः प्राणान् धारयते क्वचित्॥
—वाल्मीकि रामायण–6/74/18

हनुमान ने अपने एक सखा को संकेत किया तो वह वानर तत्काल चुपके से मुनिवर के पीछे आया और उनका कमंडल झपटकर उलट दिया। मुनिवर क्रोध से कांप उठे। वे आचमन, पूजा हेतु जल लेकर आए थे। वानर बालक पेड़ों पर बैठकर खिलखिलाते हुए तालियां बजा रहे थे। यह देखकर हनुमान मुस्करा उठे।

"अब तो तुम्हारी धृष्टता असहनीय हो चली है हनुमान!" मुनिवर क्रोध से बोले–"हमें तुम्हारे माता-पिता से शिकायत करनी ही होगी।"

"मैंने क्या किया है मुनिवर?" हनुमान भोलेपन से बोले–"जिसने धृष्टता की है, उसके माता-पिता से जाकर कहिए। करे कोई और भरे कोई–यह क्या बात है?"

मुनिवर वहां से पैर पटकते हुए आश्रम की ओर गए।

आंजनेय हनुमान बाल्यकाल से ही अत्यंत नटखट और चंचल थे। इसमें आश्चर्य भी कैसा! देवाधिदेव शिव के रुद्रावतार, देवताओं द्वारा वरदान प्राप्त और वानरकुल में जन्म! स्वभाव से ही चंचलता प्रकट होती थी। एक स्थान पर टिककर बैठना, भोजन या फलों को यथाभूख खाना तो

इनके स्वभाव में ही नहीं होता। वृक्ष और वनस्पतियों से तो इनका जन्मजात वैर होता है। यह साधारण वानर का स्वभाव है। हनुमान तो असाधारण थे। बल, बुद्धि और पराक्रम में उनके समकक्ष कोई वयस्क वानर भी नहीं था। ऊंचे पर्वत शिखरों की ऐसी कोई चोटी नहीं थी जिस पर हनुमान न पहुंचे हों–सखाओं से इसी प्रकार की प्रतिस्पर्द्धाएं लगाते और असंभव को भी संभव कर दिखाते। दिन-भर की धमा-चौकड़ी के बाद हनुमान जब माता अंजना की गोद में जाकर लेटते तो ऐसे दिखाते मानो कितना परिश्रम भरा कार्य करके आए हैं। माता अंजना उन्हें राम महिमा सुनातीं–बतातीं कि राम ही जगत के जगदीश्वर हैं।

प्रात: होते ही हनुमान की चंचल दिनचर्या आरंभ हो जाती थी और वे अपने साथियों सहित फलों का आहार करने चले जाते थे। वहां पेट भरकर खाने के बाद उसे पचाने की प्रक्रिया आरंभ हो जाती जिसमें परस्पर मल्लयुद्ध भी होता था और हनुमान चार-छ: साथियों के साथ अकेले ही जूझते थे। इसके उपरांत वानर-दल की चंचलता वन्य जीवों पर भारी पड़ती थी। कभी खरगोश पकड़ने का दांव रखा जाता और कभी सिंह की गरदन पर खुजली करने की शर्त रखी जाती। बाघ, चीते की नाक में उंगली करने की भी शर्त उनके बीच लोकप्रिय थी। हनुमान इन सबमें आगे रहते थे।

एक दिन एक चीता आहार के पश्चात् धूप सेंक रहा था और आंखें बंद करके लेटा हुआ था। अभी तक उसके साथ किसी वानर ने कोई चंचलता नहीं की थी तो वह यही समझता था कि उसके क्रोध से वानर बालक डरते थे।

"हनुमान!" सखा सुग्रीव ने कहा–"तुमने फुर्ती और चतुराई से सभी जानवरों को परास्त किया है, परंतु यह चीता आज तक हमने नहीं छेड़ा। क्या तुम इसकी नाक में लकड़ी कर सकते हो?"

"कर तो सकता हूं, पर इसके बदले में मुझे तुम सबको अपनी पीठ पर बैठाकर यात्रा करानी होगी–स्वीकार हो तो बोलो।"

"हमें स्वीकार है, परंतु यह आश्वासन तो तुम्हें देना ही होगा कि यदि तुम्हारा कोई अहित हो जाता है तो तुम अपने माता-पिता के सामने हमें दोष नहीं दोगे, अन्यथा हम यह शर्त नहीं रखेंगे।"

"निश्चिंत रहो मित्र! मेरा अहित नहीं हो सकता, क्योंकि मेरी माता ने मुझे एक अद्भुत रक्षामंत्र दे रखा है। इस मंत्र से मेरी शक्ति अपार हो जाती है और प्रबल-से-प्रबल शत्रु भी मेरा कोई अहित नहीं कर सकता।"

हनुमान ने दृढ़ता के साथ एक लकड़ी उठाई और चीते की ओर चल पड़े। सभी कपि बालक वृक्षों पर जा बैठे। वे जानते थे कि जब चीता क्रोध में आएगा तो जो भी

उसकी पकड़ में आएगा, उसकी मृत्यु निश्चित है। हनुमान बड़े ही दबे पांव चीते के पीछे आ गए थे, परंतु जाने कैसे उसे आहट मिल गई और वह सचेत हो गया। उसकी दृष्टि हनुमान के हाथों में थमी लकड़ी पर पड़ी तो वह उनका मंतव्य समझ गया और दहाड़ उठा। हनुमान ने उसकी दृष्टि-से-दृष्टि मिलाई। चीता उस दुस्साहस पर और भी क्रोधित हुआ और जबड़ा खोलकर अपने भयानक दांत दिखाते हुए हनुमान पर झपटा। हनुमान ने पैंतरा बदलकर झुकाई दी और चीते ने छलांग लगाई। वह उनके ऊपर से होकर गया कि हनुमान ने बड़ी फुर्ती से उसके पिछले पैर पकड़ लिये और बड़ी तेजी से उसे सिर से ऊपर वृत्ताकार घुमाकर छोड़ दिया। चीता एक पेड़ से टकराया और चीख उठा। हनुमान उसकी ओर दौड़े तो चीता तत्काल वहां से सरपट भाग लिया। सभी कपि बालक तालियां बजाने लगे।

उसी समय वहां से एक ऋषि गुजर रहे थे जिन्होंने हनुमान को चीते की ऐसी दशा करते देखा था। यह तो वे जानते थे कि केसरीनंदन चंचल, बलशाली और देवताओं से वरदान प्राप्त अद्‌भुत बालक हैं, परंतु यह तो दुस्साहस की अति थी। हिंसक चीते, शेर के साथ ऐसा खिलवाड़ अन्य वानर बालकों के लिए प्राणलेवा सिद्ध हो सकता था। हिसंक पशु यदि क्रोध में आ जाए और प्रतिशोध का भाव जाग्रत कर ले तो वह उसी का शत्रु नहीं रहता जिसने उसे छेड़ा हो, अपितु वह सभी का शत्रु बन जाता है।

"वत्स आंजनेय!" ऋषिवर बोले–"तुम कुछ अधिक चपल हो, परंतु तुम्हें इतना ज्ञान अवश्य होना चाहिए कि कौन-सा कार्य करने से क्या लाभ और क्या हानि हो सकती है! पशु यदि हिंसक हो जाए और क्रोध में आ जाए तो वह सभी के लिए घातक बन जाता है। तुमने उस चीते को वानरों के प्रति क्रोधित कर दिया है। इसका परिणाम अच्छा नहीं होगा।"

"ऋषिवर, असमय उपदेश का परिणाम भी अच्छा नहीं होता।" हनुमान चंचलता से बोले–"यह समय हमारी बाल-क्रीड़ा का है और मैंने एक बलशाली पशु को पराजित किया है। मेरे मित्र इस कार्य पर प्रसन्न होकर तालियां बजा रहे हैं अर्थात् उन्हें आनंद आ रहा है और आप हैं कि हमें भयभीत कर रहे हैं।"

"ऐसी क्रीड़ा नहीं करनी चाहिए जिससे अन्य लोगों को पीड़ा हो। क्रोधित चीता यहां हमें भी कष्ट दे सकता है।" ऋषिवर बोले।

"आप मेरा स्मरण कीजिएगा।" हनुमान गर्व से बोले–"मैं इस चीते को इस बार दंडकारण्य में फेंक दूंगा।"

"तुम देवताओं से वरदान प्राप्त करके अहंकारी हो गए हो, परंतु स्मरण रहे कि एक दिन ऊंट भी पहाड़ के नीचे आकर अहंकार भूल जाता है।"

"बल और सामर्थ्य का प्रदर्शन अहंकार नहीं होता। अहंकार होता है, स्वयं से निर्बल को सताना। बलवान के साथ बल-प्रदर्शन वीरों का धर्म होता है।" हनुमान बोले–"आप अकारण उपदेश दे रहे हैं।"

मुनिवर भन्नाते हुए वहां से चल पड़े।

हनुमान ने अपने एक सखा को संकेत किया तो वह वानर तत्काल चुपके से मुनिवर के पीछे आया और उनका कमंडल झपटकर उलट दिया। मुनिवर क्रोध से कांप उठे। वे आचमन, पूजा हेतु जल लेकर आए थे। वानर बालक पेड़ों पर बैठकर खिलखिलाते हुए तालियां बजा रहे थे। यह देखकर हनुमान मुस्करा उठे।

"अब तो तुम्हारी धृष्टता असहनीय हो चली है हनुमान!" मुनिवर क्रोध से बोले–"हमें तुम्हारे माता-पिता से शिकायत करनी ही होगी।"

"मैंने क्या किया है मुनिवर?" हनुमान भोलेपन से बोले–"जिसने धृष्टता की है, उसके माता-पिता से जाकर कहिए। करे कोई और भरे कोई–यह क्या बात है?"

मुनिवर वहां से पैर पटकते हुए आश्रम की ओर गए।

2

ऋषियों की शिकायत

शौर्यं दाक्ष्यं बलं धैर्यं प्राज्ञता नयसाधनम्।
विक्रमश्च प्रभावश्च हनूमति कृतालया॥

—वाल्मीकि रामायण–7/35/3

"माते! जब किसी विशेष लक्ष्य हेतु किसी शक्ति का संचय होगा तो उसे समय पर प्रयोग करने के लिए सुरक्षित रखना चाहिए। हनुमान एक विशेष कार्य के लिए अवतरित हुए हैं, अत: उनकी ऊर्जा, शक्ति और बल का संरक्षण आवश्यक है। क्रीड़ा में उनका मन रमता है, पर उससे हानि की संभावना रहती है। सभी वानर बालक तो उतने निपुण और सजग नहीं हैं, किसी के द्वारा भी अहित हो सकता है और नाम हनुमान का ही आएगा, क्योंकि वही इस बाल दल के मुखिया हैं। हम समझते हैं कि इस समय हनुमान का बल विस्मृत कर देना उचित होगा—समय आने पर उन्हें सब स्मरण हो जाएगा, इसकी व्यवस्था कर दी जाएगी।" भृगुवंशी मुनि बोले।

सभी ऋषिगण मिलकर केसरी और अंजना के पास पहुंचे। वानरराज केसरी और माता अंजना ने ऋषिगणों की समस्या सुनी।

"महाराज, हनुमान एक दिव्य बालक है।" भृगु-वंशज ऋषि बोले–"हमें यह भी ज्ञात है कि वे शिव के अवतार हैं और वायुदेव के मानस-पुत्र हैं, तथापि

हम यह भी जानते हैं कि उनका अवतार एक विशेष कार्य की सिद्धि के लिए हुआ है, परंतु इस समय उनका व्यवहार बाल-सुलभ है और इसमें उन्हें दायित्व का ज्ञान नहीं है। उनका बल और पराक्रम इन दिनों उनके लिए मात्र क्रीड़ा का माध्यम बना हुआ है। प्राय: शैशवावस्था का यही व्यवहार होता है।"

"माता, हम साधु हैं। हमें क्रोध नहीं आता।" दूसरे मुनि बोले–"हनुमान, इसका लाभ उठाते हैं। उन्होंने हमारे वस्त्र फाड़ दिए।"

"मैं बड़ी कठिनाई से इन शीत दिनों में समिधा के लिए लकड़ियां खोजकर लाया था। हनुमान और उनके सखाओं ने सब हवनकुंड में जला दीं।"

"मेरा कमंडल तोड़ दिया।" एक ने कहा।

"मेरी यज्ञवेदी पर घास-फूंस का ढेर रख दिया।" एक और ऋषि बोले।

हर मुनि की कुछ-न-कुछ शिकायत थी। केसरी ने उनकी शिकायतें सुनकर माथा ही पकड़ लिया।

"संतजनो!" माता अंजना विनीत स्वर में बोलीं–"हम जानते हैं कि शैशवावस्था में हनुमान कुछ अधिक ही चंचल और नटखट है। एक तो देवताओं द्वारा प्राप्त वरदानों से मिली असीम निर्भयता और फिर वानरकुल में जन्म–हनुमान की चंचलता और नटखट प्रवृत्ति का कारण है। चंचलता उसे अपने मानस-पिता वायुदेव से प्राप्त है और निर्भयता महादेव से। अपने पिता केसरी से उसे कुलगत व्यवहार प्राप्त है। हे भगवद-भक्तो! वह नटखट अवश्य है, परंतु किसी कठोर दंड के योग्य नहीं है। आप सभी शीलवान, ज्ञानी और दया के सागर हैं, अत: हम हनुमान के माता-पिता उसकी ओर से क्षमा चाहते हैं। आप उसकी इन चंचलताओं को क्षमा करें।"

"देवी अंजना, हम भृगु और अंगिरा जैसे महर्षियों के वंशज हैं।" संतजन बोले–"हमें हनुमान का महत्त्व और प्रतिष्ठा के विषय में ज्ञात है। इन चंचलताओं को तो हम उन्हें बालक समझकर सह लेंगे, परंतु इस बालक्रीड़ा में यदि कोई हानि हो गई तो उसके लिए कौन उत्तरदायी होगा? हमने इसी हेतु आपसे मिलकर इस विषय पर वार्तालाप किया है।"

"मुनिवर!" माता अंजना गंभीर स्वर में बोलीं–"मुझे प्रतीत होता है कि आपके मस्तिष्क में कोई और विचार चल रहा है।"

"माते! जब किसी विशेष लक्ष्य हेतु किसी शक्ति का संचय होगा तो उसे समय पर प्रयोग करने के लिए सुरक्षित रखना चाहिए। हनुमान एक विशेष कार्य के लिए अवतरित हुए हैं, अत: उनकी ऊर्जा, शक्ति और बल का संरक्षण आवश्यक है। क्रीड़ा

में उनका मन रमता है, पर उससे हानि की संभावना रहती है। सभी वानर बालक तो उतने निपुण और सजग नहीं हैं, किसी के द्वारा भी अहित हो सकता है और नाम हनुमान का ही आएगा, क्योंकि वही इस बाल दल के मुखिया हैं। हम समझते हैं कि इस समय हनुमान का बल विस्मृत कर देना उचित होगा—समय आने पर उन्हें सब स्मरण हो जाएगा, इसकी व्यवस्था कर दी जाएगी।" भृगुवंशी मुनि बोले।

"यदि आप ऐसा उचित समझते हैं तो हमें स्वीकार है मुनिजनो! आप हनुमान का हित ही चाहते हैं।" केसरी ने कहा—"संभवत: यही उचित होगा।"

ऋषि दल प्रसन्नतापूर्वक अपने आश्रम की ओर प्रस्थान कर गया।

अंजना ने केसरी की ओर देखा तो उनकी आंखों में कुछ प्रश्न थे।

"स्वामी, क्या यह उचित उपाय होगा?"

"देवी, भृगु और अंगिरा जैसे महान तपोधनी ऋषियों के वंशज किसी अनुचित कार्य का परामर्श दें, यह हमें नहीं लगता। कोई भी कार्य विधाता की प्रेरणा के बिना नहीं होता—अवश्य इसमें ही हम सबका हित होगा।"

"मैं प्रिय पुत्र को समझाऊंगी कि वह अपनी चपलता त्यागकर शिक्षा की ओर उन्मुख हो। सूर्यदेव ने उसे शिष्य स्वीकार किया है।"

"समय आने पर वह शिक्षा भी प्राप्त करेगा—सूर्यदेव स्वयं आदेश देंगे।"

"फिर भी माता-पिता का कर्तव्य है संतान को समझाना, विशेष रूप से तब, जब उसकी शिकायत घर आने लगे। कल्याण तो प्रभु के हाथ में है, हमें तो कर्तव्य का पालन-भर करना है।"

"अवश्य! हनुमान को प्यार से मैं भी समझाऊंगा।"

उसी समय बाहर से दौड़ते हुए हनुमान आए और माता अंजना की गोद में चढ़कर बैठ गए। केसरी मुस्कराए। अंजना कुछ नहीं बोलीं।

"माते, आप कुछ उदास दिखाई दे रही हैं।" हनुमान ने संशय भरे स्वर में कहा।

"जिसके पुत्र की शिकायत घर आने लगे, उस माता को तो उदास होना ही चाहिए।"

"मेरी शिकायत! कौन लेकर आया? किसने किया ऐसा दुस्साहस...मेरा तात्पर्य कौन मुझे मिथ्या दोष दे रहा है?" हनुमान उग्र होकर नर्म पड़ गए।

"जिनके कमंडल का जल फैलाते हो, कौपीन वृक्ष पर टांग देते हो, समिधा को नष्ट कर देते हो।" अंजना ने तनिक क्रोध से कहा।

"यह सब मैं नहीं करता—सुग्रीव आदि करते हैं।" हनुमान भोलेपन से बोले—"मैं तो व्यायाम करता हूं।"

"व्यायाम करता हूं।" माता ने नकल उतारी—"सब तुम्हारे ही संकेत पर होता है।"

"हनुमान, प्रिय पुत्र!" केसरी प्रेम से बोले–"अब तुम बड़े हो रहे हो, चपलता अब तुम्हें अच्छी नहीं लगती। तुम तो बुद्धिमान हो, अन्य की भांति व्यवहार तुम्हें शोभा नहीं देता। विशेष और साधारण में यही तो अंतर होता है।"

"अब मैं उनके साथ बाहर खेलने ही नहीं जाऊंगा। यहीं व्यायामशाला में जिसे आना हो, आ जाए और न आना हो, न आए। मैं तो अकेला भी खेल सकता हूं।"

"मेरा अच्छा पुत्र हनुमान!" केसरी ने दुलारा।

"यह कह देने–भर से ही पिता का हृदय पुलकित कर दिया।" माता अंजना ने केसरी की ओर देखते हुए कहा–"क्या यह आपको ऐसा लगता है कि महल में टिका रहेगा?"

"अंजना, यह बहुत समझदार है। क्यों हनुमान, हो न!"

हनुमान ने गरदन हिला दी तो अंजना भी मन-ही-मन पुलकित हो गईं। वे जानती थीं कि हनुमान की चपलता तो नहीं जाएगी।

"मुझे बहुत भूख लगी है माते! कुछ खाने को दो न!" हनुमान ने विनयपूर्वक कहा।

"बड़ा नटखट है तू–चल रसोई में।"

"गोद में ही लिये चलो न मां। अभी मुझमें भार कहां!"

अंजना बलिहारी हो गईं और उन्हें गोद में उठाए रसोई की ओर चल पड़ीं। हनुमान ने दोनों हाथ माता की गरदन में पिरो दिए।

"पुत्र! साधु-संत बड़े तपस्वी और क्रोधी होते हैं। तनिक-सी बात पर उन्हें क्रोध आ जाता है और वे श्राप भी दे देते हैं। तुम ऐसा कोई कार्य न करना जिससे किसी साधु का अहित या अपमान हो। मेरा अच्छा पुत्र, अपनी माता की बात तो अवश्य मानेगा न!"

"ठीक है माते, जानकर तो मैं किसी का अहित करता ही नहीं। भूलवश कुछ हो जाता होगा। अब वह भी नहीं होगा।"

अंजना हंसकर उन्हें पुचकारने लगीं।

3

ऋषियों का श्राप

बाधसे यत् समाश्रित्य बलमस्मान प्लवंगम।
तद् दीर्घकालं वेत्तासि नास्माकं शापमोहितः॥

—वाल्मीकि रामायण-7/36/34

"और हमारी विनयपूर्ण चेतावनी के पश्चात् भी तुमने हमारी साधुता
का उपहास किया है।" भृगुवंशी मुनि ने कहा—"हम तुम्हें श्राप देते
हैं कि जिस बुद्धि, बल, चातुर्य और दिव्य वरदानों का तुम्हें अहंकार
है, वह तुम्हें विस्मृत हो जाएगा—जब इसकी सात्विक आवश्यकता
होगी तो किसी के स्मरण दिलाने पर ही तुम्हें इसका ज्ञान होगा।"
शिवांश वायुपुत्र आंजनेय ने हंसकर वह श्राप स्वीकार किया। उसी
क्षण वे वृक्ष से भूमि पर गिर पड़े और कराहकर बैठ गए। कठोर
भूमि पर गिरकर वज्रदेह में भी पीड़ा हुई और उनकी आंखों से
अश्रु निकल आए।

मुनि का श्राप तत्काल फलीभूत हो गया था।

हनुमान अपने सखाओं सहित आश्रमों की ओर घाटी में उतर गए थे और
एक वृक्ष पर बैठकर मंत्रणा कर रहे थे।

"प्रिय सखाओ!" हनुमान ने अपने सखाओं को समझाते हुए कहा—"क्या
हमने आज तक किसी ऋषि-मुनि का कोई अहित किया है? क्या हमने किसी
को अत्यधिक कष्ट दिया है? मात्र तनिक-सा आनंद उठाने के लिए थोड़ी शरारतें

की हैं, जो कदापि दंडयोग्य नहीं हैं। बालक तो होते ही क्रीड़ा के रसिक हैं। अब बोलो, इतनी-सी बात पर ऋषि-मुनियों ने मेरे माता-पिता से शिकायत कर दी। मैंने भोलेपन से काम न लिया होता तो माताश्री अभी भी मुझसे रुष्ट रहतीं।"

"यह तो इन ऋषिगणों का हम बालकों पर अत्याचार है।" एक वीर वानर तुनककर बोला–"हम इनके बालकों के लिए ऊंचे वृक्षों से रसीले फल तोड़कर खिलाते हैं, फिर भी इन लोगों ने हमारे मित्र की शिकायत की। यह तो हमारी एकता का अपमान है। यदि हमने इसका प्रतिकार नहीं किया तो धीरे-धीरे हम सभी का घर से निकलना ही प्रतिबंधित हो जाएगा।"

"हमें कुछ तो करना ही होगा, अन्यथा हम तो खेलने-कूदने के लिए भी तरस जाएंगे।" एक वानरकुमार ने क्रोध से कहा–"हमें इन ऋषियों को बताना ही होगा कि हम वानर नरों से श्रेष्ठ हैं। हनुमान, तुम हमें आदेश दो कि हम क्या करें? एक बार निर्णय हो ही जाए।"

"मित्रो, मैंने तो अपनी माता को वचन दिया है कि मैं किसी भी प्रकार की कोई चंचलता नहीं करूंगा।" हनुमान भोलेपन से बोले–"इसलिए जो भी करोगे, तुम सभी करोगे। मेरा तो नाम आना ही नहीं चाहिए।"

"तुम इसी वृक्ष पर बैठे रहो हनुमान, हम इन मुनियों को यह समझाकर आते हैं कि हम किसी का अहित जानकर नहीं करते, परंतु जो हमें अकारण क्रोध दिलाता है, हम उसे क्षमा भी नहीं करते।"

"ठीक है मित्रो! परंतु क्रोध को भी उतना ही प्रदर्शित करना जिससे किसी का ऐसा अहित न हो, जिससे श्राप की स्थिति बन जाए।"

"आंजनेय, हम ऐसा कुछ नहीं करेंगे। हम मात्र कुछ ही चंचलताएं करेंगे। चलो मित्रो, हमें अपने मित्र के अपमान का प्रतिशोध लेना है।"

हनुमान वृक्ष पर ही बैठे रहे, परंतु उनके सखाओं ने आश्रमों में ऐसा उत्पात मचाया कि त्राहि-त्राहि मच गई।

ऋषि-मुनियों के वस्त्र लेकर वानरवीर इधर-उधर पेड़ों पर कूद रहे थे। कुछ वेदियों को तोड़ रहे थे और कुछ तो कर्कश चिल्लाहट से भय फैला रहे थे। ऋषि कुमार और कन्याएं भय के मारे चीख रहे थे। इससे मुख्य मुनियों का क्रोध जाग्रत होना स्वाभाविक था। कैसी अद्भुत लीला थी उन शिवस्वरूप हनुमान की कि स्वयं को श्रापबद्ध होने को आतुर थे। उन्होंने संभवतः इसी कारण उन मुनियों को प्रेरित और क्रोधित किया था। यह एक मौन संदेश था शिव का कि कैसे अवस्था और परिस्थितियों के अनुसार बल पर नियंत्रण किया जा सकता है और क्यों इसकी

आवश्यकता हुई! एक तो वानरकुल में जन्म जो स्वभाव से ही चंचल और नटखट होते हैं, दूसरे बाल्यावस्था! इस लीलालोक में वही व्यवहार अपेक्षित होगा न, जो आयु के अनुसार होता है, इसीलिए हनुमान के बल और बुद्धि पर नियंत्रण करना आवश्यक हुआ।

क्रोधित मुनि परस्पर मंत्रणा कर रहे थे।

"यह मात्र बालक्रीड़ा नहीं है मुनिमित्रो! यह हनुमान की प्रतिशोधात्मक प्रतिक्रिया है। हमने उनकी शिकायत माता अंजना और कपिराज केसरी से कर दी तो बल के अहंकार में उन्होंने हमें प्रताड़ित किया है। अब हम विनय नहीं कर सकते—यह हमारी साधुता का अपमान होगा।"

"विनय से आपका क्या प्रयोजन है सहपाठी?" दूसरे मुनि जो भृगुवंशी थे, क्रोध से बोले—"हम साधु हैं तो क्या विनय से ही जीवनयापन करेंगे। हनुमान के पास देवताओं के दिए वरदान हैं तो हमारे पास भी तपोबल की शक्ति है। हम दंडस्वरूप हनुमान को अत्यधिक कठोर श्राप नहीं देना चाहते, परंतु इतनी सामर्थ्य तो श्रीहरि ने हमें भी दी है कि हम स्वयं को प्रताड़ित करने वाले पर अंकुश लगा सकें।"

"अवश्य! अभी कुछ ही समय पहले की बात है, जब देवर्षि नारद के दर्प को चूर करने के लिए भगवान श्रीहरि ने विश्वमोहिनी लीला रची और उन्हें वानर रूप दिया। उस समय राज-समाज में उपहास के पात्र बने देवर्षि ने श्रीहरि को भी श्राप दिया, जो उन्होंने सहर्ष स्वीकार किया। ब्राह्मण का उपहास या उसे प्रताड़ित करके कोई उसके क्रोध से नहीं बच सकता।"

"अवश्य, कहां है हनुमान!" भृगुवंशी मुनि क्रोध से बोले और वृक्षों पर दृष्टि घुमाई, हनुमान बैठे दिखाई दिए—"हनुमान तुमने सारी सीमाएं पार कर दी हैं, क्योंकि तुम्हारा बल और शक्ति असीम है। यह अहंकार की पराकाष्ठा है। तुम्हारे पिता का सम्मानित कुल, उनकी प्रतिष्ठा और माता अंजना जैसी भगवद्भक्ता का पुत्र होकर भी तुम्हें लज्जा नहीं आई, जो आज हमारे साथ ऐसा दुर्व्यवहार किया। हमारे बच्चे भय से कंपित हो रहे हैं।"

"मुनिवर, मैंने क्या किया है? मैं तो वृक्ष से नीचे भी नहीं उतरा।" हनुमान ने भोलेपन से कहा--"यह तो आपका अनुचित रोष और आरोप है।"

"बुद्धिमान होना गुण कहा जाता है हनुमान! परंतु इस बुद्धि चातुर्य से कुतर्क करके अपने अपराध को छुपाने का प्रयास करना कुटिल कार्य है। तुम समझते हो, हम नहीं जानते कि इन कपिकुमारों ने जो भी किया है, वह सब तुम्हारे संकेत पर किया है। अब तुम भोले बनकर दिखा रहे हो।"

"और हमारी विनयपूर्ण चेतावनी के पश्चात् भी तुमने हमारी साधुता का उपहास किया है।" भृगुवंशी मुनि ने कहा—"हम तुम्हें श्राप देते हैं कि जिस बुद्धि, बल, चातुर्य और दिव्य वरदानों का तुम्हें अहंकार है, वह तुम्हें विस्मृत हो जाएगा—जब इसकी सात्विक आवश्यकता होगी तो किसी के स्मरण दिलाने पर ही तुम्हें इसका ज्ञान होगा।"

शिवांश वायुपुत्र आंजनेय ने हंसकर वह श्राप स्वीकार किया। उसी क्षण वे वृक्ष से भूमि पर गिर पड़े और कराहकर बैठ गए। कठोर भूमि पर गिरकर वज्रदेह में भी पीड़ा हुई और उनकी आंखों से अश्रु निकल आए।

मुनि का श्राप तत्काल फलीभूत हो गया था। उस श्राप के प्रभाव से हनुमान बच्चों की भांति इस प्रकार रो रहे थे, जैसे उन्हें अत्यधिक पीड़ा हो रही हो। दयालु साधु द्रवित हो गए और हनुमान को गोद में उठाकर वे स्वयं भी रोने लगे।

"हे मंगलमूर्ति, यह सब आपकी ही प्रेरणा से हुआ है। इस चराचर में एक पत्ता भी आपकी इच्छा के बिना नहीं हिलता, फिर भी हम क्षमाप्रार्थी हैं। हमें क्षमा करना रुद्र भगवान, क्षमा करना वायुपुत्र!"

4

आंजनेय का उपनयन संस्कार

तदाज्ञया ततो धीरः सर्वविद्यामयत्नतः।
सूर्यात् पपाठ स कपिर्गत्वा नित्यं तदन्तिकम्॥

—शतरुद्र संहिता-3/20/11

"माते, क्या मुझे किसी जप, तप अथवा ध्यान से प्रभु के दर्शन हो सकते हैं?"

"वत्स, इसके लिए तो तुम्हें चराचर के स्वामी सदाशिव महादेव से ही विनय करनी होगी। उनकी इच्छा होगी तो तुम्हारी इच्छा अवश्य पूर्ण होगी।"

अगले दिन प्रातःकाल ही वैदिक विधि-विधान से हनुमान का उपनयन संस्कार हुआ। कौपीन, कछनी, काछे, मूंज का यज्ञोपवीत और पलाश कर दंड लिये बाल हनुमान ने मृगचर्म धारण किया तो ऐसी भव्य ब्रह्मचर्य मूर्ति सुस्पष्ट हुई जिसकी ओर देखने-भर से ही सर्वनिधि प्राप्त होती थी।

हनुमान ने माता-पिता और सभी ब्राह्मणों से गुरु-गृह जाने की आज्ञा मांगी तो माता अंजना ने अपने पुत्र को हृदय से लगा लिया।

मुनियों के श्राप से हनुमान जैसे पूर्णतया शांत और सरल हो गए। उनकी चंचलता लुप्त हो गई और अब वे सौम्य स्वभाव हो गए, जैसे कोई विचारक प्रति क्षण किसी विचार में मग्न हो। माता अंजना को हनुमान में यह

परिवर्तन कुछ खल रहा था। बालक तो नटखट ही अपेक्षित है। जब तक घर के आंगन में बच्चे की शरारत भरी किलकारी न सुनाई दे, तब तक सूनापन-सा लगता है, परंतु विधि को जो स्वीकार हो, वही स्वीकार करना पड़ता है।

हनुमान में आए इस परिवर्तन का एक सुखद पहलू यह भी रहा था कि अब वे अध्यात्म में रुचि लेने लगे। माता अंजना ने उन्हें रामनामी लाकर दे दी थी जिसे ओढ़कर हनुमान ध्यान-भजन करते और प्रातःकाल ही आश्रम जाकर संतों का वेदपाठ सुनते। हनुमान का यह रूप देखकर सभी उनके प्रति श्रद्धावान हो गए थे। मुनिजन उनके आस-पास बैठकर ईश-चर्चा करते। हनुमान बड़े ही मनोयोग से उन सुंदर कथाओं का श्रवण करते।

संध्या के समय हनुमान अपनी माता अंजना से राम-चर्चा करते और सुनते। प्रभु के पावन चरित्रों की कथाएं हनुमान को भाव-विभोर कर देती थीं और वे मग्न होकर नाचने लगते।

अंजना उन्हें श्रीगणेश की बाल-लीलाएं सुनातीं, उनके द्वारा अनेक राक्षसों के वध की कथाएं हनुमान रोज ही सुनते। उन्हें भगवान शिव की लीलाओं में भी बड़ी रुचि थी। माता अंजना एक योग्य गुरु सिद्ध हुईं। उन्होंने चारों वेद और सभी शास्त्र हनुमान को कंठस्थ करा दिए थे।

हनुमान को सबसे प्रिय रामकथा थी। राम-नाम का जाप करते हुए उन्हें अपनी भी सुध नहीं रहती। भूख-प्यास भी नहीं लगती। कभी किसी पर्वत शिखर पर, कभी किसी कंदरा में, नदी किनारे और जहां भी कोई आश्रम होता, हनुमान वहीं ध्यानमग्न होकर बैठ जाते।

माता अंजना भोजन के समय उन्हें खोजतीं। उनके कुछ सखा ऐसे थे, जो हर पल उनके साथ रहते और समय पर उन्हें घर पहुंचा देते। माता अंजना जब अत्यंत व्याकुल हो जातीं तो उनके हृदय में अनेक विचार उठते।

'मेरा पुत्र अपना बल भूल चुका है। हिंसक पशु उस पर प्रहार कर सकते हैं। पहले उसने कई पशुओं को परास्त किया था। अब यदि उन पशुओं को यह बात ज्ञात हो गई तो वे घात लगाकर हमला कर सकते हैं। हनुमान को समझाना होगा कि वह वन, जंगलों में अकेला न जाए। आज तो उसने बहुत देर कर दी–अब डांटना ही होगा।'

जब हनुमान आ जाते तो डांटना तो दूर, समझाना भी न बनता था। उनकी सौम्य, शांत मुखाकृति माता अंजना के मातृत्व में हिलोरे उत्पन्न कर देती। वे उन्हें अपनी गोद में बिठाकर भोजन करातीं। इसी दिनचर्या से हनुमान की प्रीति दिन-प्रतिदिन श्रीराम के चरणों में बढ़ती जा रही थी।

"माते, मुझे श्रीराम के दर्शन कब होंगे?" एक दिन हनुमान ने प्रश्न किया।

"पुत्र, अभी स्वयं को इस योग्य तो बना लो कि श्रीराम के जिस कार्य हेतु तुम्हारा जन्म हुआ है, उसे संपन्न कर सको।" माता ने कहा।

"माते, आपके आशीर्वाद से मुझसे कौन-सा कार्य असंभव है?"

"पुत्र, अभी तुम ज्ञान विद्या में निपुण हो, जबकि योद्धा होने के लिए तुम्हें युद्ध विद्या का ज्ञान भी होना चाहिए।"

"युद्ध क्या होता है माते?" हनुमान भोलेपन से बोले।

"पुत्र! प्रभु श्रीराम इस पृथ्वी पर बढ़ रहे पापाचार को समाप्त करने और दुष्टों का संहार करने के लिए अवतरित हुए हैं, अत: दुष्टों से युद्ध भी करना होगा, क्योंकि दुष्ट कभी ज्ञान की बात नहीं सुनता, उसका बलपूर्वक दमन करना पड़ता है। इसके लिए मल्लयुद्ध, धनुर्विद्या, गदा-संचालन और तलवार-संचालन करने में दक्षता प्राप्त करनी होती है।"

"यह दक्षता मुझे कहां प्राप्त होगी? आप मुझे वह स्थान बताएं।"

"इसके लिए तुम्हें विद्यार्थी बनकर गुरु-गृह जाना होगा मेरे लाल!"

"तो मुझे शीघ्र भेजो माते! मैं समय नष्ट नहीं करना चाहता। कल को प्रभु श्रीराम आ खड़े हुए कि चलो हनुमान, तो मैं क्या उत्तर दूंगा कि हे प्रभो, मैं तो अभी युद्ध-शास्त्र में कोरा हूं।" हनुमान विचलित हो गए।

"पुत्र, मैं तुम्हारे पिता से इस विषय में बात करती हूं।"

"माते! मेरा गुरु-गृह कहां है? मेरे गुरु कौन हैं?"

"वत्स, तुम्हें युद्धनीति आदि की समस्त शिक्षाएं देने का आश्वासन समस्त जगत को आलोकित करने वाले भगवान भुवनभास्कर दे चुके हैं। वे ही तुम्हें समय आने पर विद्याध्ययन कराएंगे।"

"भगवान सूर्यदेव तो अत्यंत प्राज्वल्य और वेगवान हैं, वे तो कभी ठहरते ही नहीं। मैं उनके समीप कैसे जा सकूंगा?"

"मेरे भोले पुत्र, तुम्हारे लिए सब सहज है। तुम पहले भी उनके पास जा चुके हो, तभी तो उन्होंने तुम्हें अपना शिष्य स्वीकार किया है।"

उसी समय यूथपति केसरी वहां आ गए। हनुमान उछलकर उनकी गोद में चढ़ गए। केसरी ने अनुराग से अपने नयनतारे को पुचकार लिया।

"पिताश्री, मुझे गुरु-गृह जाना है। मेरे पास पता नहीं कितना समय है, जब मेरे आराध्य श्रीराम मुझे दायित्व सौंप देंगे। आपको इस विषय में गंभीर चिंता होनी चाहिए थी। यदि हम प्रभु श्रीराम के कार्य के अनुरूप कुशल नहीं हुए तो हमारा जन्म ही व्यर्थ हो जाएगा।" हनुमान दार्शनिकों की भांति बोले।

"मेरे प्यारे पुत्र, हम कल प्रात: ही तुम्हारा उपनयन संस्कार कराते हैं और तुम गुरु-गृह जाने के लिए बिलकुल तैयार हो।" केसरी लाड़ भरे स्वर में बोले।

"माते, क्या मुझे किसी जप, तप अथवा ध्यान से प्रभु के दर्शन हो सकते हैं?"

"वत्स, इसके लिए तो तुम्हें चराचर के स्वामी सदाशिव महादेव से ही विनय करनी होगी। उनकी इच्छा होगी तो तुम्हारी इच्छा अवश्य पूर्ण होगी।"

अगले दिन प्रात:काल ही वैदिक विधि-विधान से हनुमान का उपनयन संस्कार हुआ। कौपीन, कछनी, काछे, मूंज का यज्ञोपवीत और पलाश कर दंड लिये बाल हनुमान ने मृगचर्म धारण किया तो ऐसी भव्य ब्रह्मचर्य मूर्ति सुस्पष्ट हुई जिसकी ओर देखने-भर से ही सर्वनिधि प्राप्त होती थी।

हनुमान ने माता-पिता और सभी ब्राह्मणों से गुरु-गृह जाने की आज्ञा मांगी तो माता अंजना ने अपने पुत्र को हृदय से लगा लिया।

"पुत्र, तुमसे विलग रहकर जीवन की कल्पना नहीं होती?"

"माते! मेरे प्रभु तो सर्वानंद त्यागकर वन-पथ पर आने वाले हैं। आप ही तो कहती हैं कि वे कृपानिधान अपनी चरण-पादुका भी अपने हितार्थ न रखेंगे। ऐसे परम त्यागी आराध्य के लिए हमें दृढ़ता से हृदय में धैर्य धारण करना चाहिए, तभी इस जगत में हमारा जन्म सार्थक होगा।"

"पुत्र, तुम विशिष्ट, सुबुद्ध और सर्वप्रिय हो गए हो। अब तो तुम ही हमारे गुरु हो गए हो। प्रभु श्रीराम तुम्हारा कल्याण करें। तुम्हारा सुयश अखिल ब्रह्मांड में सूर्यप्रभा की भांति अक्षुण्ण और अनंत हो।"

"जिस पर माता का आशीर्वाद है, उसे सब सुलभ है माते!"

बाल ब्रह्मचारी हनुमान ने सबसे आशीर्वाद लेकर शिक्षा प्राप्ति के लिए सूर्यपथ की ओर गमन किया। यह देखकर आकाश में देव-दुंदुभियां बजने लगीं।

5

सूर्यदेव को गुरु दक्षिणा

सूर्याज्ञा तदंशस्य सुग्रीवस्यान्तिकं ययौ।
मातुराज्ञामनुप्राप्य रुद्रांशः कपिसत्तमः॥

—शतरुद्र संहिता–3/20/12

"प्रभो, अब आप मुझे गुरु दक्षिणा के लिए अपना अभीष्ट बताएं।"

"हनुमान, जो सर्वदाता हो, उससे क्या मांगना, परंतु गुरु-शिष्य की परंपरा का निर्वाह तो करना ही होगा। इसी कारण तुम मुझे गुरु दक्षिणा के रूप में यह वचन दो कि तुम मेरे अंश से उत्पन्न पंपापुर के उपराज सुग्रीव के सचिव होकर सदैव उनकी रक्षा करोगे।"

"आज्ञा शिरोधार्य है गुरुदेव! मेरे होते सुग्रीव का कोई अहित नहीं कर सकेगा। पंपापुर हमारे समीप के पर्वत किष्किंधा पर ही तो स्थित है। सुग्रीव मेरे बाल सखा भी हैं।" हनुमान गंभीर स्वर में बोले।

"तुम्हारा सर्वविधि कल्याण हो वत्स!"

सूर्यदेव के सारथी अरुण ने सूर्यपथ पर आगे बढ़ते ब्रह्मचारी हनुमान को देखा तो शंकित हो उठे। हनुमान ने पहले भी एक बार वहां आकर समस्त जीव जगत को संकट में डाल दिया था। अरुण ने सूर्यदेव को सचेत कर देना ही उचित समझा और उन्हें संकेत द्वारा हनुमान को दिखाया।

"अरे, ये तो हनुमान हैं। इनके गले में यज्ञोपवीत भी है अर्थात् इनका उपनयन संस्कार हो चुका है और अब ये विद्याध्ययन हेतु मेरे पास आ रहे हैं।" सूर्यदेव ने कहा–"ऐसा आश्वासन मैंने ही इन्हें दिया था।"

"भगवन्, आप किस प्रकार विद्यादान कर सकेंगे! आप तो सतत् गतिमान हैं, क्षण-भर भी विश्राम नहीं। मुझे परमपिता ने आदेश दिया है कि मैं कभी भी किसी भी दशा में आपके रथ को न रोकूं। विद्या का पठन-पाठन तो बैठकर ही संभव हो पाता है।"

"अरुण, यदि गुरु सुयोग्य और शिष्य सच्चा ग्राही हो तो परिस्थितियां कभी समस्या नहीं बनतीं। हनुमान जैसे अद्वितीय शिष्य की प्राप्ति हमारे लिए गर्व की बात है–अवश्य ही कोई समाधान होगा।"

"तो क्यों न शिष्य की योग्यता और ग्राह्यता की पहचान के लिए हम इस समस्या का समाधान उसी के द्वारा जानें।"

"यह उचित बात कही है तुमने!" सूर्यदेव सहमत हो गए।

हनुमान ने सामने आकर श्रद्धापूर्वक दोनों को प्रणाम किया।

"चिरंजीव रहो हनुमान! आओ मेरे पास! जानते हो कि हम तो क्षण-भर भी ठहर नहीं सकते, अत: वार्तालाप के लिए तुम्हें ही हमारे पास आना होगा।"

"जो आज्ञा गुरुदेव!" हनुमान ने छलांग लगाई और सूर्यदेव के रथ में आकर उनकी चरण वंदना की।

"वत्स, हम तुमसे अत्यंत प्रसन्न हैं। हम जानते हैं कि हमारे आश्वासन पर ही तुम्हारे माता-पिता ने विद्याध्ययन के लिए भेजा है। तुम्हारे जैसा शिष्य प्राप्त होने पर गुरुता की महिमा बढ़ जाती है, परंतु एक समस्या है।"

"समस्या? कैसी समस्या गुरुदेव?"

"वत्स, हम सतत् गतिमान रहते हैं। हमें विधाता ने क्षण-भर भी विश्राम न करने की आज्ञा दी है। ऐसे में तुम किस प्रकार हमसे विद्या प्राप्त करने में सफल हो सकोगे, इसमें हमें संदेह है।"

"गुरुदेव, मेरी माता ने कहा है कि संसार में कोई भी कार्य असाध्य नहीं होता। यदि हृदय में सत्संकल्प हो तो सभी बाधाएं दूर हो जाती हैं। ज्ञान के मार्ग की एकमात्र बाधा अज्ञान है और यदि गुरु ज्ञानी है तो शिष्य का अज्ञान समाप्त हो ही जाता है।"

"उत्तम! तुम जैसा शिष्य मिलना गौरव की बात है।" सूर्यदेव ने कहा–"वैसे तो समस्त ज्ञानों के स्रोत सदाशिव शंभो के अंश से उत्पन्न आप स्वयं ज्ञानसिंधु हैं, परंतु शास्त्रों की मर्यादा और लोक-व्यवहार के फलन के लिए आपने मुझे अपना

गुरु स्वीकार किया। हे अंजनीनंदन! इस ब्रह्मांड में सतत् गति करते रहने से मेरा ध्यान तटस्थ रहता है, अत: मैं तुम्हें जो ज्ञान दूंगा, वह धारा-प्रवाह होगा अर्थात् मैं जो बोलूंगा, उसे तुम पूरे मनोयोग से सुनना और ग्रहण करना। आशा है कि हमारे मध्य ज्ञान के आदान-प्रदान में शंका, प्रश्न आदि की आवश्यकता नहीं होगी।"

"आपके आशीर्वाद से ऐसा ही होगा गुरुदेव!"

सूर्यदेव ने सर्वप्रथम हनुमान को दीक्षित किया और विधिपूर्वक उन्हें शिष्य बनाया, तत्पश्चात् हनुमान उनके समक्ष विराजमान हो गए और सूर्यदेव ज्ञान प्रदान करने लगे। समस्त वेद, विद्या, कला आदि का सूर्यदेव वर्णन करते जाते थे और उदाहरण देकर भी समझाते थे।

हनुमान सुनते जाते थे। गुरु-शिष्य के इस अद्भुत समागम पर अरुणदेव चकित थे। जिस धारा-प्रवाह से सूर्यदेव अपनी बात कहे जा रहे थे, उससे लगता तो नहीं था कि सब कुछ हनुमान की समझ में आ रहा हो! इतना अद्भुत शिष्य कोई कैसे हो सकता है, जो बिना किसी शंका के इतना मनोयोगी हो सके? वे नहीं जानते थे कि अपनी माता अंजना की कृपा से हनुमान उन समस्त विद्याओं से अवगत थे। सूर्यदेव तो उस ज्ञान की आवृत्ति ही कर रहे थे, अत: हनुमान के पास शंका हेतु आश्रय कहां!

कुछ ही दिनों में उन्होंने सूर्यदेव से शास्त्र शिक्षा प्राप्त कर ली, फिर संकल्प के द्वारा ही सूर्यदेव ने अपने शिष्य को शस्त्र विद्या भी प्रदान कर दी।

"वत्स हनुमान, अब तुम समस्त ज्ञान से परिचित हो गए हो। इस संसार में जितने भी शास्त्र और शस्त्रादि हैं, सब तुम्हारे ज्ञान में समाहित हो गए।" सूर्यदेव ने प्रसन्न होते हुए कहा।

"भगवन्!" अरुण ने संशय भरे स्वर में कहा–"आप दोनों के मध्य ज्ञान का जो भी आदान-प्रदान हुआ है, उसके प्रति मैं आश्वस्त नहीं हो पा रहा हूं कि हनुमान आपके शब्द-प्रवाह को पूर्णरूपेण ग्रहण कर पाए हों?"

"अरुणदेव, हनुमान जैसे शिष्य की ग्राह्य क्षमता पर संशय नहीं करनी चाहिए, फिर भी आपकी शंका का समाधान तो होना ही चाहिए। शिष्य हनुमान, क्या तुम उस ज्ञान का अक्षरश: वर्णन कर सकते हो, जो अभी मैंने तुम्हें सिखाया है।" सूर्यदेव बोले।

"अवश्य गुरुदेव! आज्ञा शिरोधार्य!"

हनुमान धारा-प्रवाह बोलने लगे। अक्षरश: आवृत्ति! न कुछ जोड़ा और न कुछ घटाया।

अरुणदेव उनके समक्ष नतमस्तक हो गए। न ऐसा गुरु और न ऐसा शिष्य कोई और होगा।

"प्रभो, अब आप मुझे गुरु दक्षिणा के लिए अपना अभीष्ट बताएं।"

"हनुमान, जो सर्वदाता हो, उससे क्या मांगना, परंतु गुरु-शिष्य की परंपरा का निर्वाह तो करना ही होगा। इसी कारण तुम मुझे गुरु दक्षिणा के रूप में यह वचन दो कि तुम मेरे अंश से उत्पन्न पंपापुर के उपराज सुग्रीव के सचिव होकर सदैव उनकी रक्षा करोगे।"

"आज्ञा शिरोधार्य है गुरुदेव! मेरे होते सुग्रीव का कोई अहित नहीं कर सकेगा। पंपापुर हमारे समीप के पर्वत किष्किंधा पर ही तो स्थित है। सुग्रीव मेरे बाल सखा भी हैं।" हनुमान गंभीर स्वर में बोले।

"तुम्हारा सर्वविधि कल्याण हो वत्स!"

हनुमान ने सूर्यदेव से आज्ञा ली और अपने निवास गंधमादन पर्वत पर लौट आए।

प्रिय पुत्र हनुमान को अपने पास देखकर माता अंजना के हर्ष का पारावार न रहा। पिता ने अपने पुत्र की शिक्षा पूर्ण होने के उपलक्ष्य में अत्यंत शानदार उत्सव का आयोजन किया जिसमें दूर-दूर से कपिराजों को बुलाया गया। यह उत्सव तीन दिन तक चलता रहा।

खंड-3

शिव से श्रीराम तक

अयोध्यावासी, जिनमें अधिकांश बच्चे थे, समूह-के-समूह उधर ही दौड़े चले आ रहे थे मानो डुगडुगी में कोई चुंबकीय शक्ति हो, जो उन्हें अपनी ओर खींच रही हो। मदारी बने शिव के नेत्र बार-बार महल के फाटक की ओर व्याकुलता से देख रहे थे। उन्हें उन मंगलमूर्ति श्रीराम के दर्शन की आकांक्षा थी, जो उनके आराध्य थे। शिव और श्रीराम कोई पृथक नहीं हैं। एक ही स्वरूप, एक ही सामर्थ्य हैं–केवल लीला हेतु दो हुए हैं। विस्तार का प्रथम चरण यहीं से आरंभ होता है। शिव से हरि और हरि से शिव–दोनों ही परस्पर आराध्य हैं। त्रेता में धर्म-संतुलन के लिए शिव का रामरूप केंद्र बिंदु है। शिव अपने उस रूप की बाल-झांकी के दर्शन चाहते हैं। हनुमान तो अपने स्वामी से प्रथम मिलन के लिए रोमांचित हो रहे हैं।

श्रीराम हनुआ के उस अभिनय और अभिव्यक्ति पर मन-ही-मन हंस पड़े।

हनुमान ने पोटली से एक सुंदर झीनी चुनरिया निकालकर ओढ़ ली।

मानव समाज उस वानर के कौतुक पर तालियां बजाकर शोरगुल करने लगा। स्वयं श्रीराम ने ताली बजाकर अपने भक्त का अभिनंदन किया, फिर मदारी का डमरू एक विशिष्ट लय-नाद में बज उठा जिसकी प्रतिध्वनि स्पष्ट रूप से 'राम-राम-राम' में बदल रही थी।

हनुमान जैसे लयबद्ध हो गए और उनके कदम उसी लय पर थिरकने लगे। ऐसा भावपूर्ण डमरूवादन और ऐसा नृत्य आज तक किसी ने नहीं देखा था। न अन्य कोई स्वर उभर रहा था और न इतनी भीड़ की उपस्थिति का भान हो रहा था, जैसे वहां कोई सम्मोहन शक्ति कार्य कर रही थी। ऐसा करती भी क्यों नहीं? सृजनहार शिव स्वयं ही वहां विभिन्न रूपों में उपस्थित थे–वही मदारी थे, वही वानर थे, वही राम थे और वही वहां उपस्थित भीड़ भी थे। अद्भुत सृष्टि-दर्शन था! मात्र वह अखंड नाद था जिसे 'ॐ' कहा जाता है, जिसकी प्रतीति 'राम' में हो रही थी।

1

मदारी स्वरूप शिव की लीला

ततश्च समये तस्माद्धनूमानिति नामभाक।
शम्भुर्जज्ञे कपि तनुर्महाबल पराक्रमः॥

—शिवपुराण, शतरुद्र संहिता-20/7

"हमारा जीवन कृतार्थ हो गया देवर्षि!" माता भाव-विभोर हो गईं—"जिन प्रभु शिव के दर्शन हेतु कठिन तप की आवश्यकता होती है, वे साक्षात् ही हमारे क्षेत्र में लीला मंचन कर रहे हैं।"

"माते, वे हनुमान को श्रीराम के पास ले जाने आए हैं।"

"परंतु अभी तो उनके मिलन में समय है।" केसरी व्याकुल हो उठे।

"समय और शिव कभी पृथक नहीं हैं यूथपति!" देवर्षि हंसे—"जो स्वयं आपके द्वार आए हैं, उनकी कृपा प्राप्त कीजिए।"

देवर्षि नारद की वीणा की सुमधुर ध्वनि सुनकर देवराज इंद्र ने उस विकट कंदरा से बाहर झांका जिसमें वे देव-समुदाय सहित पिछले कई दिनों से छुपे हुए थे। इसका कारण था महाप्रतापी दशानन का दुर्जेय योद्धापुत्र मेघनाद जिसने कुछ दिनों पहले ही देवलोक पर आक्रमण किया और देवराज को पराजित करके इंद्रजीत की उपाधि प्राप्त कर ली थी। वह इंद्राणी को लंका ले जाने का निश्चय कर चुका था। ऐसे में देवराज उस अविजित योद्धा के समक्ष नहीं पड़ना चाहते थे, अतः छुपकर रहना ही श्रेयकर था।

"नारायण-नारायण! ऐसी दुर्गति प्रथम बार देखी है देवेंद्र!" नारदजी ने कटाक्ष किया–"कंदराओं में निवास करना पड़ रहा है।"

"देवर्षि यह उपहास का समय नहीं है।" देवराज विनयपूर्वक बोले–"आप तो सर्वज्ञ हैं। यह तथ्य भली प्रकार जानते हैं कि इस समय दशानन के नेतृत्व में राक्षस शक्ति अत्यंत प्रबल हो रही है। पितामह के वरदान से लंकेश निर्भय है और उसका पुत्र मेघनाद तो सुलोचना के सतीत्व के कारण अवध्य ही है। धरा धाम पर एक और देवासुर संग्राम की आधारशिला रखी जा चुकी है और आपके सौजन्य से इसका नेतृत्व प्रभु श्रीहरि ही करेंगे।"

"देवराज, आप सब कुछ जानकर भी इतने भयभीत क्यों हैं?"

"देवर्षि! यह मेरी व्यक्तिगत समस्या हो सकती है, जिस पर आपके कटाक्ष मैं नित्य सहने को विवश हूं।" देवराज इंद्र ने धैर्यपूर्ण स्वर में कहा–"यदि मैं यह कहूं कि आप ही समस्त समस्याओं को देव समाज के लिए अंकुरित करते हैं तो आप रुष्ट हो जाएंगे। देवर्षि, आपने ही सुलोचना को प्रेरित किया कि वह अपने सतीत्व से दुराचारी मेघनाद का रक्षण करे और आप ही हम देवताओं को आश्वस्त करते हैं कि सबका कल्याण होगा। हे पुरातनी, आपके आशय क्या हैं?"

"देवराज!" देवर्षि विहंसकर बोले–"यह सब मेरे किए से नहीं होता है। मैं तो परम तत्त्व शिव और शक्ति का स्वर-साधन मात्र हूं। वे मुझे जो कैलाश, बैकुंठ या ब्रह्मलोक से आदेश प्रेरित करते हैं, मैं वही करता हूं। इसमें प्रहसन तो मात्र मेरी अपनी बुद्धि का मिश्रण है।"

"आपकी लीला आप ही जानें। आप हमें बताइए कि हमें कब तक इस भय में रहना होगा? असुरों की बढ़ती शक्ति से हमारा तेज क्षीण हो रहा है। पृथ्वीलोक पर धार्मिक गतिविधियों में कमी आ रही है और राक्षसों का हस्तक्षेप बढ़ रहा है। यज्ञ-हवन नहीं होंगे तो हमें हविष्य प्राप्त नहीं होगा। धर्म और धरा पीड़ित हो रहे हैं। श्रीहरि ने आश्वासन तो दिया था, परंतु बहुत समय बीत जाने पर भी...।" देवराज खिन्न स्वर में बोले।

"नारायण-नारायण! देवराज, आपको श्रीहरि के आश्वासन से ही निश्चिंत हो जाना चाहिए। वे अपने भक्तों को जो आश्वासन देते हैं, उसे अवश्य ही पूरा करते हैं। उन्होंने धर्म और धरा सहित सभी पीड़ित देवताओं और मानवों की रक्षा हेतु विख्यात रघुकुल में जन्म लिया है। वे रघुवीर शीघ्र ही अपने कठोर धनुष और अक्षय तूणीर के साथ अधर्म के विरुद्ध शंखनाद करेंगे। प्रभु इस अवतार में मर्यादाओं को सुनिश्चित करेंगे। अभी तो पुण्यस्वरूप अयोध्यावासी उनकी बाल-लीलाओं का आनंद ले रहे हैं। हम स्वयं भी वहीं से आ रहे हैं। इधर गंधमादन पर्वत पर महोत्सव हो रहा है, उसमें भी जाकर देखते हैं, क्योंकि प्रभु-लीला का एक पात्र वहां भी है।"

"संभवत: आप हनुमान की बात कर रहे हैं। वह अत्यंत तेजवान और प्रज्ञावान हो गया है। हमने उसकी कुशाग्र बुद्धि का दर्शन किया है। सूर्यदेव से शिक्षा प्राप्त करते समय उसने अद्भुत ज्ञान-ग्राह्यता का परिचय दिया।"

"देवराज! आप भी इस कंदरा से निकलकर इन लीलाओं का आनंद लीजिए। मेघनाद की विजय-यात्रा पूर्ण हो गई है और अब वह सुलोचना के प्रेम में ही आसक्त है, किंतु उसके पराक्रम का परीक्षण तो महासमर में ही होगा। हम तो प्रस्थान करते हैं। नारायण-नारायण!" यह कहकर देवर्षि वहां से चल पड़े और गंधमादन पर्वत पर आ गए, जहां भव्य उत्सव का आयोजन हो रहा था। वानर समाज के हर्षोल्लास का ठिकाना न था, तभी उनकी दृष्टि एक विचित्र वेशभूषा वाले व्यक्ति पर पड़ी। नीलबदन वाले उस औघड़ व्यक्ति के कंधे पर झोली और हाथ में डुगडुगी थी। वे तो साक्षात् शिव थे जो मदारी के रूप में वहां उपस्थित थे। मदारी को देखते ही वानरों में खलबली मच गई थी, क्योंकि वे जानते थे कि मदारी ने जिस वानर को पकड़ लिया, वह सदैव के लिए बंदी हो जाएगा। मदारी बने भगवान शिव ने नारद को देखा और मुस्करा उठे।

"हे लीलाधर, आपका यह स्वरूप मन मोहने वाला है।" देवर्षि ने कहा—"परंतु इसका आशय क्या है प्रभो? हमारी जिज्ञासा शांत करें।"

"देवर्षि, तुम्हारी दृष्टि बड़ी तीक्ष्ण और आगमन अपेक्षित है।" भगवान शिव ने कहा—"हम हनुमान को अपने साथ लेने आए हैं।"

"प्रभो, आपके इस वेश से तो वानर डर ही रहे हैं। यदि आप हनुमान को ले जाना चाहते थे तो अपने ही स्वरूप में माता अंजना को आदेश करते। उन्हें बड़ा हर्ष होता। अब तो वे शंकित हो जाएंगी।"

"आपका आगमन किस हेतु हुआ है देवर्षि?" शिव मुस्कराए।

"नारायण-नारायण! आपकी लीला का भेद कोई नहीं जान सकता प्रभो! अहा, आपने मुझे दर्शन भी दिए और कार्य भी। मैं धन्य हो गया।"

"जाइए देवर्षि, हमारा मार्ग प्रशस्त कीजिए।"

"जो आज्ञा महादेव!" देवर्षि प्रसन्न मुद्रा से 'नारायण-नारायण' रटते हुए माता अंजना और केसरी के पास पहुंचे। दोनों ने देवर्षि को प्रणाम किया।

"माते, बड़ी धन्यभागा हैं आप, जो हनुमान की माता हैं। उससे भी बड़ी बात यह है कि स्वयं भगवान कैलाशी आपके यहां पधारे हैं, तनिक महल से बाहर तो देखिए। प्रभु कैसी कौतुक लीला कर रहे हैं।"

दोनों ने देखा कि मदारी स्वरूप शिव वानर पकड़ने का कैसा सुंदर अभिनय और चेष्टा कर रहे हैं।

"हमारा जीवन कृतार्थ हो गया देवर्षि!" माता भाव-विभोर हो गईं—"जिन प्रभु शिव के दर्शन हेतु कठिन तप की आवश्यकता होती है, वे साक्षात् ही हमारे क्षेत्र में लीला मंचन कर रहे हैं।"

"माते, वे हनुमान को श्रीराम के पास ले जाने आए हैं।"

"परंतु अभी तो उनके मिलन में समय है।" केसरी व्याकुल हो उठे।

"समय और शिव कभी पृथक नहीं हैं यूथपति!" देवर्षि हंसे—"जो स्वयं आपके द्वार आए हैं, उनकी कृपा प्राप्त कीजिए।"

"स्वामी, शीघ्र चलकर भगवान शिव का सादर-सत्कार करें।" अंजना ने बड़ी तत्परता के साथ केसरी से कहा।

माता अंजना और केसरी दौड़ते हुए भगवान शिव के पास आए और साष्टांग दंडवत् होकर उनकी स्तुति करने लगे।

"तुम्हारा कल्याण हो!" शिव ने आशीर्वाद दिया, तभी देवर्षि हनुमान को लेकर वहां आ गए और तुरंत अंश अपने मूल से आबद्ध हुआ।

शिव कुछ ही क्षणों में हनुमान को लेकर अयोध्या के राजमहल के प्रांगण में जा पहुंचे और वहां मदारी की डुगडुगी बज उठी। डुगडुगी की तान पर हनुमान ठुमक-ठुमककर नाच रहे थे। लीलाधारी शिव के डमरू से निकलने वाला अखिल नाद ब्रह्मांड में व्याप्त हो रहा था, जिसे सुनकर सभी देवगण आकाश में इकट्ठे होकर उस अद्‌भुत लीला के दर्शन कर रहे थे। साक्षात् शिव और उनके रुद्रांश हनुमान द्वारा की जाने वाली ऐसी मोहक लीला के दर्शन दुर्लभ थे।

अयोध्यावासी, जिनमें अधिकांश बच्चे थे, समूह-के-समूह उधर ही दौड़े चले आ रहे थे मानो डुगडुगी में कोई चुंबकीय शक्ति हो, जो उन्हें अपनी ओर खींच रही हो। मदारी बने शिव के नेत्र बार-बार महल के फाटक की ओर व्याकुलता से देख रहे थे। उन्हें उन मंगलमूर्ति श्रीराम के दर्शन की आकांक्षा थी, जो उनके आराध्य थे। शिव और श्रीराम कोई पृथक नहीं हैं। एक ही स्वरूप, एक ही सामर्थ्य हैं—केवल लीला हेतु दो हुए हैं। विस्तार का प्रथम चरण यहीं से आरंभ होता है। शिव से हरि और हरि से शिव—दोनों ही परस्पर आराध्य हैं। त्रेता में धर्म-संतुलन के लिए शिव का रामरूप केंद्र बिंदु है। शिव अपने उस रूप की बाल-झांकी के दर्शन चाहते हैं। हनुमान तो अपने स्वामी से प्रथम मिलन के लिए रोमांचित हो रहे हैं।

2

विचित्र मदारी की विचित्र इच्छा

राम एव परं ब्रह्म राम एव परं तपः।
राम एव परं तत्त्वं श्रीरामो ब्रह्म तारकम्॥

–रामरहस्य उपनिषद–1/6

सुमंत महाराज दशरथ के पास पहुंचे और मदारी की इच्छा बताई।
"विचित्र इच्छा है! कहीं यह मदारी हमारे राम पर कोई जादू-टोना न कर दे।"
"मुझे तो उसके नेत्रों में वात्सल्य और भक्ति भाव दिखाई दे रहा है।" माता कौशल्या ने कहा–"वह जब से आया है, राम को टकटकी लगाए देख रहा है।"
"महाराज, क्यों न राम से ही पूछा जाए।" यह कहकर माता कैकेयी ने राम से ही पूछा–"पुत्र, वह मदारी उस वानर के बदले तुम्हें गोद में दुलारने की शर्त रख रहा है।"
"जो मेरी इच्छा पूरी कर सकता है, तो मुझे भी उसकी इच्छा पूरी करनी चाहिए।"

राजमहल के मुख्य द्वार पर माता कैकेयी की उंगली थामे श्रीराम, माता कौशल्या की उंगली थामे लक्ष्मण और माता सुमित्रा की उंगलियां पकड़े भरत और शत्रुघ्न दिखाई दिए। शिव की व्याकुल दृष्टि श्रीराम की दृष्टि से मिली और परस्पर अभिवादन का आदान-प्रदान हुआ।

शिव के संकेत पर हनुमान ने प्रथम बार अपने स्वामी के दर्शन किए। चार मोहिनी मूरतों में अपने स्वामी को हनुमान ने फौरन पहचान लिया, क्योंकि माता अंजना ने कितनी ही बार उनके बालस्वरूप का वर्णन किया था। हनुमान दंडवत् हो गए। श्रीराम ने अपने परम भक्त को आशीर्वाद दिया। डमरू अब पुन: बज उठा और कैलाशी ने विशुद्ध मदारी की भूमिका धारण कर ली। मदारी के खेल में जब तक हास्य न हो, तब तक बाल समाज को आनंद कहां आता है!

"अरे हनुआ!" मदारी ने अपने बंदर का नामकरण कर दिया–"जरा वह नृत्य तो दिखा, जो मोहिनी ने किया और देव-दानवों को भी मोहित कर लिया।"

श्रीराम हनुआ के उस अभिनय और अभिव्यक्ति पर मन-ही-मन हंस पड़े।

हनुमान ने पोटली से एक सुंदर झीनी चुनरिया निकालकर ओढ़ ली।

मानव समाज उस वानर के कौतुक पर तालियां बजाकर शोरगुल करने लगा। स्वयं श्रीराम ने ताली बजाकर अपने भक्त का अभिनंदन किया, फिर मदारी का डमरू एक विशिष्ट लय-नाद में बज उठा जिसकी प्रतिध्वनि स्पष्ट रूप से 'राम-राम-राम' में बदल रही थी। हनुमान भी जैसे लयबद्ध हो गए और उनके कदम उसी लय पर थिरकने लगे। ऐसा भावपूर्ण डमरूवादन और ऐसा नृत्य आज तक किसी ने नहीं देखा था। न अन्य कोई स्वर उभर रहा था और न इतनी भीड़ की उपस्थिति का भान हो रहा था, जैसे वहां कोई सम्मोहन शक्ति कार्य कर रही थी। ऐसा करती भी क्यों नहीं? सृजनहार शिव स्वयं ही वहां विभिन्न रूपों में उपस्थित थे–वही मदारी थे, वही वानर थे, वही राम थे और वही वहां उपस्थित भीड़ भी थे। अद्भुत सृष्टि-दर्शन था! मात्र वह अखंड नाद था जिसे 'ॐ' कहा जाता है, जिसकी प्रतीति 'राम' में हो रही थी। यह समाधि अवस्था जाने कब तक रहने वाली थी, क्योंकि एकमात्र आनंद के अतिरिक्त वहां कुछ भी नहीं था–कहीं शिव समाधि में न चले जाएं! यह सोचकर श्रीराम ने अपने गले से मुक्तामणि की माला निकाली और मदारी शिव की ओर उछाल दी।

माला ने शिव के कंठ का यथोचित स्थान ग्रहण किया और भोलेनाथ का तारतम्य टूट गया, जो श्रीराम की इच्छा थी। शिव समाधि से पूर्व चैतन्य हो गए।

"प्रभो, आनंद की अधिकता साधारण मनुष्य की क्षमता से बाहर होती है।"

शिव के कर्णपटह से श्रीराम का संदेश टकराया।

"प्रभो, क्षमा करें! आनंद के अतिरेक में ध्यान ही नहीं रहा।" शिव ने लीला समेटी।

दर्शक समाज चैतन्य हो गया। तालियों की गड़गड़ाहट ने तीनों लोकों को गुंजायमान कर दिया। आकाश से देव समाज पुष्प वर्षा करने लगा। अयोध्यावासियों के लिए यह भी कौतुक था। आकाश से उनके लिए दुर्लभ पुष्प बरस रहे थे। वह मदारी

और उसका बंदर अवश्य उच्च कोटि के थे। बहुत खेल-तमाशे देखे, परंतु ऐसा कभी न देखा। अब वह कौतुक सामने आया जिसने इस तमाशे की महत्ता को अमरत्व दिया। मदारी ने अपना पोटली से चादर निकालकर भूमि पर बिछा दी।

"प्यारे बच्चो, सब अपने-अपने घर से एक-एक मुट्ठी अन्न लेकर आओ जिससे मेरे हनुआ और मेरा पेट भर सके।" सदाशिव ने अभिनयात्मक स्वर में कहा।

बाल समाज उस बिछी हुई चादर का आशय जानकर अपने घरों की ओर जाने को उत्सुक हुआ और अपने माता-पिताओं की ओर देखा।

"ठहरो प्रजाजनो!" अयोध्यानरेश दशरथ ने उच्च स्वर में कहा–"आपको कहीं जाने की आवश्यकता नहीं। अयोध्या आपके कर्म और श्रम से पूरी तरह सर्वसंपन्न है। हे मदारी, अयोध्या के इतिहास में अनेक मदारी और अनेक तमाशे वाले आए, पर जो आनंद, जो रस आज प्राप्त हुआ, उसकी कोई तुलना नहीं हो सकती, इसलिए तुम्हें जो भी मांगना है, वह मांग लो। जो भी दुर्लभतम् आवश्यकता है, वह मांग लो।"

अद्भुत लीला! जो सबको देते हैं, उन्हें मांगने को कहा जा रहा है। राम विहंस रहे हैं, शिव पुलकित हैं और हनुमान की तो दृष्टि ही राम से नहीं हट रही। उनकी दृष्टि में याचना है। राम ने जैसे नेत्रों के संकेत से ही आश्वासन दे दिया–'हनुमत्, विचलित हो, आ गए हो तो जाओगे नहीं!' यही आश्वासन बहुत था। हनुमान टकटकी लगाकर अपने स्वामी की ओर देख रहे थे। अब शिव क्या कहते हैं! यह कौतुक देखना शेष था।

"पिताश्री, मुझे यह वानर चाहिए–यह बड़ा अद्भुत है!" श्रीराम ने हनुमान की ओर देखते हुए महाराज दशरथ से कहा। इस कथन ने जैसे सबकी दुविधाओं का समापन कर दिया था।

"पुत्र, तुम इसका क्या करोगे! यह मात्र अपने मदारी के सिखाए ही कौतुक करता है। तुम्हारे लिए तो यह एक उत्पाती वानर है।" राजा दशरथ ने श्रीराम को गोद में उठाते हुए कहा–"और फिर यह मदारी इस वानर को अपने जीवनयापन के लिए प्रशिक्षित करके लाया है।"

"मेरे पुत्र की इच्छा से बड़ा कुछ नहीं हो सकता।" रानी कैकेयी ने दृढ़ता से कहा।

"हमें मदारी से बात करनी होगी।" राजा दशरथ नम्र स्वर में बोले–"सुमंत, तुम इस मदारी को जो भी मांगे, दे दो और इस वानर का जो भी मूल्य हो, वह पूछ लो। राम ने जो मांगा है, उसे मिलना ही चाहिए।"

"आज्ञा का पालन होगा महाराज! वानर अब यहीं रहेगा।"

सुमंत मदारी के समीप पहुंचे और उसे सभी बातें बताईं। रघुवीर ने वानर की इच्छा की थी–शिव का भी तो यही ध्येय था।

"बड़ी दुविधा हुई मंत्रिवर!" मदारी बने शिव ने लोक-सुलभ असमंजस से कहा–"यह वानर मैंने बड़ी कठिनाई से प्रशिक्षित किया है और यही मेरी जीविका का एकमात्र साधन है–इधर मैं राजाज्ञा का उल्लंघन भी नहीं कर सकता।"

"मदारी, जीविका का अब प्रश्न ही कहां रह गया है! इस वानर के बदले हम इतना धन देंगे कि तुम्हें अब कार्य करने की आवश्यकता ही नहीं होगी।"

"मंत्रिवर, कर्मरहित व्यक्ति का जीवन व्यर्थ होता है–मात्र धन से ही तो मनुष्यता का ध्येय नहीं सधता! विधि ने जिस कार्य हेतु जगत में भेजा है, यदि वह उससे विरत हो जाए तो कर्मसत्ता का अपमान होता है।"

"तुम कोई साधारण मदारी प्रतीत नहीं होते।" सुमंत ने नेत्रों में शंका भरकर कहा–"अवसर का लाभ उठाने की कला तुम्हें भली-भांति आती है, अतः तुम अपनी इच्छा के अनुसार इस वानर का मूल्य मांगो, हम तुम्हें दोगुना देंगे।"

"मुझे उन राजकुमार को गोद में लेकर दुलारने की इच्छा है, यही वानर का मूल्य है।" सर्वदाता ने राम की ओर संकेत किया। सुमंत असमंजस में पड़ गए। विचित्र मदारी था! अभी कई नगरों का स्वामी बनने का अवसर मिल रहा था, परंतु मांग क्या रहा था? सुमंत महाराज दशरथ के पास पहुंचे और मदारी की इच्छा बताई।

"विचित्र इच्छा है! कहीं यह मदारी हमारे राम पर कोई जादू-टोना न कर दे।"

"मुझे तो उसके नेत्रों में वात्सल्य और भक्ति भाव दिखाई दे रहा है।" माता कौशल्या ने कहा–"वह जब से आया है, राम को टकटकी लगाए देख रहा है।"

"महाराज, क्यों न राम से ही पूछा जाए!" यह कहकर माता कैकेयी ने राम से ही पूछा–"पुत्र, वह मदारी उस वानर के बदले तुम्हें गोद में दुलारने की शर्त रख रहा है।"

"जो मेरी इच्छा पूरी कर सकता है, तो मुझे भी उसकी इच्छा पूरी करनी चाहिए।"

राम के इस उत्तर ने सबको प्रफुल्लित कर दिया। सुमंत की उंगली पकड़कर राम मदारी के पास पहुंचे। राम और शिव दोनों के अधरों पर एक ऐसी मुस्कान थी जिसका अर्थ साधारण जन तो क्या समझता!

"मेरे प्रभु!" शिव ने अधीरता से बाल-राम को गोद में उठा लिया और दुलारने लगे–"आपका सेवक आपकी सेवा में आ गया है प्रभु!"

"आपकी लीला अपरंपार है त्रिलोकीनाथ!" राम धीरे से बोले–"अपने भक्तों की इच्छा पूरी करने में आपका कोई सानी नहीं–आपने बड़ी कृपा की।"

श्रीराम ने अपने सेवक हनुमान की रस्सी अपने हाथ में पकड़ ली।

3

हनुमान का अयोध्या से प्रस्थान

सो अनन्य जाकें असि मति न टरइ हनुमंत।
मैं सेवक सचराचर रूप स्वामि भगवंत॥

–रामचरितमानस–4/3

श्रीराम दृढ़, परंतु भावुक स्वर में बोले–"इस महाकाज की प्रमुख शक्ति का संयोग इसी यात्रा में होगा। तुम जानते हो कि शक्ति के बिना शिव अपूर्ण हैं। धर्म–संतुलन में संहार का कारण तो अवश्य चाहिए, अतः तुम अब अपने गृहनगर जाकर शेष कार्य संपादित करो। तुम्हारी गुरु दक्षिणा अभी शेष है। हम इस धर्म–यात्रा के प्रथम चरण को पूर्ण करके अगले चरण में प्रवेश करेंगे और मुनिजनों की पीड़ा हरते हुए, भक्तों को सुख देते हुए तथा दुष्टों को दंडित करते हुए शीघ्र ही तुमसे मिलेंगे। हम मिलकर एक महायुद्ध का उद्घोष करेंगे, जिसकी विजय से ही धर्म की पुनर्स्थापना संभव हो सकेगी।"

"प्रभु, यह वियोग की अवधि बड़ी कठिन होगी।" हनुमान के नेत्र सजल हुए।

अयोध्या के महल में हनुमान अपने स्वामी की संगत में कुछ चपल हो गए थे। उनकी वानर–सुलभ चंचलता जाग्रत हो गई थी और वे अपने स्वामी को रिझाने के लिए भांति–भांति के कौतुक करते थे। राम भी उनसे

बहुत स्नेह करते थे। उनके स्नान, भोजन, शयन आदि की व्यवस्था राम के ही आदेश पर होती थी। उनकी दिनचर्या बड़ी व्यवस्थित, राजसी और आनंदमय थी। मदारी की डुगडुगी भी श्रीराम ने ले ली थी। अब जब भी राम का मन करता तो वे डुगडुगी बजाते और हनुमान का नृत्य देखते। राजकीय उद्यान में बालकों का समूह जब एकत्र हो जाता तो राम मनोरंजन के लिए मदारी बन जाते। हनुमान भी नृत्यकला में नित्य प्रवीण होते जा रहे थे। इसके अतिरिक्त वे संगीत व कला में भी निपुण थे। वीणा-वादन भी वे बड़ी दक्षता से करते थे।

एक दिन राजकीय उद्यान में यही लीला हो रही थी। हनुमान बड़ी तन्मयता से वीणा-वादन कर रहे थे और बाल समाज मंत्रमुग्ध होकर उस अद्भुत वानर की प्रशंसा कर रहा था। ऐसा वानर उन्होंने पहले कभी नहीं देखा था, जो मानव की भांति कार्य-व्यवहार कर सकता था। वह केवल मनुष्य की भांति बोलता ही नहीं, अन्यथा अन्य सभी कार्य बड़ी दक्षता से करता था।

"यह इस जन्म का बंदर है, पूर्वजन्म में अवश्य ही मनुष्य होगा।" एक बालक ने अपना विचार व्यक्त किया।

"मुझे तो यह कोई देवता लगता है।" दूसरे ने कहा–"कोई ब्राह्मण भी क्या इतने नैम-टैम से रहता होगा, जो यह रहता है।"

"हां, मुझे छोटे राजकुमार बता रहे थे कि हनुआ सूर्योदय से पहले ही सरयू में जाकर स्नान कर लेता है और फिर भजन-मुद्रा में माला फेरता है।"

"एक और बात–हमारे नगर में जो बंदर पहले से थे, वे बड़े चपल और नटखट थे, परंतु आजकल वे भी बड़े अनुशासन में रहते हैं।"

"बस, भगवान इसे मनुष्य की भांति वाणी की शक्ति और दे दें।" सभी बालकों ने मिलकर प्रार्थना की। घट-घट के स्वामी अंतर्यामी श्रीराम ने अपने सखाओं की निश्छल प्रार्थना सुन ली और मन-ही-मन मुस्कराए। सबकी कामना पूरी करने वाले कल्याणकारी राम अपने बाल सखाओं की कामना कैसे पूरी न करें!

"हनुमान, हमने तुम्हें गायन का अभ्यास कराया था।" राम बोले–"क्या अब तुम उस अभ्यास में कुशल हो गए हो?"

हनुमान ने हाथ जोड़कर सिर झुकाते हुए स्वीकृति दी।

"हनुमान, हमें तुम्हारे श्रीमुख से ज्ञान-गायन सुनना है।" श्रीराम ने आदेश दिया।

"जो आज्ञा प्रभु!" हनुमान मनुष्य की वाणी में बोले।

बाल समाज हर्ष से उद्घोष करने लगा। भगवान ने उनकी प्रार्थना तत्काल स्वीकार कर ली। उनका प्रिय वानर मनुष्य वाणी में दक्ष हो गया था।

हनुमान ने वीणा के तार छेड़े और उनमें से मधुर स्वर में संगीत लहरी निकली–'राम सियाराम, सियाराम, सियाराम!' हनुमान के कंठ से भी मनुष्य वाणी में यह महामंत्र प्रवाहित होने लगा। वहां एक स्तब्धता-सी व्याप्त हो गई। बाल समाज मंत्रमुग्ध हो गया।

देव समाज आकाश मार्ग से उस दिव्य भजन पर पुष्पवर्षा करने लगा। दीनदयाल श्रीराम की यह लीला अद्भुत थी। 'पंगु लंघे पर्वत' की कहावत चरितार्थ हो गई।

हनुमान तो तल्लीन हो गए थे। राघवेंद्र श्रीराम की भी यही दशा थी। भक्त और भगवान जब एक भाव और एक लय से संबद्ध हो जाते हैं तो यही स्थिति उपस्थित होती है। जगत भी भावमय हो गया। कैलाशी कैलाश पर भावनृत्य कर रहे थे–त्रिलोक में आनंद व्याप्त था।

यह श्रीराम की बाल-लीला थी, जो नित्य होती थी। किशोरवय तक यह लीला नित्य होती रही। एक दिन श्रीराम सहित राजकुमारों का उपनयन संस्कार हुआ। श्रीराम की इच्छा पर हनुमान को भी जनेऊ धारण कराया गया और वे भी ज्ञान-दीक्षित हुए। राजकुमारों को अब महर्षि वशिष्ठ के गुरुकुल में शिक्षा हेतु जाना था। महाराज दशरथ ने अपने पुत्रों से इस विषय में बात की।

"राम, अब शिक्षा ग्रहण करने का समय है। बाल्यकाल व्यतीत हो गया है। क्षत्रिय धर्म के अनुसार, अब तुम्हें गुरु के सान्निध्य में शस्त्र व शास्त्र का ज्ञान प्राप्त करना है। अब उचित यही है कि हनुमान को उसके बंधु-बांधवों के पास भेज दिया जाए।" महाराज ने कहा।

"पिताश्री, हनुमान मेरे जन्म के साथी हैं।" राम गंभीर स्वर में बोले–"जो मेरे लिए धर्म है, वह हनुमान के लिए भी उचित है। वे कोई साधारण वानर नहीं हैं। शिक्षा का अधिकार उन्हें भी है।"

"पुत्र, तुम कभी अनुचित नहीं कहते, परंतु सदैव तो हनुमान यहां नहीं रह सकता। उसका अपना भी तो कोई ध्येय होगा।"

"पिताश्री, मैं ही उनका ध्येय हूं। समय आने पर हनुमान अपने गृहनगर चले जाएंगे। अभी आप आज्ञा दें कि वह हमारे साथ ही गुरुकुल जाएं और शस्त्र-शास्त्र का अध्ययन करें।"

"राम, तुम अद्भुत हो। रघुकुल के मस्तक पर चंद्रमणि के समान हो। हे, पुत्र, तुमने इस कुल की उज्ज्वलता का प्रकाश और भी प्रदीप्त कर दिया। तुम जो भी चाहते हो, वही होगा।" महाराज दशरथ भाव-विभोर हो गए।

श्रीराम बंधुओं और हनुमान सहित महर्षि वशिष्ठ के आश्रम में पहुंचे और विद्याध्ययन करने लगे। संपूर्ण विद्याओं में पारंगत हनुमान ने गुरुकुल में दिखा दिया कि नर और वानर में मस्तिष्क और व्यवहार के आधार पर कोई अंतर नहीं होता। वेद, शास्त्र और शस्त्र-विद्या का ऐसा निपुण प्रदर्शन रामसेवक हनुमान के सिवा कौन कर सकता था! यह श्रीराम की कृपा थी कि उन्होंने अपने सेवक की श्रेष्ठता को कभी चुनौती नहीं दी। हनुमान सदैव इसके लिए कृतज्ञ रहे।

समय अपनी गति से चलता रहा। गुरुकुल की शिक्षा पूर्ण हो गई। बाल-लीला के बाद अब और किशोर-लीला का भी समापन हो गया था। किशोरवय रघुवीर अब राजप्रबंध में भी निपुण हो गए थे। हनुमान प्रतिक्षण उनकी सेवा में तत्पर रहते थे।

एक दिन राजदरबार में महर्षि विश्वामित्र का आगमन हुआ। महाराज दशरथ ने महर्षि को सादर-सत्कार से आसन दिया और विनयपूर्वक उनके आने का प्रयोजन पूछा।

"राजन, आपके कुल की कीर्ति और आपका शासन-प्रबंध अति उत्तम है। आज उत्तरी अरण्य में सिंह और बकरी एक ही घाट पर पानी पीते हैं। अन्याय और अराजकता का नाम नहीं है।" महर्षि बोले–"परंतु हे राजन, दक्षिण की ओर से राक्षसों का आगमन आरंभ हो गया है। दक्षिणी अरण्य असुरक्षित हो चले हैं। साधुजनों को पीड़ा हो रही है। यज्ञों का विध्वंस हो रहा है। राक्षसी ताड़का और मारीच अपने सैन्यदल सहित दक्षिणी अरण्य में उत्पात मचा रहे हैं। आश्रम नष्ट हो रहे हैं, धर्म-कार्य बाधित हो रहे हैं।"

"महर्षि, यह चिंता का विषय अवश्य है, परंतु आपको चिंतित होने की आवश्यकता नहीं है।" महाराज दशरथ दृढ़ स्वर में बोले–"हम अभी सेना सहित आपके साथ चलते हैं और शीघ्र ही उन राक्षसों का दमन करते हैं। हमारे राज्य की सीमा में इस प्रकार का उत्पात हमें स्वीकार्य नहीं। आप निश्चिंत रहें, हम अभी सेनापति को आदेश देते हैं।"

"राजन, इस चिंताजनक सूचना के साथ ही एक शुभ समाचार भी है और इसीलिए हम यहां स्वयं उपस्थित हुए हैं, अन्यथा हम आपकी सहायता के लिए सूचना ही प्रेषित कर देते तो भी पर्याप्त था।" महर्षि बोले–"आपको यह समाचार तो मिल ही गया होगा कि मिथिला नरेश जनक अपनी पुत्री सीता का स्वयंवर आयोजित कर रहे हैं।"

"महर्षि, यह समाचार तो जगविदित है, परंतु किन्हीं पूर्ववर्ती कारणों से हमें इसकी राजकीय सूचना नहीं मिली।" राजा दशरथ धीरे से बोले।

"कुछ कार्य दैव-इच्छा से होते हैं राजन! यह हरि-लीला का पुण्य कल्प है। अब इच्छित-अनिच्छित सब स्वीकार करना होगा।" महर्षि रहस्यमय स्वर में बोले–"आप बड़े पुण्यभाग्य हैं, जो इस धरा-धर्म के संतुलन का आधार हुए हैं। रघुकुल की सूर्य के समान कीर्ति और भी आभामय होने वाली है। हम यहां दो विशेष उद्देश्यों की पूर्ति के लिए आए हैं और उन दोनों की पूर्ति का साधन आपके प्राणप्रिय राम और लक्ष्मण हैं।"

"महर्षि, आपका तात्पर्य क्या है?" दशरथ व्यग्र हो उठे।

"रघुकुल के भावी शासक का परीक्षण और दैवाज्ञा!" विश्वामित्र तनिक कठोर स्वर में बोले–"जो विधाता ने रचा है, उसके प्रथम निमित्त हम हैं। स्पष्ट शब्दों में कहें तो हम यहां कुमार राम और लक्ष्मण को लेने आए हैं। धर्म-धरा का संतुलन और मिथिला-अयोध्या का मिलन ही हमारा उद्देश्य है, तभी हमारी मध्यस्थता सार्थक होगी।"

"मुनिवर, ताड़का और मारीच जैसे भयानक राक्षसों के समक्ष कुमारों का क्या पराक्रम होगा! पहले हम स्वयं इस बाधा का अंत करने आपके साथ चलते हैं, फिर आप कुमारों सहित जनकपुरी चले जाइए।"

"हमें एक चिंतित पिता के रूप में आपके दर्शन स्वीकार नहीं राजन! हम आपको रघुकुल के उस प्रतिनिधि के रूप में देखना चाहते हैं, जो आपके वंशज हैं और जिन्हें मात्र स्वयं पर ही नहीं, अपने कुमारों पर भी विश्वास हो।"

"महर्षि, मेरे पुत्र अभी शस्त्राभ्यास कर रहे हैं।"

"जो स्वयं शस्त्र है, उनके लिए अभ्यास क्या राजन! पिता की दृष्टि से देखोगे तो सदैव अभ्यास योग्य ही होंगे। क्षत्रिय दृष्टि से देखो, वे ही स्वयं कराल-कुठार हैं और अधर्म के विनाश हेतु हैं।"

"महर्षि, एक क्षत्रिय राजा होने के नाते अपने पुत्रों की इस विशिष्ट प्रशंसा से मेरा हृदय पुलकित हो रहा है।" राजा दशरथ बोले–"परंतु एक पिता का हृदय इस बात से शंकित है कि हमारे कुमारों के साधारण तूणीर में साधारण बाण कैसे उन मायावी राक्षसों का प्रतिरोध कर सकेंगे?"

"राजन, पिता के रूप में आपकी शंका उचित हो सकती है, परंतु एक प्रतिष्ठित कुल के क्षत्रिय नरेश के लिए यह गौरव का विषय है, अत: आप इसे दैवाज्ञा व ब्रह्माज्ञा समझ निश्चिंत होकर राम और लक्ष्मण को हमारे साथ भेज दें और अपने क्षत्रिय धर्म का पालन करें।" महर्षि बोले।

"आपकी आज्ञा शिरोधार्य है महर्षि!" राजा दशरथ ने कहा और राम व लक्ष्मण को बुलाकर संकल्प सहित उन्हें महर्षि के साथ जाने का आदेश दिया।

धर्म की पुनर्स्थापना का शुभारंभ हो चुका था। रघुनायक अपनी धर्मयात्रा के पहले चरण की पूर्ति के लिए प्रस्तुत थे। वे भ्राता लक्ष्मण सहित अपनी माताओं और अंत:पुरवासियों से आज्ञा लेने पहुंचे तो कुछ संकोच और शंकाओं का सामना करते हुए क्षत्राणी माताओं ने भी उस विशिष्ट काज हेतु अपने नयनतारों को आज्ञा दे दी।

हनुमान एक कोने में उदास बैठे थे। राम उनके समीप पहुंचे और उन्हें अंक में भर लिया।

"हनुमान, जिस उद्देश्य से हम पृथ्वीलोक पर आए हैं, उसका शुभारंभ हो चुका है। हम दुष्ट राक्षसी शक्तियों को चेतावनी देने जा रहे हैं।" श्रीराम दृढ़, परंतु भावुक स्वर में बोले–"इस महाकाज की प्रमुख शक्ति का संयोग इसी यात्रा में होगा। तुम जानते हो कि शक्ति के बिना शिव अपूर्ण हैं। धर्म-संतुलन में संहार का कारण तो अवश्य चाहिए, अत: तुम अब अपने गृहनगर जाकर शेष कार्य संपादित करो। तुम्हारी गुरु दक्षिणा अभी शेष है। हम इस धर्म-यात्रा के प्रथम चरण को पूर्ण करके अगले चरण में प्रवेश करेंगे और मुनिजनों की पीड़ा हरते हुए, भक्तों को सुख देते हुए तथा दुष्टों को दंडित करते हुए शीघ्र ही तुमसे मिलेंगे। हम मिलकर एक महायुद्ध का उद्घोष करेंगे, जिसकी विजय से ही धर्म की पुनर्स्थापना संभव हो सकेगी।"

"प्रभु, यह वियोग की अवधि बड़ी कठिन होगी।" हनुमान के नेत्र सजल हुए।

"हनुमत, यह अल्प अवधि है और आवश्यक भी है, किंतु हम शीघ्र साथ होंगे।"

"हे दयानिधान, आपकी आज्ञा ही मेरे प्राण हैं। मैं प्रतीक्षा करूंगा।"

खंड-4

सुग्रीव के रक्षा-कवच

सुग्रीव ने सोचा–'प्रभु ने जीवन-रक्षक भेज दिया जिसने कितने सहज ढंग से उसकी प्राण-रक्षा का उपाय बताया।' सुग्रीव ने तब कहीं अपने प्राण-रक्षक की ओर देखा, जो बड़े ही मंद और सौम्य भाव से मुस्करा रहा था। सुग्रीव के नेत्र सिकुड़े। वह छवि जानी-पहचानी लगी और ठोड़ी के तनिक टेढ़े होने से सब स्पष्ट हो गया।

"हनुमान!" सुग्रीव ने भुजाएं फैला दीं और हनुमान उसमें समा गए। दोनों सखा भाव-विभोर होकर आपस में लिपट गए। यह स्थिति कई क्षण तक रही, फिर वे भाव-विह्वल होते हुए बोले–"हनुमान, तुम मेरे रक्षा-कवच, मेरे जीवनदाता बनकर आए! प्रभु ने उचित समय पर तुम्हें भेजा।"

बाली तो पहले ही अहंकार और पूर्वाग्रह से ग्रस्त था, अब वह अंगद का उनसे मिलना-जुलना अपने लिए राजनीतिक खतरा मानकर और भी क्रुद्ध हो सकता था। इतना तो सुग्रीव अवश्य ही समझ गए थे कि उनका वह निष्कासन अब प्रभु की कृपा से ही समाप्त हो सकेगा, इसलिए अब वे दिन-रात श्रीहरि के चरणों में निमग्न रहते।

हनुमान ने बड़ी कुशलता से सुग्रीव को सुरक्षित कर लिया था और उनके समर्थन में एक बड़े वानर-समूह को भी एकत्र कर लिया था। अब उन्हें भी अपने स्वामी श्रीराम की प्रतीक्षा थी जिन्होंने कहा था कि उनकी भेंट किष्किंधा के शैल अरण्य में होगी। अब प्रभु कहां होंगे, क्या कर रहे होंगे, क्या उन्हें मेरी स्मृति बनी होगी! इन विचारों से हनुमान घिरे रहते थे।

1

हनुमान की सुग्रीव से भेंट

वानरेन्द्र महेन्द्राभमिन्द्रो वालिनामात्मजम्।
सुग्रीवं जनयामास तपनस्तपतां वरः॥

—वाल्मीकि रामायण-1/17/10

सुग्रीव को कहीं भी सुरक्षित स्थान नहीं सूझ रहा था। उनके प्राण कंठ में अटके थे। कोई कंदरा, कोई पर्वत शरणदायी नहीं था। ऐसे में रामनामी ओढ़े एक वानर उन्हें मार्ग में मिला जिसने सुंदर ग्रीवा के कारण उन्हें पहचाना।

"अरे मित्र सुग्रीव, तुम्हारे मुख पर यह मृत्यु का विषाद क्यों?"

"मेरी रक्षा करो।" सुग्रीव ने भय के मारे हनुमान को नहीं पहचाना और अपनी व्यथा सुनाई—"मेरा कोई दोष नहीं महात्मा वानर, मेरी रक्षा करो।"

"भय त्याग दो मित्र! एक स्थान ऐसा भी है जहां बाली का प्रवेश वर्जित है। तुम मेरे साथ ऋष्यमूक पर्वत पर चलो। वहां तुम पूर्ण रूप से सुरक्षित हो।" हनुमान ने परामर्श दिया।

स मस्त वानर समाज के महाराजाधिराज किष्किंधा नरेश ऋक्षराज के दो बलशाली पुत्र थे, जो उन्हें देवताओं के वरदान से प्राप्त हुए थे। देवराज इंद्र के अंश से युवराज बाली और भगवान सूर्य के अंश से तपस्वी सुग्रीव। दोनों ही वानरकुमार बड़े वीर, बलशाली और संस्कारयुक्त थे। ऋक्षराज ने

प्रत्येक पर्वत पर रहने वाले वानरों का एक यूथपति नियुक्त किया था। गंधमादन समीप था, अत: सुग्रीव और हनुमान एक ही वनघाटी के मित्र थे। युवराज बाली एक अत्यंत बलिष्ठ और पराक्रमी वानर था। उसके पिता इंद्र ने उसे एक बलाकर्षण माला दी थी जिसके प्रभाव से उसके प्रतिद्वंद्वी का आधा बल उसमें आ जाता था। इससे वह अजेय तो था ही, अहंकारी भी हो गया था।

जब समुद्र मंथन हो रहा था, तब देव-दानवों के अतिरिक्त उस विशेष कार्य में युवराज बाली को भी सम्मिलित होने का अवसर मिला। इन्हीं में अश्विनी कुमारों की ओर से प्रकांड वैद्य सुषेण भी सम्मिलित थे। समुद्र से निकले चौदह रत्नों में जो अप्सराएं निकलीं, उनमें तारा नाम की एक अप्सरा भी थी जिसे देखकर वानर युवराज बाली मोहित हो गया, परंतु वहीं रावण के प्रतिनिधि सुषेण को भी तारा पसंद आ गई। दोनों तारा के अगल-बगल खड़े हो गए। बाली अनायास ही तारा के दाहिनी ओर खड़े थे। मंथन की स्थिति बाधित हो रही थी, ऐसे में चतुरानन ब्रह्मा ने मध्यस्थता की और वेदनिहित निर्णय दिया कि जो स्त्री को वामांग में लेता है, वही उसका पति होता है। इस प्रकार तारा बाली की पत्नी हुई। सुग्रीव का विवाह वानर कन्या रूमा से हुआ।

किष्किंधा चतुर्पद सैन्य बल का एक विख्यात केंद्र था और उसमें भी बाली और सुग्रीव जैसे महाबलशाली योद्धाओं के कारण अविजित था, परंतु कालचक्र अब नवीनीकरण की ओर घूम रहा था। माया नाम की एक राक्षसी दंडकारण्य में अपने दो अति दुर्दांत पुत्रों–दुंदुभि और मायावी के साथ रहती थी। राक्षस-बंधु मल्लयुद्ध में बड़े प्रवीण थे, परंतु उनकी जोड़ी का कोई योद्धा दंडकारण्य में नहीं था।

एक दिन दुंदुभि की देवर्षि नारद से भेंट हुई तो उन्होंने देवर्षि से रावण के अतिरिक्त अपने समकक्ष योद्धा के विषय में जानना चाहा।

देवर्षि तो अंतर्यामी थे, अत: उन्होंने बाली का नाम सुझा दिया और पता भी बता दिया तो दुंदुभि गर्व से भरकर किष्किंधा की ओर चला गया।

मद में डूबा दुंदुभि किष्किंधा पहुंच गया और बाली को द्वंद्व युद्ध के लिए ललकारने लगा। बाली को द्वंद्व युद्ध की चुनौती तो सर्वप्रिय थी, अत: उसने दुंदुभि को थाम लिया।

दुंदुभि को जीवन में पहली बार आभास हुआ कि वह जितना बल स्वयं में समझता था, उतना उसमें नहीं था। बाली के कुछ ही मुष्टि-प्रहारों ने उसकी खोपड़ी खोल दी थी, फिर बाली ने उसके दोनों पैर पकड़े और गोल-गोल घुमाकर उसके प्राण ही हर लिये। बाली ने उसकी मृत देह को उछाल दिया, जो ऋष्यमूक पर्वत पर तपस्यारत मतंग ऋषि के सामने जा गिरी। इससे मतंग ऋषि को बड़ा क्रोध आया और

उन्होंने बाली को श्राप दे दिया कि वह जब भी ऋष्यमूक पर्वत पर पैर रखेगा, उसके सिर के टुकड़े हो जाएंगे।

बाली को मतंग ऋषि के शाप को सुनकर अपने कृत्य पर बड़ा पश्चाताप हुआ। प्रायश्चित्त की अग्नि में जलते हुए बाली बड़े उद्विग्न थे, तभी देवर्षि नारद वहां पधारे तो बाली ने नतमस्तक होकर अभिवादन किया।

"महाबली, तुम इतने उद्विग्न क्यों हो, तुमने तो एक दैत्य का संहार किया है?" देवर्षि बाली को सांत्वना देते हुए बोले–"रावण को उचित संदेश मिल गया होगा। वह भी कहता है कि उसके जोड़ का योद्धा तीनों लोकों में नहीं है। आज उसे महाबली बाली के विषय में बताऊंगा, तब उसका गर्व दूर होगा।"

"देवर्षि, मैं रावण नहीं हूं जो बल के मद में चूर होकर बलहीनों को पीड़ित करूं। आज मुझसे बड़ी भूल हुई है, परंतु ऐसे दुष्टों का मद चूर करने के लिए मैं सदैव प्रस्तुत रहूंगा। यदि आप कभी रावण से मिलें तो उससे कहना कि वह या उसका कोई दंभी अनुचर मेरे क्षेत्र में आया तो उसकी मृत्यु निश्चित है।" बाली आवेश में बोला।

देवर्षि नारद ने 'नारायण-नारायण' कहा और सीधे लंका जाकर दशानन रावण को बाली की गर्वोक्ति नमक-मिर्च लगाकर सुना दी। देवर्षि की बात सुनकर रावण ने प्रण किया कि शीघ्र ही वह उस वानर को दंडित करेगा।

दुंदुभि की हत्या का समाचार नारदजी के सौजन्य से सारे राक्षस जगत में अग्नि की भांति फैल गया। इससे दुंदुभि का भाई मायावी बड़ा क्रोधित हुआ और आधी रात को ही पंपापुर के महल के सामने जाकर बाली को द्वंद्व युद्ध के लिए ललकारने लगा। जब बाली ने राक्षस-गर्जना सुनी तो वह तत्काल बाहर भागा। तारा ने उसे रोका, परंतु वह न रुका। सुग्रीव उसकी सहायता के लिए उसके पीछे गया। मायावी और बाली में भयंकर द्वंद्व युद्ध आरंभ हो रहा था।

जब मायावी ने सुग्रीव को भी आते देखा तो वह भयभीत हो गया। वह वहां से भागने लगा तो बाली ने उसका पीछा किया। मायावी एक कंदरा में प्रवेश कर गया तो बाली भी उसके पीछे-पीछे कंदरा में प्रवेश कर गया। सुग्रीव कंदरा के सामने पहुंचकर ठिठक गए, तभी बाली का आर्त स्वर गूंजा तो सुग्रीव का हृदय दहल गया और वे सिर पकड़कर बैठ गए। वे क्या जानते थे कि मायावी मरते-मरते उन्हें भ्रमित कर गया था और कंदरा से जो रक्त बहकर आ रहा था, वह बाली का नहीं, मायावी का था।

सुग्रीव ने भय के कारण अपने प्राण बचाने के लिए एक विशाल शिला से कंदरा का द्वार बंद कर दिया और किष्किंधा आकर दुखपूर्ण समाचार दिया। सुग्रीव की बात

सुनकर सबको बड़ी पीड़ा हुई। समय गुजरता रहा और बाली के स्थान पर सुग्रीव का राज्याभिषेक कर दिया गया।

एक दिन बाली कंदरा के मुख से पत्थर हटाकर वापस आ गया और अपने अनुज पर भ्रातृघात कर आरोप लगाकर उसके प्राण लेने का संकल्प कर बैठा। सभी ने उसे समझाया कि तुम्हारा अनुज निर्दोष है और तुम्हारे आने में अत्यधिक विलंब होने पर यह निर्णय लिया गया था। इस पर बाली ने बताया कि जब उसने मायावी को मारकर कंदरा से बाहर आना चाहा तो मार्ग बंद था। बड़े प्रयासों से मार्ग खुला तो दशानन रावण द्वंद्व युद्ध के लिए उद्धत मिला। महीनों तक दोनों में द्वंद्व युद्ध चलता रहा और अंतत: बाली ने उस अहंकारी रावण का दर्प चूर कर दिया था। जब वह यहां आया तो उसे ज्ञात हुआ कि सुग्रीव ने छल से न केवल उसके राज्य, बल्कि उसकी पत्नी पर भी अधिकार कर लिया था। उसने तभी सुग्रीव को छल का दंड देने का प्रण कर लिया था।

सुग्रीव जान गए कि अब उनके प्राण संकट में हैं तो महल के गुप्तमार्ग से भाग निकले। बाली को आभास हो गया कि शत्रु भाग गया है, परंतु उस क्षेत्र में उससे बच पाना अत्यंत कठिन था। वह भी उनके पीछे भागा। सुग्रीव को कहीं भी सुरक्षित स्थान नहीं सूझ रहा था। उनके प्राण कंठ में अटके थे। कोई कंदरा, कोई पर्वत शरणदायी नहीं था। ऐसे में रामनामी ओढ़े एक वानर उन्हें मार्ग में मिला जिसने सुंदर ग्रीवा के कारण उन्हें पहचाना।

"अरे मित्र सुग्रीव, तुम्हारे मुख पर यह मृत्यु का विषाद क्यों?"

"मेरी रक्षा करो।" सुग्रीव ने भय के मारे हनुमान को नहीं पहचाना और अपनी व्यथा सुनाई–"मेरा कोई दोष नहीं महात्मा वानर, मेरी रक्षा करो।"

"भय त्याग दो मित्र! एक स्थान ऐसा भी है, जहां बाली का प्रवेश वर्जित है। तुम मेरे साथ ऋष्यमूक पर्वत पर चलो। वहां तुम पूर्ण रूप से सुरक्षित हो।" हनुमान ने परामर्श दिया।

सुग्रीव ने उस अनायास मिले परामर्शदाता को अपने अंक में भर लिया।

2

हनुमान का बाली को परामर्श

किंतु भीषय सुग्रीवं वालिवत्त्वं हनिष्यसे।
इत्युक्त्वा शीघ्रमादाय सुग्रीवप्रतिभाषितम्॥

—अध्यात्म रामायण-4/5/14

"महाराज बाली, आप बलवान राजा हैं। वानर समाज की प्रतिष्ठा हैं, परंतु क्रोध और अहंकार ने आपको इतना वशीभूत कर लिया है कि आप अपने सहोदर अनुज में बुराइयां देख रहे हैं।" हनुमान स्पष्ट व निर्भीक स्वर में बोले—"आपने परिस्थितियों का आकलन किए बिना ही यह निर्णय कर लिया कि सुग्रीव ने कपट किया, जबकि वास्तविकता यही है कि मायावी की दुष्टता का शिकार होकर सुग्रीव भ्रमित हो गए।"

"अति सुंदर! सचिव को तुम्हारी ही भांति होना चाहिए। अपने स्वामी के हित में सुंदर तर्क देने की कला एक अच्छा सचिव होने का प्रमाण है।"

सुग्रीव ने मतंग ऋषि के आश्रम के समीप आकर चैन की सांस ली। वे एक शिला पर बैठकर अपनी उखड़ी सांसों को व्यवस्थित करने लगे। अब प्राण सुरक्षित थे, अन्यथा बाली के क्रोध की अग्नि भस्म कर देने वाली थी।

सुग्रीव ने सोचा—'प्रभु ने जीवन-रक्षक भेज दिया जिसने कितने सहज ढंग से उसकी प्राण-रक्षा का उपाय बताया।' सुग्रीव ने तब कहीं अपने प्राण-रक्षक

की ओर देखा, जो बड़े ही मंद और सौम्य भाव से मुस्करा रहा था। सुग्रीव के नेत्र सिकुड़े। वह छवि जानी-पहचानी लगी और ठोड़ी के तनिक टेढ़े होने से सब स्पष्ट हो गया।

"हनुमान!" सुग्रीव ने भुजाएं फैला दीं और हनुमान उसमें समा गए। दोनों सखा भाव-विभोर होकर आपस में लिपट गए। यह स्थिति कई क्षण तक रही, फिर वे भाव-विह्वल होते हुए बोले–"हनुमान, तुम मेरे रक्षा-कवच, मेरे जीवनदाता बनकर आए! प्रभु ने उचित समय पर तुम्हें भेजा।"

"आपने उचित कहा है मित्र! प्रभु श्रीराम ने ही मुझे आदेश दिया था कि मैं आपके पास जाऊं। वे अंतर्यामी घट-घट का रहस्य जानते हैं। उनका कौन भक्त कहां और किस संकट में है, यह उन्हें सब ज्ञात है।" हनुमान भावपूर्ण स्वर में बोले–"यह आप भी जानते हैं कि इस स्थान पर महाबली बाली नहीं आ सकते, परंतु जब विपत्ति आती है तो विवेक सबसे पहले साथ छोड़ देता है।"

"यही हुआ है हनुमत्! भ्राताश्री ने मेरे प्रति अपने मन में द्रोह की भावना बना रखी है।" सुग्रीव ने बताया–"मायावी के साथ युद्ध करने के लिए जब भ्राताश्री कंदरा में घुस गए तो कुछ ही क्षण पश्चात् मैंने अपने कानों से उनकी करुण पुकार सुनी और गुफा से रक्त की धारा बाहर आई। मैं भयभीत और शंकित था तो स्वाभाविक रूप से यही सोचा कि भ्राताश्री को मायावी ने मार डाला है और मेरे प्राण भी संकट में हैं। मैंने बचाव हेतु गुफा का द्वार बंद कर दिया और राजधानी आकर यह अप्रिय समाचार सबको सुनाया। सिंहासन रिक्त था, अत: सबने मुझे यह दायित्व सौंप दिया। इसमें मेरी गलती कहां है हनुमत्, जिससे भ्राताश्री मेरे शत्रु हो गए?"

"मित्र, यह तुम्हारी गलती नहीं, विधि की विडंबना है। दुंदुभि और मायावी जैसे राक्षसों का वध करके और अत्यंत शक्तिशाली लंकेश को पराजित करके बाली का अहंकार चरम पर पहुंचना ही था। ऐसी उपलब्धियां प्राय: संबंधों को गौण कर देती हैं। अहंकार जब चरम पर होता है तो व्यक्ति उस अपराध को भी दूसरे के सिर मढ़ देता है, जो उसने स्वयं किया हो।"

"हनुमान, अब क्या होगा?" सुग्रीव चिंतित स्वर में बोले–"क्या अब हमें जीवन-भर बंदी की भांति इसी ऋष्यमूक पर्वत पर रहना होगा? क्या यही हमारी नियति है? हमारा सहोदर हमारे लिए यमराज बन गया है।"

"धैर्य धारण करो मित्र! विपत्ति के समय धैर्य से बड़ा बल कोई नहीं होता। प्रभु श्रीराम सब मंगल करेंगे। परिवार में मतभेद हो जाते हैं, परंतु ये स्थायी नहीं होते। महाराज बाली अभी क्रोध में हैं और क्रोध प्राय: सत्य से परे रखता है। मैं स्वयं

उचित समय देखकर महाराज बाली से मिलकर इस मतभेद को दूर करने का प्रयास करूंगा। प्रभु ने चाहा तो सब पहले की भांति कुशल होगा।" हनुमान ने सुग्रीव को सांत्वना दी।

सुग्रीव आश्वस्त नहीं हुए, क्योंकि उन्हें अपने अग्रज बाली के क्रोध के विषय में पता था। वह ऐसा हठी योद्धा वानर था, जो शठता की सीमा तक अपनी बात पर अड़ा रह सकता था, फिर भी समय पर हनुमान का मिलना सुग्रीव के लिए वरदान सरीखा था। एक दिन हनुमान बाली से मिलने पंपापुर पहुंचे, जहां उनका परिचय पाकर बाली ने उनका यथोचित सत्कार किया और उन्हें अपने समीप बिठाया।

"हनुमान, तुम एक वीर योद्धा हो।" बाली ने कहा–"तुम्हें तो राज्य-संरक्षण में रहना चाहिए था, किंतु तुम उस कपटी सुग्रीव के सचिव बन गए।"

"महाराज बाली, आप बलवान राजा हैं। वानर समाज की प्रतिष्ठा हैं, परंतु क्रोध और अहंकार ने आपको इतना वशीभूत कर लिया है कि आप अपने सहोदर अनुज में बुराइयां देख रहे हैं।" हनुमान स्पष्ट व निर्भीक स्वर में बोले–"आपने परिस्थितियों का आकलन किए बिना ही यह निर्णय कर लिया कि सुग्रीव ने कपट किया, जबकि वास्तविकता यही है कि मायावी की दुष्टता का शिकार होकर सुग्रीव भ्रमित हो गए।"

"अति सुंदर! सचिव को तुम्हारी ही भांति होना चाहिए। अपने स्वामी के हित में सुंदर तर्क देने की कला एक अच्छा सचिव होने का प्रमाण है।"

"ऐसा नहीं है कपिश्रेष्ठ! मैं यहां सुग्रीव का सचिव बनकर नहीं आया हूं। मेरा बाल्यकाल इस परिवार के साथ व्यतीत हुआ है और उसकी स्मृतियां आज भी मुझे रोमांचित करती हैं। बाली-सुग्रीव युगल बंधु किसी समय परस्पर प्रेम का उत्कृष्ट उदाहरण थे।"

"वही उदाहरण आज भी हैं केसरीनंदन! परिभाषा ही तो बदली है। आज भी बाली-सुग्रीव चर्चा का विषय है, भले ही घोर भ्रातृद्रोह के कारण हों।"

"परंतु बिना कारण किसी को आरोपित करना तो न्याय नहीं है।"

"हनुमान, बाली कदापि अकारण किसी को आरोपित नहीं करता। यदि मैं यह मान भी लूं कि उस कपटी को भ्रम ने भयभीत कर दिया था और उसने मेरी मृत्यु का समाचार फैला दिया था तो भी यह तर्कसंगत तो नहीं कि मेरी मृत्यु की पुष्टि हुए बिना सिंहासन पर बैठ जाता। वह उस समय अकेला था, भय हो गया होगा, परंतु क्या राजधानी आकर उसका धर्म नहीं बनता था कि सेना के साथ अपने भाई का शव लेने जाता और विधिवत् अंतिम संस्कार करता। 'भाई मारा गया' कहकर सत्ता सुख प्राप्त करने वाला क्या कपटी नहीं है?"

बाली का यह तर्क सुदृढ़ था। सुग्रीव से यह भूल अवश्य हुई थी।

"महाराज, यह अपराध तो उनसे अवश्य हुआ है और उन्होंने इसकी क्षमा-याचना भी आपसे कर ली है, परंतु इसके पीछे भी कारण यही है कि वीरवर बाली जब बहुत दिन तक लौटकर नहीं आए तो पुष्टि स्वयं हो गई।"

"मैं यह नहीं मानता। परिस्थितियों से घटनाओं की प्रामाणिक पुष्टि नहीं होती। यह कपट हृदयों की भावना है। अब इस विषय को विराम दो। सुग्रीव मेरा अपराधी है और अपराधी को दंड देना ही वीरोचित है। वह या तो मृत्युपर्यंत उसी पर्वत का बंदी रहेगा या मेरे हाथों मृत्यु को प्राप्त होगा।" बाली ने दृढ़ता से कहा–"यह मेरा प्रण है। तुम अपनी कहो, क्या तुम्हें मेरा सचिव व सेनापति बनना स्वीकार है?"

"महाराज, यह मेरे लिए गौरव की बात है।" हनुमान ने कहा–"परंतु मैंने भी सूर्यदेव को गुरु दक्षिणा में सुग्रीव की रक्षा का वचन दिया है।"

"जैसा तुम उचित समझो। तुम विद्वान हो, बलवान हो और न्यायप्रिय भी हो! मैं तुम्हें तुम्हारे पथ से विचलित नहीं करूंगा।" बाली ने कहा।

"जैसी प्रभु की इच्छा महाराज बाली!" यह कहकर हनुमान ने आसन छोड़ दिया–"अब आज्ञा दें।"

"मृत्यु अटल सत्य है।" बाली ने हनुमान से कहा–"सुग्रीव से कहना कि यश भरी मृत्यु चाहता है तो मुझे आकर ललकारे–यही उसके लिए उचित है।"

3

जामवंत की सांत्वना

उघरहिं अंत न होइ निबाहू। कालनेमि जिमि रावन राहू॥
किएहुं कुबेषु साधु सनमानू। जिमि जग जामवंत हनुमानू॥

—रामचरितमानस-1/7/3-4

"बाली के गुप्तचर तो यहां घूमते ही रहते हैं।" सुग्रीव चिंतित स्वर में बोले—"यह एक प्रकार का खुला कारागृह है।"

"हनुमान आपके साथ हैं तो चिंता की कोई बात नहीं।" जामवंत ने कहा—"इन्हें यहां स्वयं श्रीराम ने भेजा है—स्वयं सूर्यदेव ने आपकी रक्षा का दायित्व सौंपा है, अतः यह तो निश्चित है कि हनुमान के होते आपका कोई भी अहित नहीं कर सकता, फिर भी आप सजग, सचेत और सावधान रहें। शत्रु जब निकट हो तो जरा-सी असावधानी भी घातक हो सकती है। प्रभु श्रीराम का नित्य स्मरण करते रहिए। उनकी प्रतीक्षा करें, सब मंगल होगा।"

सुग्रीव ने सहमति जताई और जामवंत वहां से विदा हो गए।

हनुमान लौटकर ऋष्यमूक पर्वत पर पहुंचे तो उन्हें वहां सुग्रीव के साथ वार्तालाप करते हुए ऋक्षराज जामवंत मिले।

रीछ समाज के सुभट, बलवान व नीति-गुणसंपन्न योद्धा जामवंत हनुमान से मिलकर बहुत प्रसन्न हुए। हनुमान के विषय में उन्होंने बहुत कुछ सुन रखा था।

"हे अंजनीपुत्र, तुम्हारे दर्शन पाकर मैं धन्य हो गया। मैंने अपने गुप्तचरों से सुना था कि महाराज सुग्रीव के आप नए सचिव नियुक्त हुए हैं। आपसे मिलने की उत्कट इच्छा थी।" जामवंत ने भावपूर्ण स्वर में कहा।

"आपके दर्शन पाकर मैं भी कृतार्थ हुआ ऋक्षराज!"

"हनुमान, क्या कोई शुभ समाचार है?" सुग्रीव व्यग्रता से बोले।

"महाराज!" हनुमान गंभीर स्वर में बोले–"समय बड़ा बलवान होता है और जब विकट समय आता है तो तर्क भी मौन हो जाते हैं। महाराज बाली का प्रण अटल है। उनमें क्षमा भाव का चिह्न तक नहीं है।"

"मैं स्वयं प्रयास करके देख चुका हूं केसरीनंदन!" जामवंत बोले–"मैं भी राजपरिवार का घनिष्ठ मित्र रहा हूं और मेरी हार्दिक इच्छा थी कि भ्रमवश उत्पन्न यह वैर समाप्त हो जाए। मैं स्वयं मध्यस्थ बनकर महाराज बाली के पास गया था, परंतु उनके तर्क-कुतर्क जरा भी नहीं डगमगाए। उल्टे उन्होंने मुझे भी चुनौती दे दी कि मैं सुग्रीव की प्राण-रक्षा के लिए चाहे जैसी व्यवस्था कर सकता हूं।"

"यह अभिमान की भाषा है, जो प्रायः सभी बलवान बोलते हैं। किसी अनुचित बात पर दृढ़ रहना वीरों का कार्य नहीं।" हनुमान ने कहा–"परंतु विधि के लेख को कौन टाल सकता है?"

"इसका अर्थ तो यह हुआ कि मैं सदैव के लिए ऐसा बंदी बन गया जिसके केवल बेड़ियां नहीं पड़ी, अन्यथा कारागार ही है।" सुग्रीव निराश स्वर में बोले।

"भय कभी जूझने का बल नहीं देता महाराज! मृत्यु तो अटल है और एक दिन सभी को आनी है। वहां अस्थि-पिंजर देख रहे हो, जैसे पर्वत के ऊपर अस्थिपर्वत रखा हो। दुंदुभि जैसे विशाल विकराल राक्षस को भी मृत्यु ने नहीं छोड़ा। आप जीवन का मोह कर रहे हैं, अन्यथा बलपूर्वक भी अपने अधिकार को प्राप्त करने में सक्षम हैं।"

"मुझे जीवन का मोह नहीं है ऋक्षराज! बाली से युद्ध करने का अर्थ आप तो जानते हैं। उसके समक्ष जाने पर ही मेरा आधा बल उसमें चला जाएगा। यह तो निश्चित मृत्यु हुई। युद्ध तो वह श्रेयस्कर है जिसका परिणाम ही न मालूम हो। ऐसा युद्ध बल और कौशल से लड़ा जा सकता है।"

"समय की प्रतीक्षा कीजिए महाराज! समय से पूर्व कुछ नहीं हो सकता है। प्रभु श्रीराम की कृपा होगी तो बल भी प्राप्त होगा और स्वयं कौशलेश भी प्राप्त होंगे। इसके अलावा अधिक विचारने से कुछ नहीं होगा।"

"परस्पर सैन्य युद्ध की सहमति तो हम भी नहीं देंगे।" जामवंत बोले–"इससे गृहयुद्ध जैसी स्थिति बन जाएगी, परंतु सैन्य-संगठन अवश्य करते रहिए, क्योंकि बाली

ही तो इस पर्वत पर नहीं आ सकता, उसके अनुचर गुप्तचर तो आ सकते हैं। क्या पता किसी दिन सैन्य आक्रमण हो जाए!"

"बाली के गुप्तचर तो यहां घूमते ही रहते हैं।" सुग्रीव चिंतित स्वर में बोले–"यह एक प्रकार का खुला कारागृह है।"

"हनुमान आपके साथ हैं तो चिंता की कोई बात नहीं।" जामवंत ने कहा–"इन्हें यहां स्वयं श्रीराम ने भेजा है–स्वयं सूर्यदेव ने आपकी रक्षा का दायित्व सौंपा है, अत: यह तो निश्चित है कि हनुमान के होते आपका कोई भी अहित नहीं कर सकता, फिर भी आप सजग, सचेत और सावधान रहें। शत्रु जब निकट हो तो जरा-सी असावधानी भी घातक हो सकती है। प्रभु श्रीराम का नित्य स्मरण करते रहिए। उनकी प्रतीक्षा करें, सब मंगल होगा।"

सुग्रीव ने सहमति जताई और जामवंत वहां से विदा हो गए।

"हनुमान, यहां आस-पास बाली के कई गुप्तचर हैं और कई ऐसे राक्षस मित्र भी देखे गए हैं, जो उसके आदेश पर मेरी हत्या कर सकते हैं। जब तुम चले गए थे तो कुछ ऐसे संकेत मिल रहे थे मानो मुझ पर कोई प्राणघातक हमला होने वाला है। प्रभु की कृपा से तभी यहां जामवंत आ गए।"

"ईश्वर सबकी रक्षा करते हैं। आप निश्चिंत रहें। मुझे गुरुदेव ने रामरक्षा स्तोत्र मंत्र दिया है। आप विधिपूर्वक उसका अनुष्ठान करें। शत्रु किसी भी रूप में आपके समीप नहीं फटक सकता और मैं उन्हें खोजकर प्रभु के धाम भेजता हूं।"

हनुमान संध्या-वंदन के लिए चले गए। वहां नदी के किनारे कुछ वानर भी संध्या-वंदन कर रहे थे। हनुमान को देखकर उनमें खुसर-फुसर शुरू हो गई। हनुमान ने ऐसे दिखाया, जैसे उनकी बातों से हनुमान का कोई लेना–देना नहीं था, परंतु वास्तव में उनके कान उन लोगों के वार्तालाप पर लगे हुए थे।

"यही है वह वानर, जो हमारे लक्ष्य की बाधा है।" साधु वेशधारी वानर परस्पर बातें कर रहे थे–"यह जब से आया है, तब से हमारा शत्रु सुरक्षित हो गया है। यह रात्रि-भर सोता ही नहीं, परंतु इससे हमारा काम नहीं चलता। हमें तो अपने वानरराज बाली के आदेश की पूर्ति करनी होगी। यह जल में जा रहा है, क्यों न हम यहीं छल से इसे समाप्त कर दें?"

"यही उचित रहेगा। यह स्नान के लिए अंदर जाएगा और हम जल के नीचे जाकर इसके पैर पकड़कर इसे गहराई में ले जाएंगे, फिर यह समाप्त हो जाएगा तो सुग्रीव को समाप्त करने में कोई बाधा नहीं होगी।"

हनुमान अपने बल को अवश्य श्रापवश भूल गए थे, परंतु उनका बल उन्हें भूल गया हो, ऐसा नहीं था। शक्ति, ऊर्जा जहां संचित होती है, उसे ज्ञात होता है कि वह

उपस्थित है। हनुमान जल के अंदर गहराई में चले गए, तभी उन्हें आभास हुआ कि उनके पैरों को किसी ने पकड़ लिया है और उन्हें गहराई में खींचने का प्रयास किया जा रहा है। बल ने स्वयं को सजग कर लिया। हनुमान पर्वत हो गए। गहराई में जाना तो दूर, वे जरा भी नहीं हिले। हनुमान ने अपनी पूंछ को जल के भीतर प्रवेश कराया और शत्रुओं को लपेटकर जल के बाहर खींचा। वे चारों शत्रु वानर पूंछ के घेरे में फंसे फड़फड़ा रहे थे।

"मित्रो, क्या मैं तुम्हें उस शिला पर पटक दूं?" हनुमान बोले।

"नहीं महावीर, नहीं। हमें क्षमा कर दो। हमसे भूल हुई। आपको श्रीराम की सौगंध! हम फिर कभी इधर न आएंगे।" चारों ने विनय की।

"तुमने जीवनदान तो प्राप्त कर लिया मित्रो, परंतु दंड तो शेष है। वह तो तुम्हें स्वीकार करना ही होगा–धूर्तता को दंड देना आवश्यक है।"

हनुमान ने उन्हें अपने सिर से ऊपर उठाया और पूंछ को बड़े ही वेग से वृत्ताकार घुमाने लगे, फिर उन्हें हवा में ही मुक्त कर दिया।

चारों शत्रु वानर सूखे पत्तों की भांति अलग-अलग दिशाओं में विलीन हो गए।

हनुमान अब और भी सजग हो गए। वे क्षण-भर भी सुग्रीव को अकेला नहीं छोड़ते थे और आगंतुकों पर विशेष दृष्टि रखते थे।

4

गुरु के आदेश का पालन

गुरु पद पंकज सेवा तीसरि भगति अमान।
चौथि भगति मम गुन गन करइ कपट तजि गान॥

–रामचरितमानस, अरण्यकांड, दोहा-35

"माते, मेरे गुरु ने कहा है कि अभी मेरा उनके समीप जाना राजनीतिक दृष्टि से उचित नहीं।" युवराज अंगद ने माता तारा को बताया–"जब तक कोई निर्णायक निर्धारण नहीं हो जाता, तब तक मुझे एक राजकुमार की भांति सुरक्षाचक्र में रहना चाहिए। तातश्री ने भी यही कहा। मुझे अंक में भरकर कहा कि पुत्र, मेरे पास मत आया करो। अभी हम एक हठी, अहंकारी और भ्रमित राजा के शत्रु हैं। हम नहीं चाहते कि वह यह सोचकर निर्बल हो जाए कि उसका पुत्र हमारे पक्ष में है। माते, मैं कल से वहां नहीं जाऊंगा, परंतु इन बातों का अर्थ क्या है?"

"पुत्र, जब रुद्रावतार हनुमान ने तुम्हारा दिशा-निर्देशन किया है तो निश्चय ही भविष्य के गर्भ में कुछ छुपा हुआ है। तुम अपने गुरु के आदेश का पालन करो।" माता ने अंगद को समझाया।

वानरराज बाली बड़े उद्विग्न होकर अपने कक्ष में चहलकदमी कर रहे थे। पिछले दो दिन से उन्हें अपने गुप्तचरों से कोई समाचार नहीं मिल पाया था। इसका एक ही अर्थ था कि समाचार देने वाले ही नहीं रहे

थे। इस बाधा का कारण निश्चय ही हनुमान हो सकते थे। अकारण ही हनुमान उसकी बाधा बन रहे थे। बाली तो उन्हें अपना सेनापति बनाना चाहता था, परंतु उनका मन सुग्रीव में रमा था।

अभी कल ही तो कुमार अंगद ने भी हनुमान से गदायुद्ध सीखने की इच्छा व्यक्त की थी और बाली को यह प्रस्ताव पसंद भी आया था, क्योंकि अंगद के लिए हनुमान से श्रेष्ठ गुरु और कौन हो सकता था! उसने अंगद को आज्ञा दे दी थी, परंतु अब वह विचलित था। कहीं अंगद भी उनके ही रंग-में-रंग गया तो...। वह तो पहले ही अपने चाचा सुग्रीव को अधिक चाहता था और निकटता मिलने पर तो निश्चय ही उसकी बातों में आ जाएगा। किशोर मस्तिष्क को विद्रोही होने में क्या समय लगता है! तभी रानी तारा कक्ष में आ गई।

"स्वामी, आज आप संध्या-वंदन करने नहीं जा रहे हैं?" तारा ने पूछा।

"प्रिये, हमसे बड़ी भूल हो गई है।" बाली व्याकुलता से बोला–"हमने कुमार को हनुमान से गदा-संचालन सीखने की आज्ञा दे दी।"

"यह तो हर्ष की बात है स्वामी! हनुमान जैसा गुरु मिलना तो कुमार के लिए सौभाग्य की बात है। इसमें कैसी भूल?"

"तुम नहीं समझोगी। राजनीति के परिप्रेक्ष्य में यह हमारी बड़ी भूल है, जो हमने अनायास ही शत्रु पक्ष में अपने पुत्र को भेज दिया। अंगद अभी किशोर है और सुग्रीव से उसका लगाव भी है। अब वह पुन: सुग्रीव के संपर्क में रहेगा तो वह कुटिल उसे हमारे विरुद्ध भड़काएगा।"

"नाथ! यह मात्र आपका हठ और भ्रम है कि सुग्रीव आपका शत्रु है। सहोदर शत्रु हो, ऐसा विकृत युग नहीं आया। भूल आपसे तब हुई थी, जब आपने परिस्थितियों का आकलन किए बिना सुग्रीव को आरोपित किया और उसे मृत्युदंड सुना दिया।" तारा सधे हुए स्वर में बोली–"आपके हठ और अहंकार ने आपके विवेक पर परदा डाल दिया था।"

"तू स्त्री है। तेरा मस्तिष्क उतना ही सोच सकता है, जितना देखता है।" बाली क्रुद्ध स्वर में बोला–"एक राजा को दूर तक विचार करना होता है। सुग्रीव को सिंहासन का महत्त्व ज्ञात हो गया था। इसी कारण उसने सिंहासन पर अधिकार करने के लिए सारा स्वांग रचा था और मेरे लौट आने पर उसकी इच्छाओं पर तुषारापात हो गया।"

तारा के नेत्रों में विवशता भर आई। अपने स्वामी की दृढ़ता और विचार उसे कदापि उचित नहीं लग रहे थे, परंतु वह इससे अधिक और कर भी क्या सकती थी!

विधाता ने जाने क्या लिखा था उस राजकुल के भाग्य में, जो सहोदरों में ऐसी प्रबल शत्रुता उत्पन्न कर दी थी!

एक वह समय भी था, जब बाली-सुग्रीव दो शरीर एक प्राण कहे जाते थे और आज वह दिन आ गया था कि दोनों एक-दूसरे की मृत्यु की योजनाएं बना रहे थे। बाली बाहर चला गया था और तारा को वह उद्विग्नता दे गया था, जो अभी तक उसके तन-मन को मथ रही थी। क्या भविष्य था उस विख्यात कुल का!

उसी समय कुमार अंगद ने कक्ष में आने की आज्ञा मांगी। तारा ने बड़े स्नेह से स्वीकृति देकर भुजाएं फैला दीं और अंगद अपनी माता की बांहों में सिमट गए।

"मेरे पुत्र, तुम यह भारी गदा क्यों लेकर जाते हो? अभी तो तुम्हारी आयु क्रीड़ा करने की है। अभी से इतना श्रम क्यों! तुम्हें क्या कोई युद्ध करना है? तुम तो एक शांतिप्रिय माता के पुत्र हो! हमें युद्ध नहीं, शांति चाहिए।"

"माते, मेरे गुरु ने कहा है कि जब आसुरी शक्तियां बढ़ जाती हैं तो शांति के लिए युद्ध ही आवश्यक हो जाता है।" अंगद ने बाल-सुलभ गंभीरता से कहा।

तारा शंकित हो उठी। क्या यह बाली के संदेह को पुष्ट करता विचार नहीं था? हनुमान का यह कथन उस किशोरमन में विद्रोही बीजारोपण तो नहीं कर रहा था! अंगद अभी उतना परिपक्व नहीं था।

"परंतु माते, मेरे गुरुदेव ने मुझे शिक्षा देने से मना कर दिया है।"

"क्यों...क्यों पुत्र? क्या तुम योग्य शिष्य नहीं हो?"

"माते, मेरे गुरु ने कहा है कि अभी मेरा उनके समीप जाना राजनीतिक दृष्टि से उचित नहीं।" युवराज अंगद ने माता तारा को बताया–"जब तक कोई निर्णायक निर्धारण नहीं हो जाता, तब तक मुझे एक राजकुमार की भांति सुरक्षाचक्र में रहना चाहिए। तातश्री ने भी यही कहा। मुझे अंक में भरकर कहा कि पुत्र, मेरे पास मत आया करो। अभी हम एक हठी, अहंकारी और भ्रमित राजा के शत्रु हैं। हम नहीं चाहते कि वह यह सोचकर निर्बल हो जाए कि उसका पुत्र हमारे पक्ष में है। माते, मैं कल से वहां नहीं जाऊंगा, परंतु इन बातों का अर्थ क्या है?"

"पुत्र, जब रुद्रावतार हनुमान ने तुम्हारा दिशा-निर्देशन किया है तो निश्चय ही भविष्य के गर्भ में कुछ छुपा हुआ है। तुम अपने गुरु के आदेश का पालन करो।" माता ने अंगद को समझाया।

अंगद अपनी माता के अंकपाश में सिमट गया।

उधर सुग्रीव आज कुछ विचलित थे। कल सायंकाल उन्होंने अंगद को समझाकर फिर कभी न आने की आज्ञा दी थी, जो हनुमान के परामर्श के अनुसार थी। राजसत्ता

की दृष्टि से हनुमान का यह परामर्श उचित ही था। बाली तो पहले ही अहंकार और पूर्वाग्रह से ग्रस्त था, अब वह अंगद का उनसे मिलना-जुलना अपने लिए राजनीतिक खतरा मानकर और भी क्रुद्ध हो सकता था। इतना तो सुग्रीव अवश्य ही समझ गए थे कि उनका वह निष्कासन अब प्रभु की कृपा से ही समाप्त हो सकेगा, इसलिए अब वे दिन-रात श्रीहरि के चरणों में निमग्न रहते।

हनुमान ने बड़ी कुशलता से सुग्रीव को सुरक्षित कर लिया था और उनके समर्थन में एक बड़े वानर-समूह को भी एकत्र कर लिया था। अब उन्हें भी अपने स्वामी श्रीराम की प्रतीक्षा थी जिन्होंने कहा था कि उनकी भेंट किष्किंधा के शैल अरण्य में होगी। अब प्रभु कहां होंगे, क्या कर रहे होंगे, क्या उन्हें मेरी स्मृति बनी होगी! इन विचारों से हनुमान घिरे रहते थे।

खंड-5

श्रीराम-सुग्रीव मिलन

सुग्रीव श्रीराम के पैरों से लिपट गए और बारंबार प्रार्थना करने लगे।

"नाथ, मुझ अधम को क्षमा करें। मुझ शठ ने अपनी संतुष्टि के लिए आपकी परीक्षा लेने की मूर्खता की—मुझे क्षमा कर दें प्रभु!"

"उठो मित्र, मित्रता में पूर्ण आश्वासन आवश्यक है। तुमने ठीक ही किया—अब तुम एक कार्य करो। अभी जाकर अहंकारी बाली को द्वंद्व युद्ध के लिए ललकारो।"

"द्वंद्व युद्ध! मैं...बाली से द्वंद्व युद्ध!" सुग्रीव बौखलाए—"प्रभो, यह आप क्या कह रहे हैं? बाली से भिड़ने की मेरी सामर्थ्य होती तो मैं यहां निर्वासित जीवन क्यों जी रहा होता! वह तो मुझे सामने पड़ते ही मार डालेगा।"

"महाराज सुग्रीव!" हनुमान कठोर स्वर में बोले—"यह भय की पराकाष्ठा है, जो आपको कायरता का आभास करा रही है। प्रभु की शरण में आकर भी यदि आप अपने को दीन-हीन समझते हैं तो इस संसार में आपके जीवन का कोई अर्थ नहीं है। जीव को जीवन के लिए कुछ संघर्ष स्वयं करने पड़ते हैं।"

"मित्र, वीर पुरुष कभी साहस का त्याग नहीं करते और न एक पराजय से विजय की आशा छोड़ते हैं। लक्ष्य एक बार में प्राप्त न हो तो पुनः प्रयास किया जाता है। पराजय के कारण पर विचार किया जाता है।" श्रीराम ने सुग्रीव को समझाते हुए कहा–"इस बार हम तुम्हारे गले में पहचान के लिए अपनी माला डाल देते हैं जिससे हमें लक्ष्य संधान में शंका नहीं होगी।"

"प्रभु, मैं उस निर्दयी का सामना करने का साहस तो नहीं करता, परंतु आप पर भी अविश्वास नहीं कर सकता।" सुग्रीव ने हताश स्वर में कहा–"अब अंतिम बार जाता हूं। इस बार भागूंगा नहीं।"

श्रीराम ने उनके गले में अपनी माला डाल दी। सुग्रीव ने अपनी शक्ति और साहस बटोरे और फिर जाकर बाली को ललकारा।

1

हनुमान की व्यग्रता

नाना विधि विनती करि प्रभु प्रसन्न जियंजानि।
नारद बोले वचन तब जोरि सरोरुह पानि॥

—रामचरितमानस, अरण्यकांड, दोहा-41

"मेरे प्रभु! इतने निकट आ गए!" हनुमान भाव-विह्वल होकर बोले—"अब मुझे शीघ्र ही उनकी सेवा का अवसर मिलेगा।"

"हनुमान, पंचवटी यहां से कोई अधिक दूरी पर नहीं है, तुम जाकर अपने प्रभु के दर्शन क्यों नहीं कर लेते?" ऋषि मतंग बोले।

"मुनिवर, मैं प्रभु की आज्ञा का उल्लंघन कैसे कर सकता हूं? उन्होंने कहा था कि वे स्वयं ही आकर मुझे दर्शन देंगे। मन में व्यग्रता तो है, परंतु प्रतीक्षा के आनंद का सुख भी अनोखा होता है। आपने बड़ी कृपा की देवर्षि, जो मुझ अकिंचन पर ऐसी कृपा की और मेरे प्रभु से मेरा हृदय मिला दिया।"

"नारायण-नारायण! हम तो प्रभु के दास हैं। जहां भेजते हैं, चले जाते हैं।"

एक दिन प्रभु-प्रेरणा से देवर्षि नारद ऋष्यमूक पर्वत पर पधारे। सुग्रीव सहित हनुमान और ऋषिगणों ने देवर्षि का स्वागत किया।

"नारायण-नारायण! यह कैसी विचित्र लीला है प्रभु की, जिन्हें राजमहलों में रहना चाहिए, वे जंगल में भटक रहे हैं।" देवर्षि गूढ़ स्वर

में बोले–"पर यह सब भी सुर, नर, मुनि जन हिताय ही है, क्योंकि प्रभु तो सर्वहितकारी हैं।"

"देवर्षि, आप तो तीनों लोकों का भ्रमण करते रहते हैं।" हनुमान ने पूछा–"आपको तो सभी समाचार ज्ञात हैं–कुछ हमें भी सुनाइए।"

"हनुमान, समाचारों का तो हमारे पास भंडार है।" देवर्षि बोले–"परंतु न तो सभी समाचार तुम्हारे विषय के हैं और न हमारे पास इतना समय है। हां, किसी व्यक्ति, स्थान या घटना विशेष के विषय में कुछ जानना है तो कहो।"

"देवर्षि, आप अंतर्यामी हैं। घट-घट का रहस्य जानने वाले हैं।" हनुमान हाथ जोड़कर बोले–"फिर भी मेरे हृदय की उत्कंठा जानना चाहते हैं तो मुझे प्रभु श्रीराम के विषय में बताइए–यही मेरी जिज्ञासा है।"

"हनुमान, रघुकुल शिरोमणि श्रीराम इन दिनों वन-पथ पर हैं और दंडकारण्य में पंचवटी की कुटी में निवास कर रहे हैं। उनके साथ उनकी सहगामिनी जनकनंदिनी सीता और अनुज लक्ष्मण भी हैं। दुष्टों को दंडित करने और संतजनों को निर्भय कर धर्म-संतुलन के लिए प्रभु श्रीराम ने चौदह वर्ष का वनवास स्वीकार किया है और तपस्वी वेश में लीला कर रहे हैं।"

देवर्षि की बात सुनकर हनुमान पुलकित हो उठे, फिर उन्होंने सारा वृत्तांत संक्षेप में जानने की जिज्ञासा प्रकट की।

देवर्षि ने श्रीराम की लीलाओं का संक्षेप में वर्णन किया कि कैसे एक दिन महर्षि विश्वामित्र उन्हें यज्ञपूर्ति के लिए लक्ष्मण सहित अपने साथ ले गए, जहां उन्होंने ताड़का, सुबाहु और मारीच जैसे भयानक राक्षसों का सेना सहित संहार किया और ऋषियों को निर्भय किया।

गौतम पत्नी अहिल्या का उद्धार करते हुए प्रभु श्रीराम जनकपुरी पहुंचे, जहां जगत जननी शक्ति सीता रूप में उनकी प्रतीक्षा कर रही थीं। वहां धनुष-भंग करके श्रीराम ने सीताजी का पाणिग्रहण किया और चहुं ओर सुख-वर्षा करते हुए अयोध्या लौट आए। सब ओर मंगल था और एक दिन महाराज दशरथ ने श्रीराम के राज्याभिषेक की घोषणा कर दी।

श्रीराम के राज्याभिषेक की घोषणा सुनकर अयोध्यावासी हर्ष के सागर में डूब गए और फिर जोर-शोर से राज्याभिषेक की तैयारियां होने लगीं।

"हे वीरवर हनुमान!" देवर्षि बोले–"सब ओर खुशियां मनाई जा रही थीं। उस रात अयोध्या का दीपोत्सव सूर्य की आभा के समान था, किंतु सूर्योदय होते ही महल में सन्नाटा छा गया था। अचानक समाचार मिला कि श्रीराम को महाराज दशरथ ने

चौदह वर्ष का वनवास दिया है और उनके साथ माता जानकी व लक्ष्मण भी वन-पथ पर जाने वाले हैं–यह समाचार जिसने भी सुना स्तब्ध रह गया।"

"ऐसा किस कारण हुआ देवर्षि?" सुग्रीव आश्चर्य से बोले–"जब प्रातः राज्याभिषेक होना था तो रात में ऐसा क्या हो गया जिसने मंगलमय वातावरण को दारुण दुख में बदल दिया–जन-भावनाओं की उपेक्षा कर दी!"

"प्रभु की लीला प्रभु ही जानें!" हनुमान मुदित मन से बोले–"लोककारण तो जो भी हो, परंतु मुख्य कारण तो धर्म-संतुलन, मर्यादा स्थापन और लोक-कल्याण ही हैं, जो पूर्व निर्धारित थे। देवर्षि! आप इस लुभावनी लीला के लोकपक्ष पर प्रकाश डालिए। क्या हुआ उस कालरात्रि में?"

"हनुमान! श्रीराम के राज्याभिषेक की सभी तैयारियों का प्रबंधन महारानी कैकेयी देख रही थीं, जिन्हें श्रीराम प्राणों से भी अधिक प्रिय हैं। उन्हीं कैकेयी की एक दासी मंथरा ने महारानी को अपने कुटिल शब्दजाल में फंसाकर भ्रमित किया और उनके मन में स्वार्थी भाव उत्पन्न कर दिया। मंथरा ने उस कुटिलता से रानी को वह योजना बताई जिससे अयोध्या का सिंहासन उनके पुत्र भरत को मिल सकता था। महारानी मातृ-सुलभ स्वार्थ में फंस गईं।"

"होनी तो होकर रहे, अनहोनी न होय।" हनुमान आनंदित होकर बोले।

"श्रोताओ! राजा दशरथ ने कभी रानी कैकेयी को तीन वरदान दिए थे और वचन दिया था कि वे कभी भी अपने वरदान मांग सकती हैं। मंथरा को यह अभेद बाणास्त्र स्मरण था, जो उसने समय पर चला दिया।"

"ऐसी दासी को तो तत्काल मृत्युदंड देना चाहिए था।" सुग्रीव बोले।

"महाराज सुग्रीव! यह सब दैव निर्धारित घटनाक्रम था।" हनुमान ने स्पष्ट किया–"प्रभु श्रीराम इसी हेतु धरा पर अवतरित हुए हैं। सिंहासन पर बैठकर कहीं इतना बड़ा कारण सिद्ध हो सकता था। लोक-कल्याण के लिए ही प्रभु ने यह प्रेरणा की और मंथरा को निमित्त बनाया। देवर्षि, आगे बताइए न!"

"अयोध्यावासियों को समझाकर माता-पिता, बंधु, सखा व गुरुओं से आज्ञा लेकर श्रीराम सीता व लक्ष्मण सहित तपस्वी वेश में वन-पथ पर चल दिए। इन तीनों दिव्य मूर्तियों के दर्शन करने हेतु मार्ग लोगों से घिर गए थे। सरयू के तट पर वास करने वाले केवट मल्लाह पर प्रभु की कृपा हुई और उसने नदी पार करने की उतराई में प्रभु से भव सागर पार करने का आशीर्वाद प्राप्त किया। इसके बाद प्रभु भील आदि जंगल निवासी लोगों से मिले। एक राजपुत्र द्वारा इन आदिवासी प्रांतों का भ्रमण, उन लोगों का जीवन, समस्याएं आदि समझने का यह अद्भुत उदाहरण था। प्रायः ये लोग राज्य

का अंग होकर भी राज्य के संपर्क में नहीं होते।" श्रीराम ने निषादराज से मित्रता की और सबको सुख दिया। वहां से चित्रकूट के मार्ग में पड़ने वाले तपोवनों में धर्म का प्रचार करते हुए श्रीराम पंचवटी में आ पहुंचे हैं और अपने भक्तों को दर्शन सुख दे रहे हैं–नारायण-नारायण!"

"मेरे प्रभु! इतने निकट आ गए!" हनुमान भाव-विह्वल होकर बोले–"अब मुझे शीघ्र ही उनकी सेवा का अवसर मिलेगा।"

"हनुमान, पंचवटी यहां से कोई अधिक दूरी पर नहीं है, तुम जाकर अपने प्रभु के दर्शन क्यों नहीं कर लेते?" ऋषि मतंग बोले।

"मुनिवर, मैं प्रभु की आज्ञा का उल्लंघन कैसे कर सकता हूं? उन्होंने कहा था कि वे स्वयं ही आकर मुझे दर्शन देंगे। मन में व्यग्रता तो है, परंतु प्रतीक्षा के आनंद का सुख भी अनोखा होता है। आपने बड़ी कृपा की देवर्षि, जो मुझ अकिंचन पर ऐसी दया की और मेरे प्रभु से मेरा हृदय मिला दिया।"

"नारायण-नारायण! हम तो प्रभु के दास हैं। जहां भेजते हैं, चले जाते हैं।"

रामकथा के कुछ प्रसंग सुनाकर देवर्षि वहां से चले गए। हनुमान भाव-विभोर हो गए। अपने प्रभु के विषय में जानकर उन्हें ऐसी अनुभूति हो रही थी मानो तपती रेत पर जल पड़ गया हो। सुग्रीव भी आशान्वित हो चले थे कि संभवत: श्रीराम ही उन पर कृपा करेंगे और वर्षों से चल रहा उनका निर्वासन समाप्त होगा। उधर दंडकारण्य में पंचवटी की कुटी पर प्रभु श्रीराम ने आगामी कार्यरेखा निर्धारित की।

2

सुग्रीव की व्यथा

तब हनुमंत उभय दिसि की सब कथा सुनाइ।
पावक साखी देइ करि जोरी प्रीति दृढ़ाइ॥
—रामचरितमानस, किष्किंधाकांड, दोहा–4

"परंतु उस महाबली का पतन मुझे असंभव लगता है। उसके पास
बल, तप, पद और द्रव्य आदि सभी साधन हैं। उसने एक बार
तपस्या करके श्री ब्रह्मा से अपनी मृत्यु के विषय में पूछा था।
ब्रह्माजी ने बताया था कि जो अपने एक ही बाण से सामने खड़े
उन ताड़ वृक्षों को काट सकेगा, केवल वही उसे मार सकेगा। अब
तुम उन ताड़ वृक्षों को देखो, वे कितने विशाल हैं! यदि कुल्हाड़े
से भी उन्हें काटा जाए तो कई दिन लगेंगे। एक बाण से कौन उन्हें
गिरा सकता है?"

हनुमान ने एक पंक्ति में खड़े उन सात ताड़ वृक्षों को देखा।

"मित्र, जब ब्रह्माजी ने कहा है तो निश्चय ही कोई तो होगा, जो
इन वृक्षों को एक ही बाण से धराशायी करेगा।"

सुग्रीव ने राजधानी से आए वानरों की व्यथा कथा सुनी तो उनका हृदय
द्रवित हो उठा। बाली हठी और अहंकारी था, परंतु वह निष्ठुर और
प्रजा-विरोधी भी हो गया था, यह चिंता की बात थी। सामने बैठे वानरों ने
कुछ ऐसी ही व्यथा कथा सुग्रीव को सुनाई थी।

"महाराज!" नल और नील नामक वानर बंधुओं में से नील ने कहा—"हमारा दोष केवल इतना है कि हमने कुमार अंगद को यहां आने के लिए कहा था, क्योंकि वे कई दिन तक यहां आए थे। हम भी महाबली से गदाभ्यास सीखना चाहते थे। महाराज बाली ने हमें दंड ही सुना दिया कि जो भी वानर ऋष्यमूक जाकर आपसे मिलते हैं, वे राजद्रोही हैं, अत: उन्हें राजदंड के अनुसार दंडित किया जाएगा। कई वानरों को तो उन्होंने बंदी बनाकर कारागार में डाल दिया है। अन्य को राजधानी से निष्कासित कर दिया और उनके प्रवेश को अवैध कहकर कारागार में डालने की घोषणा की है।"

"यह अन्याय है—बल का अनुचित दुरुपयोग है!" सुग्रीव विवश स्वर में बोले—"हमारे कारण प्रजा को सताने-धमकाने से उस दुराग्रही को क्या मिलेगा? हमारे तो सभी प्रिय हैं तो क्या वह सभी को कारावास में डाल देगा?"

"प्रजा के प्रति नित्य ही उनके व्यवहार में कठोरता आ रही है। उनके अनुचर भी उनके ही जैसे हैं।" नल ने बताया—"बंदीगृह में यातनाओं की पराकाष्ठा है।"

"हे प्रभु, कब इस अन्याय का अंत होगा!" सुग्रीव व्यथित स्वर में बोले—"हे वीरवर हनुमान, आप ही कोई उपाय सुझाइए जिससे उस अहंकारी की बुद्धि में यह बात आए कि प्रजा पर अकारण किया जाने वाला अत्याचार राजा के पतन का संकेत है।"

"महाराज, आप क्या समझते हैं कि बाली की बुद्धि में यह राजमंत्र कभी नहीं था? अवश्य था और इसका प्रदर्शन वह पहले कर भी चुका है। पहले वह प्रजा-वत्सल भी था और दयालु भी।" हनुमान गंभीर स्वर में बोले—"अब वह अहंकार से ग्रस्त होकर विवेकहीन हो गया है और उन मूल राजमंत्रों से विमुख हो गया है जिनसे किसी राजा का यश बढ़ता है, अत: उसे समझाने से कुछ भी नहीं होने वाला, क्योंकि अहंकारी प्राय: किसी की बात नहीं मानते। जो उनके कृत्य-कुकृत्य की प्रशंसा करे, वह उनका अनुचर होता है और जो उनके विरुद्ध बोले, वह शत्रु! यही अहंकारी का दृष्टिकोण होता है।"

"हनुमान, वह हमें कितना भी दंडित, पीड़ित करे—हमें स्वीकार है, परंतु प्रजा के साथ हमारे कारण उसका कठोर व्यवहार हमें दोषी अनुभव कराता है। हमें लगता है कि हम ही इसके दोषी हैं।"

"अहंकार अपने चरम पर जाकर ही नष्ट होता है। यह नियति की प्रक्रिया है, जो अहंकारी के बोध को नष्ट करके उसमें इस दुर्भावना का विकास करती है कि वह जो भी कर रहा है, न्यायसंगत कर रहा है। उसे अपने निर्णय में कोई भी त्रुटि दिखाई नहीं देती। इसके परिणामस्वरूप स्वयं वह उचित-अनुचित नहीं सोच पाता। बल, तप, पद और द्रव्य से उपजे अहंकार की यही नियति होती है, अत: आप इसे अपना दोष न समझिए। यह बाली के पतन की प्रक्रिया है।"

"परंतु उस महाबली का पतन मुझे असंभव लगता है। उसके पास बल, तप, पद और द्रव्य आदि सभी साधन हैं। उसने एक बार तपस्या करके ब्रह्माजी से अपनी मृत्यु के विषय में पूछा था। ब्रह्माजी ने बताया था कि जो अपने एक ही बाण से सामने खड़े उन ताड़ वृक्षों को काट सकेगा, केवल वही उसे मार सकेगा। अब तुम उन ताड़ वृक्षों को देखो, वे कितने विशाल हैं! यदि कुल्हाड़े से भी उन्हें काटा जाए तो कई दिन लगेंगे। एक बाण से कौन उन्हें गिरा सकता है?"

हनुमान ने एक पंक्ति में खड़े उन सात ताड़ वृक्षों को देखा।

"मित्र, जब ब्रह्माजी ने कहा है तो निश्चय ही कोई तो होगा, जो इन वृक्षों को एक ही बाण से धराशायी करेगा।" हनुमान मुस्कराए और उनके नेत्रों में धनुष-बाण धारण किए प्रभु श्रीराम की छवि तैरने लगी—"बाली अमर तो नहीं है। धैर्य धारण करें, ब्रह्मवाक्य कदापि निष्फल नहीं होते।"

"प्रजा का कष्ट मुझे व्यथित कर रहा है हनुमत्!"

"एक सहृदय राजा की यही भावना होनी चाहिए। प्रभु अवश्य इस भावना का मान रखेंगे। जीवन में कष्ट सभी को भोगने पड़ते हैं। इस मृत्युलोक में आकर तो स्वयं श्री नारायण भी महलों को त्यागकर वन-पथ पर कष्ट उठाते हैं। राजन, अब केवल समय की प्रतीक्षा कीजिए।"

सुग्रीव इससे अधिक कर भी क्या सकते थे! बाली का प्रतिकार करना सरल तो न था। वह दिव्य वरदान प्राप्त था, जो सामने वाले का आधा बल तो ऐसे ही सोख लेता था और शेष आधे को मसलना उसके लिए क्या बड़ी बात थी!

"प्रजाजनो, हनुमान ने उचित ही कहा है। अब प्रभु का आश्रय ही उचित है। दुखभंजन श्रीहरि ही अब हम सबकी पीड़ा हरेंगे।"

सभी वानरों ने सुग्रीव की बात का समर्थन किया। जिस कष्ट का निवारण स्वयं करना असंभव लगता हो, उसे प्रभु के आश्रय छोड़ देना चाहिए, क्योंकि वे ही उस असंभव कष्ट का निवारण करना संभव बना सकते हैं।

उसी समय सुग्रीव की पीठ के पीछे जोर की आवाज हुई, कोई भारी वस्तु उनके ऊपर गिराई गई थी, जो दैवयोग से उन्हें नहीं लगी थी। सबने चौंककर उस वस्तु को देखा। वह एक कपड़े की पोटली थी। कपड़ा संभवत: किसी साड़ी में से फाड़ा गया था।

सुग्रीव ने उस पोटली को उठाया और खोला तो उसमें स्त्री-आभूषण थे। बाजूबंद, गले का हार, कंगन आदि स्वर्णाभूषण! यह घोर आश्चर्य का विषय था कि आकाश से वे आभूषण कैसे गिरे! आसमान में तो कहीं कुछ दिखाई नहीं देता था।

"प्रतीत होता है कि कोई गिद्ध किसी के आभूषणों की पोटली को भोजन समझकर उठा लाया होगा।" एक वानर ने शंका प्रकट की–"फिर जब उसे आभास हुआ होगा कि उसमें भोजन नहीं तो उसने वह पोटली गिरा दी होगी।"

"मैंने आकाश मार्ग से जाते हुए एक विमान को देखा था।" एक वानर बोला।

"विमान!" सुग्रीव चौंका–"विमान या तो देवताओं के पास है या लंकापति रावण के पास! अवश्य वह रावण ही होगा, जो किसी स्त्री का अपहरण करके ले जा रहा होगा और उसी दुखिया ने ये आभूषण गिराए हैं। राक्षसों में रावण और वानरों में बाली, अहंकार के वशीभूत होकर लोगों को कष्ट देते हैं।" सुग्रीव ने हनुमान को संबोधित करते हुए कहा–"हनुमान, इन आभूषणों को सुरक्षित कुटी में रख दो। ये खोज-चिह्न हैं। अवश्य ही उस नारी की खोज में कोई आएगा।"

हनुमान ने मन-ही-मन प्रभु श्रीराम का वंदन किया और उन आभूषणों को सुरक्षित सुग्रीव की कुटी में रख दिया।

"प्रजाजनो, हनुमान ने सत्य ही कहा है कि जब कोई राजा अहंकार से ग्रस्त हो जाता है तो वह प्रजा को सताने लगता है।" सुग्रीव बोले–"यद्यपि बाली पहले ऐसा नहीं था, परंतु प्रारब्ध के कारण उसे अहंकार ने ग्रस लिया है। विधाता ने उसे यह अपयश देना निश्चित किया है तो यह उसे भोगना होगा और जितना कष्ट आप सबके भाग्य में है, वह आपको और हमें सहना होगा, इसलिए धैर्य से श्री नारायण का भजन करते रहें। प्रभु सबका कल्याण करेंगे।"

सुग्रीव को नित्य ही बाली के अत्याचार की एक-न-एक घटना सुनने को मिलती रहती थी। सुग्रीव के विषय में जिसने भी कोई बात कह दी, वही बाली का शत्रु हो जाता और कारागार में डाल दिया जाता। इन समाचारों से सुग्रीव बड़े दुखी होते। इस बारे में उन्होंने हनुमान से परामर्श किया–"मेरी इच्छा है कि मैं एक बार स्वयं जाकर बाली से इस विषय में बात करूं।"

"मित्र, वह तुमसे बात नहीं करेगा।" हनुमान गंभीरता से बोले–"जो किसी अन्य के मुख से तुम्हारा नाम सुनकर कुपित होता है, वह कैसे तुम्हें सामने पाकर अपने द्वेष को संभालेगा! यह उचित नहीं होगा।"

3

मैत्री का प्रथम परिचय

सखा बचन सुनि हरषे कृपासिंधु बलसींव।
कारन कवन बसहु बन मोहि कहहु सुग्रीव॥
—रामचरितमानस, किष्किंधाकांड, दोहा-5

हनुमान ने राम-लक्ष्मण को कंधों पर बिठाया और सेवा का शुभारंभ हो गया। हनुमान बड़े उत्साह और वेग से ऊपर की ओर चले जा रहे थे। कुछ ही क्षणों में वे पर्वत शिखर पर वहां थे, जहां सुग्रीव चिंतित मुद्रा में टहल रहे थे। उन्हें आया देखकर सुग्रीव को बड़ा आश्चर्य हुआ।

"महाराज सुग्रीव, मेरे प्रभु श्रीराम और अनुज लक्ष्मण।"

सुग्रीव भाव-विह्वल होकर प्रभु के चरणों से लिपटे तो प्रभु ने उन्हें हृदय से लगा लिया। मैत्री का प्रथम परिचय संपन्न हुआ।

"प्रभु, आप राजाधिराज हैं और इंद्र का सिंहासन भी आपके लिए सुलभ है। इस वन में पर्वत शिखर पर आपके योग्य कोई आसन तो नहीं। प्रभु! आप इस शिला पर विराजें और मुझे कृतार्थ करें।"

सुग्रीव अपने मित्रों एवं शुभचिंतकों के साथ बैठे किष्किंधा में बाली के किए जा रहे अकारण अत्याचार पर विचार-विमर्श कर रहे थे।

"मैं अपने प्राणों के भय से इतना संकीर्ण हो जाऊं—यह मुझे स्वीकार नहीं।" सुग्रीव बोले—"अब यदि मुझे अपने प्राण भी त्यागने पड़ जाएं तो मुझे

कोई दुविधा नहीं होगी। मैं कल बाली को द्वंद्व युद्ध के लिए ललकारूंगा। मृत्यु निश्चित है, परंतु यही श्रेष्ठ मार्ग है। प्रजा तो सुरक्षित रहेगी और बाली का भ्रम तो मिटेगा कि मैं उसके विरुद्ध कोई सेना खड़ी कर रहा हूं।"

"महाराज, यह इस समस्या का समाधान नहीं।" वृद्ध रीछराज जामवंत बोले–"अपने प्राण गंवाकर आप प्रजा की रक्षा करने का जो विचार कर रहे हैं, वह पूर्ण नहीं हो सकता। बाली के विरुद्ध विद्रोह हो जाएगा, फिर वह और भी क्रूर हो जाएगा। मेरा विचार है कि हमें हनुमान को मध्यस्थ बनाकर भेजना चाहिए।"

"आज हनुमान को भी जाने क्या हो गया है!" सुग्रीव चिंतित स्वर में बोले–"वह सुबह से ही जाने किस ध्यान में चले गए हैं! वह देखो, कैसे शांत बैठे हैं!"

हनुमान शांत ही बैठे थे। ऐसी मुद्रा में बैठे थे मानो समस्त संसार को ही भूल बैठे हों। सुग्रीव की सभा का समापन इस निर्णय पर हुआ कि कल प्रात:काल हनुमान सहित कुछ यूथपति राजदरबार जाएंगे और सभा संपन्न हो गई।

उसी समय सुग्रीव की दृष्टि घाटी में पड़ी तो उनके नेत्र सिकुड़ गए। वहां पगडंडी पर दो धनुर्धर चले आ रहे थे। शारीरिक दृष्टि और चाल से वे बड़े वीर योद्धा प्रतीत हो रहे थे। सुग्रीव का शंकित मन उनमें भेद खोजने लगा। वे अवश्य ही बाली द्वारा भेजे गए हैं, उसे मारने के लिए।

"हनुमान-हनुमान! तनिक चैतन्य हो जाओ। देखो, संकट कितने समीप है!" सुग्रीव ने हनुमान को सचेत किया।

"संकट! कैसा संकट महाराज!" हनुमान तत्काल ध्यान से बाहर निकले।

"वह देखो! दो रहस्यमयी धनुर्धर इधर ही चले आ रहे हैं। कहीं बाली ने ही तो उन्हें यहां नहीं भेजा?"

हनुमान ने दृष्टिपात किया तो उन्हें भी वे दोनों दिखाई दिए।

"महाराज, ये तो मुझे कोई तपस्वी लग रहे हैं। संभवत: मार्ग भटक गए हों। तपस्वियों से बाली का क्या परिचय हो सकता है?"

"एक राजा सभी से परिचय बना लेता है। हनुमान, उनके विशालकाय धनुष तो देखो। उनकी चाल तो देखो! मुझे बड़ा भय लग रहा है।"

"मित्र! भयभीत मत होओ। बाली के भय ने तुम्हें कुछ अधिक ही शंकित कर दिया है और तुम हर किसी आगंतुक पर संदेह करने लगे हो। जब तक शत्रु-मित्र के विषय में पूर्ण जानकारी न हो जाए, निर्णय नहीं करना चाहिए। मैं अभी उनके पास जाकर उनका परिचय और उद्देश्य जानता हूं।"

"वेश बदलकर जाओ हनुमान!" सुग्रीव ने राय दी।

हनुमान ने तत्काल मस्तक पर तिलक लगाकर गेरुए वस्त्र धारण किए और बड़ी फुर्ती से शिलाओं को फांदते हुए ऐसे स्थान पर जा खड़े हुए, जहां से उन धनुर्धरों को आना था। वह पर्वत का मोड़ था।

हनुमान ध्यानमुद्रा में बैठ गए। थोड़ी देर बाद ही पदचाप सुनाई देने लगीं। हनुमान ने नेत्र खोल दिए और सामने खड़ी दिव्य मूर्तियों को देखा। श्याम वर्ण तपस्वी के नेत्रों में विचित्र-सा वात्सल्य था, जबकि गौरवर्ण तपस्वी के नेत्रों में वीर भाव था।

"वंदनीय ब्राह्मण को हमारा प्रणाम!" दोनों तपस्वियों ने हाथ जोड़कर कहा।

"अहा, स्वर में कितना माधुर्य! हे अजानबाहु धनुर्धरो, तुम्हारी वेशभूषा तो तपस्वियों जैसी है, परंतु तुम्हारे धनुष और तूणीर देखकर यह लगता है कि तुम क्षत्रिय राजकुमार हो। पहले कभी तुम्हें इस वनखंड में नहीं देखा। कृपा करके अपना परिचय दें।" हनुमान ने विनय की।

गौरवर्ण तपस्वी को श्यामवर्ण तपस्वी ने नेत्रों से आदेश दिया।

"हे विप्रवर, हम विख्यात रघुकुल के अयोध्यानरेश दशरथ के पुत्र राम और लक्ष्मण हैं।" लक्ष्मण ने कहा–"पिता की आज्ञा से हम जनकनंदिनी माता सीता सहित वन-पथ पर आए थे। दंडकारण्य के समीप पंचवटी में हम कुटी बनाकर रहते थे, जहां राक्षस खर-दूषण से हमारा युद्ध हुआ था, फिर हमारे साथ छल हुआ और कोई दुष्ट माता सीता को हमारी अनुपस्थिति में हरण कर ले गया। हम उन्हीं की खोज में वन-वन भटक रहे हैं।"

राम, लक्ष्मण, अयोध्या! ये शब्द हनुमान की किसी स्मृति शिरा को कुलबुला रहे थे। आज प्रातः से कुछ विस्मृति जैसी स्थिति बन रही थी। श्रीराम मुस्करा रहे थे। अपने परम भक्त के असमंजस को समझकर उन्होंने कृपा की। हनुमान के स्मृति पटल में विस्फोट-सा हुआ और सब स्पष्ट हो गया।

"मेरे प्रभु! मेरे स्वामी!" हनुमान भाव-विह्वल होकर प्रभुपदों में लेट गए–"क्षमा प्रभु, जिनकी प्रतीक्षा में दिन-रात रहा, उन्हें सामने देखकर भी न पहचान सका, इससे अधिक शठता क्या होगी?"

श्रीराम ने हनुमान को उठाकर हृदय से लगा लिया और उनके शरीर पर स्नेह से हाथ फेरने लगे, हनुमान जैसे सम्मोहित हो गए।

"हनुमान! हमने कहा था कि हम तुम्हें शीघ्र ही मिलेंगे। महाकाज हेतु तुम्हारी ही तो आवश्यकता है। अब तुमसे मिलना हो गया है तो सब सिद्ध होगा।" राम गंभीर वाणी में बोले।

"हे प्रभु, यह दास आपकी सेवा में तत्पर है। भ्राता लक्ष्मण, मुझे क्षमा कीजिएगा, मैं वानरबुद्धि जो ठहरा–स्मृति अचानक लुप्त हो गई थी।"

"हो जाता है महाबली!" लक्ष्मण ने भी उन्हें हृदय से लगाया–"सब प्रभु की ही इच्छा से होता है। अब तुम हमारे सहायक बनो। इस वनखंड में अकेले भटक रहे हैं। हमें मार्गों का ज्ञान नहीं है।"

"हे सर्वेश्वर, आपकी लीला आप ही जानें। आप मेरे साथ आइए। मैं इन दिनों भगवान सूर्यदेव की आज्ञा से वानरराज सुग्रीव का सचिव हूं। किष्किंधा के वानरराज बाली ने अपने सहोदर को राज्य से निष्कासित कर दिया है और उनके प्राण लेने की प्रतिज्ञा कर रखी है। वह अत्यंत बलवान और अहंकारी है और अब तो प्रजा पर भी अत्याचार करने लगा है। हे प्रभु, आप ही उस अहंकारी का दर्प चूर कर सकते हैं। महाराज सुग्रीव से मित्रता आपके लिए लाभप्रद होगी। उनके पास विशाल वानर सेना है, जो माता सीता की खोज में अति सहायक सिद्ध होगी।" हनुमान ने बताया।

"यह तो अच्छा सुझाव है हनुमान! तुम हमें सुग्रीव से मिलाओ।"

"आइए प्रभु, आप मेरे कंधों पर बैठ जाइए–अभी शिखर बहुत ऊंचा है।"

हनुमान ने राम-लक्ष्मण को कंधों पर बिठाया और सेवा का शुभारंभ हो गया। हनुमान बड़े उत्साह और वेग से ऊपर की ओर चले जा रहे थे। कुछ ही क्षणों में वे पर्वत शिखर पर वहां थे, जहां सुग्रीव चिंतित मुद्रा में टहल रहे थे। उन्हें आया देखकर सुग्रीव को बड़ा आश्चर्य हुआ।

"महाराज सुग्रीव, मेरे प्रभु श्रीराम और अनुज लक्ष्मण।"

सुग्रीव भाव-विह्वल होकर प्रभु के चरणों से लिपटे तो प्रभु ने उन्हें हृदय से लगा लिया। मैत्री का प्रथम परिचय संपन्न हुआ।

"प्रभु, आप राजाधिराज हैं और इंद्र का सिंहासन भी आपके लिए सुलभ है। इस वन में पर्वत शिखर पर आपके योग्य कोई आसन तो नहीं। प्रभु! आप इस शिला पर विराजें और मुझे कृतार्थ करें।"

श्रीराम उसी शिला पर विराजमान हो गए।

4

ताड़ वृक्षों का संधान

तेजो धृतिर्यशो दाक्ष्यं सामर्थ्यं विनयो नयः।
पौरुषं विक्रमो बुद्धिर्यस्मिन्नेतानि नित्यदा।।
—वाल्मीकि रामायण–6/128/82

"प्रभो!" सुग्रीव ने हाथ जोड़े–"आपके असीमित बल पर मुझे कोई शंका नहीं, परंतु बाली का वरदान मुझे भय दे रहा है। उसके सामने जाते ही आपकी शक्ति आधी रह जाएगी, इसलिए मेरा मन शंकित है।"

"तो किस प्रकार आप पूर्ण आश्वस्त हो सकते हैं?"

"हे रघुवीर, बाली की मृत्यु केवल उस योद्धा के हाथों हो सकती है, जो अपने एक ही बाण से उन सातों ताड़ वृक्षों को काट दे।" सुग्रीव ने संकेत किया।

श्रीराम ने अपना धनुष हाथ में लिया और तूणीर से एक बाण निकालकर चढ़ाया। उन्होंने लक्ष्य संधान कर डोरी को कानों तक खींचकर बाण छोड़ दिया तो सर्प की भांति सरसराता हुआ बाण ताड़ के समूह के लिए कुल्हाड़ी की भांति सिद्ध हुआ। सातों ताड़ वृक्ष तनों से कटकर धराशायी हो गए।

सुग्रीव ने प्रभु श्रीराम को अपनी संपूर्ण व्यथा कथा कह सुनाई और उनकी समस्या भी सुनी। सुग्रीव अंत में गंभीरतापूर्वक प्रभु श्रीराम से बोले–"प्रभु, अभी कुछ दिन पूर्व हम सब यहीं बैठे थे, तब आकाशमार्ग से

एक विमान गुजरा जिसमें से एक आभूषणों की पोटली मेरे ऊपर गिरी थी।" फिर सुग्रीव ने हनुमान से कहा–"हनुमान उन आभूषणों को लाकर दिखाओ।"

हनुमान ने आज्ञा का पालन किया और पोटली खोलकर श्रीराम के सामने रख दी। पोटली के आभूषणों को देखकर श्रीराम के नेत्र सजल हो गए–आभूषण सीता के ही थे।

"हे हनुमान, यह मुद्रिका, यह बाजुबंद, यह गलहार सीता के ही हैं।" राम अश्रुपूरित नेत्रों से आभूषणों को देखते हुए बोले–"उस विमान में निश्चय ही सीता थी।"

"प्रभो, फिर तो निश्चय ही दुष्ट दशानन ही माता सीता का हरण कर ले गया है, क्योंकि विमान एकमात्र उसी के पास है।" सुग्रीव चिंतित स्वर में बोले–"आपने बताया भी था कि शूर्पणखा और खर-दूषण से आपका सामना और युद्ध भी हुआ। अब कोई संदेह नहीं कि जनकनंदिनी को वही दुष्ट दशानन हरण कर ले गया।"

"यह भी हो सकता है, परंतु हमें निश्चयपूर्वक जानना होगा। यह अरण्य है और यहां बड़े-बड़े मायावी राक्षस रहते हैं। क्या पता कि कोई और सीता को ले गया हो और हम रावण पर संदेह करते रहें। हमें हर गिरि-कंदरा में सीता की खोज करनी होगी।" श्रीराम गंभीरता से बोले।

"इसके लिए हमारा वानर-दल प्रस्तुत है प्रभु! परंतु मैं तो इस पर्वत का बंदी हूं और यहां से कहीं आना-जाना भी नहीं कर सकता।" सुग्रीव ने आशापूर्ण स्वर में कहा।

"हम तुम्हारी समस्या समझ सकते हैं वानरराज! उस अभिमानी अत्याचारी बाली के भय से हम आपको निर्भय करेंगे। मित्रता का यही अर्थ होता है कि एक मित्र दूसरे मित्र के काम आए। हम तुम्हारी समस्या का समाधान करेंगे, तभी तो आप हमारी समस्या का समाधान कर पाएंगे।"

"मेरी समस्या बड़ी दुर्लभ है। बाली अभिमानी तो है ही, साथ ही वह अत्यंत बलवान भी है। उसे एक वरदान भी मिला हुआ है कि वह अपने प्रतिद्वंद्वी का आधा बल द्वंद्व युद्ध करते समय अपने अंदर खींच लेता है। आप वह जो पर्वतनुमा अस्थिपंजर देख रहे हैं, वह दुंदुभि नाम के राक्षस का है जिसे बाली ने मारा था। ऐसे अत्यंत विशाल राक्षस को जब उसने सहज ही में मार दिया तो सोचिए, कितना बल है उसमें!"

श्रीराम उसका संशय समझ गए और उठकर उस अस्थिपंजर के समीप पहुंचे। उन्होंने अपने पैर के अंगूठे से उस अस्थिपंजर को टहोक-भर दिया और वह उड़ता हुआ दूर घाटी में जा गिरा।

यह देखकर सुग्रीव चकित रह गए। हनुमान भाव-विभोर हो उठे।

सुग्रीव के नेत्रों में आशा भरी किरण चमकी, परंतु पूर्ण आश्वस्त वे फिर भी नहीं हुए। श्रीराम सुग्रीव की दुविधा समझ गए।

"वानरराज आपके मन में अभी शंका शेष है।" राम बोले–"हम उसका भी निवारण करेंगे।"

"प्रभो!" सुग्रीव ने हाथ जोड़े–"आपके असीमित बल पर मुझे कोई शंका नहीं, परंतु बाली का वरदान मुझे भय दे रहा है। उसके सामने जाते ही आपकी शक्ति आधी रह जाएगी, इसलिए मेरा मन शंकित है।"

"तो किस प्रकार आप पूर्ण आश्वस्त हो सकते हैं?"

"हे रघुवीर, बाली की मृत्यु केवल उस योद्धा के हाथों हो सकती है, जो अपने एक ही बाण से उन सातों ताड़ वृक्षों को काट दे।" सुग्रीव ने संकेत किया।

श्रीराम ने अपना धनुष हाथ में लिया और तूणीर से एक बाण निकालकर चढ़ाया। उन्होंने लक्ष्य संधान कर डोरी को कानों तक खींचकर बाण छोड़ दिया तो सर्प की भांति सरसराता हुआ बाण ताड़ के समूह के लिए कुल्हाड़ी की भांति सिद्ध हुआ। सातों ताड़ वृक्ष तनों से कटकर धराशायी हो गए।

"प्रभु श्रीराम की...!" हनुमान ने जयनाद किया।

"जय!" उपस्थित वानर, मुनि और वीरों ने समवेत् स्वर में कहा।

सुग्रीव श्रीराम के पैरों से लिपट गए और बारंबार प्रार्थना करने लगे।

"नाथ, मुझ अधम को क्षमा करें। मुझ शठ ने अपनी संतुष्टि के लिए आपकी परीक्षा लेने की मूर्खता की–मुझे क्षमा कर दें प्रभु!"

"उठो मित्र, मित्रता में पूर्ण आश्वासन आवश्यक है। तुमने ठीक ही किया–अब तुम एक कार्य करो। अभी जाकर अहंकारी बाली को द्वंद्व युद्ध के लिए ललकारो।"

"द्वंद्व युद्ध! मैं...बाली से द्वंद्व युद्ध!" सुग्रीव बौखलाए–"प्रभो, यह आप क्या कह रहे हैं? बाली से भिड़ने की मेरी सामर्थ्य होती तो मैं यहां निर्वासित जीवन क्यों जी रहा होता! वह तो मुझे सामने पड़ते ही मार डालेगा।"

"महाराज सुग्रीव!" हनुमान कठोर स्वर में बोले–"यह भय की पराकाष्ठा है, जो आपको कायरता का आभास करा रही है। प्रभु की शरण में आकर भी यदि आप अपने को दीन-हीन समझते हैं तो इस संसार में आपके जीवन का कोई अर्थ नहीं है। जीव को जीवन के लिए कुछ संघर्ष स्वयं करने पड़ते हैं।"

"मैं...मैं जा रहा हूं। अवश्य जा रहा हूं!" सुग्रीव दृढ़ स्वर में बोले।

"भय से मुक्त होकर जाओ मित्र!" श्रीराम ने उनके कंधे पर हाथ रखा–"जिन्हें प्राणों का मोह सताए, वे सत्ता के योग्य नहीं होते।"

सुग्रीव ने सहमति में सिर हिलाया और अपनी गदा उठाकर दृढ़ता से श्रीराम की ओर देखा।

"हम तुम्हारे साथ हैं मित्र! हम वनवास के नियमों के कारण किसी नगर में प्रवेश नहीं कर सकते। तुम बाली को नगर से बाहर लेकर आओ, फिर हम उसे उसके अहंकार और अत्याचार का दंड देते हैं।" राम दृढ़ स्वर में बोले।

सुग्रीव वहां से चल पड़े। उनके मन में दृढ़ता भी थी और भय भी था। उन्होंने पीछे मुड़कर देखा तो श्रीराम, लक्ष्मण व हनुमान को अपने पीछे आते देखा। उनका भय कुछ कम हुआ और साहस में वृद्धि हुई।

सुग्रीव ने राजधानी में प्रवेश किया। सभी नगरवासी आश्चर्यचकित थे कि सुग्रीव को आत्मघात की क्या सूझी, जो मृत्यु के मुख में स्वयं ही चला जा रहा है!

सुग्रीव ने महल के सामने जाकर ललकार लगाई। उनके स्वर में कोड़े जैसी फटकार थी।

"अरे ओ अहंकारी बाली! बाहर निकल। आज निर्णय हो ही जाने दे कि कौन इस सिंहासन के योग्य राजा है? तूने अपने बल के मद में मेरा तिरस्कार किया और मुझे नगर से निर्वासित किया, फिर तू प्रजा पर भी अत्याचार करने लगा। यह मुझसे सहन नहीं होता कि मेरे कारण तू और लोगों को पीड़ित करे। यह वीरता नहीं अहंकार है। आज हम दोनों में से एक की मृत्यु होने से यह संशय भी समाप्त हो ही जाएगा। बाहर आ अहंकारी!"

सुग्रीव वीरों की भांति अपनी गदा लहराने लगे। नगरवासी दर्शक बनकर आ गए। सुग्रीव का यह दुस्साहस था या निर्भयता थी, परंतु जो भी था, सभी को यह परिवर्तन सुखद लग रहा था। राज्य संचालन के मामले में सुग्रीव सबकी प्रथम पसंद थे। वे प्रजा-वत्सल थे, जबकि बाली अहंकारी था, परंतु आज क्या होने वाला था, यह सबको भयभीत कर रहा था।

"हे प्रभु! सुग्रीव की रक्षा करना।" सबने जैसे प्रार्थना की।

"अरे बाली, अब कहां छुपकर बैठा है? मुझे मारने के लिए तूने अपने अनुचर भेजे थे न! अब बाहर आ और अपना बल दिखा। भ्रातृघाती, तूने मुझ पर जो अत्याचार किया है, उसका परिणाम आज तुझे भुगतना होगा। इतनी प्रतीक्षा क्यों कराता है, शीघ्र बाहर निकल! शत्रु द्वार पर ललकार रहा है और तू स्त्री की ओट लेकर छुप रहा है।"

प्रजाजन सुग्रीव के इस आक्रामक रूप पर मुग्ध तो थे, परंतु परिणाम के विषय में सोचकर भयभीत भी थे। बस बाली के बाहर आने की देर थी और परिणाम सामने आ जाने वाला था।

5

बाली का उद्धार

अंगदस्तु कुमारोऽयं द्रष्टव्यो जीवपुत्रया।
आयात्यां च विधेयानि समर्थान्यस्य चिन्तय॥

–वाल्मीकि रामायण–4/21/4

"कपटी! तूने फिर कपट किया।" बाली के शब्द लड़खड़ाए–"स्वयं न मार सका तो षड्यंत्र रचा। कौन है वह वीर, जिसने...जिसने छुपकर वीरता दिखाई?"

"जो जिस व्यवहार के योग्य होता है, न्याय उसके साथ वैसा ही व्यवहार करता है।" श्रीराम वहां आकर बोले–"तुमने अहंकार के वशीभूत होकर जैसा बोया, वैसा ही काटा। रघुवंशी न्याय की इसी परंपरा का पालन करते हैं।"

"रघुवंशी अर्थात् श्रीराम! मुझे ज्ञात था कि वह तुम ही हो सकते हो। मेरे वक्ष को बेंधना तुम्हारे लिए ही संभव था, परंतु छुपकर ऐसा करोगे–यह मैंने नहीं सोचा था।"

"विधि किसी के सोचने में नहीं आती बाली! तुम्हारा उद्धार हुआ।"

बाली ने महल से बाहर हो रहे शोरगुल को सुना और स्वर को पहचाना तो तत्काल उसकी निद्रा उड़ गई। उसके नेत्र रक्तिम हो उठे। सुग्रीव उसे द्वंद्व युद्ध के लिए ललकार रहा था! 'वह सुग्रीव जो उसके समक्ष आते ही भय से कांपने लगता था, आज इतना साहसी हो गया!' बाली ने मन-ही-मन

सोचा और अपनी विशाल गदा उठाकर बाहर की ओर दौड़ा। महल से बाहर सुग्रीव को देखकर वह ठिठक गया।

"कृतघ्न, कपटी, अंतत: मृत्यु ने तेरे धैर्य को तोड़ दिया, जो तू उस शरणस्थली से बाहर आ गया, जहां मेरे क्रोध से तू रक्षित था। आज तेरे कपट का दंड देकर मैं अपने न्याय का इतिहास लिखूंगा कि बाली ने न्याय के लिए अपने कपटी सहोदर को भी क्षमा नहीं किया।"

बाली मदमस्त गज की भांति सुग्रीव की ओर बढ़ा।

सुग्रीव जानते थे कि नगर में वे बाली से सुरक्षित नहीं थे और श्रीराम नगर से बाहर ही उसके सहायक हो सकते थे, अत: बाली को वहां से ले जाना ही था, अन्यथा यहां मृत्यु निश्चित थी। सुग्रीव बाली की ओर मुंह करके पीछे कदम हटाने लगे।

"पीछे क्यों हटता है कपटी! ठहरकर द्वंद्व युद्ध कर।" बाली ने ललकारा।

"मैं इस नगर को तेरे अहंकारी रक्त के छींटों से रंजित नहीं करना चाहता, अत: बाहर आ अहंकारी! निर्णय नगर से बाहर होगा।"

"तेरे हृदय में आज भी कोई कपट है कपटी!" बाली ने दांत पीसते हुए कहा—"वीरों के लिए रणभूमि का चुनाव नहीं होता। जहां भी शत्रु हो, वहीं आक्रमण करना वीरता है, पर तू वीर है कहां? तू तो कपट से किष्किंधा का सिंहासन पा लेना चाहता है। भाई को धोखा देकर उसे मृत घोषित करके राजा बनना चाहता है। आज तेरा वध करके मैं अपना संकल्प पूर्ण करूंगा—चल नगर से बाहर।"

दोनों सहोदर नगर से बाहर आ गए और एक विशाल मैदान को द्वंद्व युद्ध के लिए चुना। सुग्रीव ने अपने सहायक की खोज में दृष्टि घुमाई तो एक घने झुरमुट में श्रीराम की झलक दिखाई दी। उनका साहस बढ़ गया और द्वंद्व युद्ध शुरू हो गया।

सुग्रीव भी सुभट योद्धा थे। बाली के वरदान के अतिरिक्त दोनों भाइयों में सब समान था। गदा संचालन में दोनों गुरुभाई थे, परंतु सुग्रीव को यह आभास तत्काल हो गया था कि वरदान के कारण उसका बल कम हो गया है।

बाली बलवान ही नहीं निर्दयी भी था। वह क्रोध के कारण दयाहीन हो गया और उसने सुग्रीव की ऐसी धुनाई की कि वह व्याकुल हो उठा।

सुग्रीव को लगा कि अब उनके प्राण नहीं बचेंगे। उन्होंने अपनी समूची शक्ति समेटी और अंतिम बचाव के प्रयास में बाली को जोर से धक्का दिया। बाली लड़खड़ाया और सुग्रीव प्राण बचाकर वहां से भाग निकले। उन्होंने ऋष्यमूक की सीमा में आकर ही सांस ली।

बाली सुग्रीव के बचकर भाग जाने पर क्रोध और निराशा से दांत पीसता हुआ नगर की ओर लौट गया।

सुग्रीव पस्त भाव से भूमि पर गिर पड़े। कुछ ही देर बाद राम-लक्ष्मण और हनुमान वहां आ गए। सुग्रीव ने सरोष मुंह फेर लिया।

"मित्र, क्षमा करना।" श्रीराम खेद प्रकट करते हुए बोले—"हम असमंजस में थे, क्योंकि तुम दोनों भाइयों में इतनी शारीरिक समानता थी कि हम बाण चलाने में शंकित हो रहे थे, कहीं वह तुम्हें न लग जाए।"

"यदि मैंने भागकर प्राण न बचाए होते तो मेरी मृत्यु निश्चित थी।" सुग्रीव ने अश्रुपूर्ण नेत्रों से उनकी ओर देखते हुए कहा—"आपका आश्वासन आज मेरा काल बन जाता।"

"महाराज! प्रभु सत्य कह रहे हैं।" हनुमान ने गंभीरता से कहा—"जब आप दोनों भाई द्वंद्व युद्ध कर रहे थे, तब प्रभु ने कई बार बाण संधान किया, परंतु मैं भी यह तक निर्णय नहीं कर पा रहा था कि आपमें से बाली कौन-सा है!"

"संभवत: ऐसा ही हुआ हो, परंतु अब क्या होगा?" सुग्रीव निराशा से बोला।

"मित्र, वीरपुरुष कभी साहस का त्याग नहीं करते और न एक पराजय से विजय की आशा छोड़ते हैं। लक्ष्य एक बार में प्राप्त न हो तो पुन: प्रयास किया जाता है। पराजय के कारण पर विचार किया जाता है।" श्रीराम ने सुग्रीव को समझाते हुए कहा—"इस बार हम तुम्हारे गले में पहचान के लिए अपनी माला डाल देते हैं जिससे हमें लक्ष्य संधान में शंका नहीं होगी।"

"प्रभु, मैं उस निर्दयी का सामना करने का साहस तो नहीं करता, परंतु आप पर भी अविश्वास नहीं कर सकता।" सुग्रीव ने हताश स्वर में कहा—"अब अंतिम बार जाता हूं। इस बार भागूंगा नहीं।"

श्रीराम ने उनके गले में अपनी माला डाल दी। सुग्रीव ने अपनी शक्ति और साहस बटोरे, फिर जाकर बाली को ललकारा। बाली तो पहले ही क्रोध में था, वह और भी भन्ना गया। वह तुरंत बाहर की ओर लपका तो रानी तारा ने उसके पैर पकड़ लिये।

"नाथ, कारण पर विचार करो। जो अभी प्राण बचाकर भागा हो, वह पुन: आकर ललकार रहा है तो निश्चय ही उसके पीछे कोई शक्ति कार्य कर रही है। अब मत जाइए। मुझे कुछ शुभ नहीं लग रहा।"

"जब मृत्यु सिर पर नाचती है तो काल चोटी पकड़कर खींचता है। आज इस कपटी की मृत्यु निश्चित है। इस बार मैं इसे जीवित नहीं छोड़ूंगा। तू मेरे पैर छोड़ दे।"

"स्वामी, मैंने सुना है कि दो धनुर्धर योद्धा उससे आ मिले हैं।"

"बाली के समक्ष एक सेना भी गौण है मूर्ख स्त्री! दो तपस्वी धनुर्धरों की क्या बिसात? चल हट, मुझे कायरता का पाठ मत पढ़ा।" बाली ने झटके से पैर छुड़ाए और क्रोध से भन्नाता हुआ सुग्रीव के पीछे भागा।

सुग्रीव पूर्व में हुए द्वंद्व युद्ध वाले स्थान पर उसे ले आया और दोनों भिड़ गए। उसी समय एक बाण सरसराता हुआ आया और बाली के हृदयस्थल को बेंधकर निकल गया।

बाली लड़खड़ाया और उसके घुटने मुड़ गए। रक्त की धारा ने सुग्रीव को भी भिगो दिया। उसकी आंखें पथरा गईं। सहोदर का रक्त देखकर हृदय कंपित हो गया और भ्रातृ भाव प्रबल हो उठा। उसने लपककर बाली की देह को भुजाओं में भर लिया।

"कपटी! तूने फिर कपट किया।" बाली के शब्द लड़खड़ाए–"स्वयं न मार सका तो षड्यंत्र रचा। कौन है वह वीर, जिसने...जिसने छुपकर वीरता दिखाई?"

"जो जिस व्यवहार के योग्य होता है, न्याय उसके साथ वैसा ही व्यवहार करता है।" श्रीराम वहां आकर बोले–"तुमने अहंकार के वशीभूत होकर जैसा बोया, वैसा ही काटा। रघुवंशी न्याय की इसी परंपरा का पालन करते हैं।"

"रघुवंशी अर्थात् श्रीराम! मुझे ज्ञात था कि वह तुम ही हो सकते हो। मेरे वक्ष को बेंधना तुम्हारे लिए ही संभव था, परंतु छुपकर ऐसा करोगे–यह मैंने नहीं सोचा था।"

"विधि किसी के सोचने में नहीं आती बाली! तुम्हारा उद्धार हुआ।"

"मेरे...मेरे पुत्र अंगद...को अपनी शरण लेना प्रभु!" यह कहते-कहते बाली ने प्राण त्याग दिए।

श्रीराम ने सुग्रीव को समझाकर विधिपूर्वक उसकी अंत्येष्टि कराई और लक्ष्मण को आदेश दिया कि वह सुग्रीव का राज्याभिषेक संपन्न कराए।

चातुर्मास का समय आ रहा था, अतः यही निर्णय हुआ कि चातुर्मास के पश्चात् ही सीता की खोज का कार्य किया जाएगा। राम वापस ऋष्यमूक पर्वत पर आ गए और लक्ष्मण श्रीराम की आज्ञा का पालन करने लगे। सुग्रीव सिंहासन पर बैठे। अंगद को युवराज घोषित किया गया। लक्ष्मण कार्य निबटाकर और सुग्रीव को मैत्री के नियम आदि समझाकर श्रीराम के पास लौट आए। हनुमान को सुग्रीव के सचिव के रूप में वहीं रहने का आदेश भी प्रभु श्रीराम ने ही दिया था।

हनुमान ने अनिच्छा से ही सही, अपने प्रभु श्रीराम से दूर रहने के उस आदेश को शिरोधार्य किया। राम-लक्ष्मण उस चातुर्मास की अवधि में प्रस्रवण नामक स्थान पर कुटी बनाकर रहने लगे।

खंड–6

सीताजी की खोज

हनुमान वृक्षों से उछलते-कूदते उस स्थान पर पहुंचे, जहां एक विशाल वृक्ष के नीचे जनकनंदिनी शोकमग्न बैठी हुई थीं। वहां बहुत-सी राक्षसियां भी सोई पड़ी थीं। एक वृद्धा राक्षसी अवश्य जाग रही थी और वह बड़े शांत स्वर में सीताजी को सांत्वना दे रही थी।

"पुत्री सीता, धैर्य धारण करो। रघुवीर तुम्हारा विस्मरण नहीं कर सकते। वे शीघ्र ही तुम्हारी सुधि लेंगे।" राक्षसी सीताजी से कह रही थी।

"माता त्रिजटा, इस वातावरण में मेरा दम घुटा जाता है।" सीताजी व्यथित स्वर में बोलीं–"इससे तो मृत्यु ही ठीक है। तुम मेरी हितू हो माते, क्या अपनी इस अभागिन पुत्री पर इतनी दया नहीं कर सकतीं कि कहीं से थोड़ा-सा विष लाकर दे दो जिससे मैं इन कष्टों से मुक्ति पा सकूं।"

हनुमान आगे बढ़े तो उनके कानों में ऐसी ध्वनि सुनाई पड़ी, जैसे कोई लयबद्ध राम-नाम का जाप कर रहा हो। लंका में राम का नाम लेने वाली तो माता सीता ही हो सकती थीं, परंतु यह स्वर तो पुरुष का था। हनुमान कौतूहल से भर गए और आवाज की दिशा में चल दिए। वे उस भवन में प्रवेश कर गए, जहां से वह गुनगुनाहट का स्वर आ रहा था। उन्होंने देखा कि उस भवन में सात्विकता थी। वहां से वैसी कोई दुर्गंध नहीं आ रही थी, जैसी अन्य घरों से आ रही थी। दीवारों पर वेद श्लोक लिखे हुए थे और रामनामी ओढ़े एक भद्र भव्य पुरुष नेत्र बंद किए आसन पर बैठा राम-नाम का जाप कर रहा था।

हनुमान सतर्क हो गए। वह राक्षस नगरी थी और वहां पाए जाने वाले राक्षस बड़े मायावी और कुटिल थे–कहीं वह नाटक उन्हें ही फंसाने की कोई चाल तो नहीं थी। हनुमान ने सारे भवन का निरीक्षण किया तो देखा कि आंगन में तुलसी, वेदी आदि सब शुभ चिह्न वहां विद्यमान थे। माया इतनी विस्तृत नहीं हो सकती। वह अवश्य ही कोई सत्पुरुष था। हनुमान उस भजनमग्न पुरुष के सामने बैठ गए।

1

लक्ष्मण का रोष

अर्थिनामुपपन्नानां पूर्वं चाप्युपकारिणाम्।
आशां संश्रुत्य यो हन्ति स लोके पुरुषाधमः॥

—वाल्मीकि रामायण-4/30/71

"युवराज, हमें स्वागत की आवश्यकता नहीं। हम क्षत्रिय हैं। हम अपने अधिकार, अपने ऋण वसूलने की सभी क्षमताएं रखते हैं। हमारा यह धनुष विकट-से-विकट शत्रु का भी दमन करने में समर्थ है, परंतु यह प्रभु श्रीराम की धारणा है कि धर्म की पुनर्स्थापना का श्रेय तुम कपिवीरों को मिले, अन्यथा उनके तूणीर का एक बाण भी उस दशानन की समस्त शक्ति का विनाश करने के लिए पर्याप्त है। तुम्हारे चाचाश्री से सहायता लेना मात्र श्रेय प्रदान करने हेतु था, परंतु राजसुख में डूबे तुम्हारे चाचाश्री को इसका भान नहीं है। आज हम यही निर्णय करने आए हैं और यह निर्णय होकर रहेगा। अपने महाराजाधिराज को निद्रा से जगाओ युवराज, अन्यथा हमारा बाण उनके शयन कक्ष में पहुंचने की भी सामर्थ्य रखता है।"

चातुर्मास व्यतीत हो रहा था। सुग्रीव राजसुख में कुछ ऐसे तल्लीन हुए कि उन्हें अपने परम हितैषी प्रभु श्रीराम के कार्य की विस्मृति-सी हो गई। चातुर्मास भी समाप्त हो गया और एक पक्ष भी व्यतीत हुआ, किंतु सुग्रीव सचेत न हुए। हनुमान सदा सजग और प्रभु-भक्ति में लीन रहते थे।

वे समझ गए कि सुग्रीव स्मृतिपटल से अपना कर्तव्य विस्मृत कर गए हैं। सच्चे सचिव की भांति उन्होंने सुग्रीव को सचेत किया।

"राजन, आपने राज्य और यश प्राप्त कर कुल-परंपरा से प्राप्त श्री की भी वृद्धि की है, परंतु कुछ विशेष कर्तव्य आपसे विस्मृत हो रहा है।" हनुमान गंभीर स्वर में बोले।

"वीरवर, मेरी दृष्टि में तो सब ठीक ही चल रहा है। प्रजा में सुख-शांति है और सभी प्रजाजन हमारे न्याय से संतुष्ट हैं।" सुग्रीव शांत स्वर में बोले–"युवराज स्वयं नगर-भ्रमण करके प्रजा के हिताहित का ध्यान रख रहे हैं, फिर भी हमसे कुछ विस्मृत हो रहा है तो आप हमें स्मरण कराइए।"

"राजन, ये सुख, शांति, समृद्धि और यश आपको उन प्रभु श्रीराम की कृपा से प्राप्त हुए हैं, जिनसे आपने मैत्री करते समय एक वचन दिया था। हे सुबुद्धि राजन! वह अवधि व्यतीत हो गई और अधिक समय निकल गया है। प्रभु दयानिधान हैं, अत: धैर्य धारण किए होंगे, परंतु कभी तो...।"

"हनुमान, हमसे बड़ी भूल हुई है।" सुग्रीव व्याकुल हो उठे–"हम राजसुख में गंभीर अपराध कर बैठे। अब यह भूल और बड़ी न हो जाए, इसलिए तुम कुछ ही दिनों में हमारे सभी यूथपतियों को एकत्रित होने का आदेश दो। कोई भी अनुपस्थित न हो। चारों दिशाओं में दूत भेजकर कार्य संपन्न करो। मैं प्रभु श्रीराम से क्षमा-याचना करने जा रहा हूं।"

"यही उचित रहेगा वीरवर!" हनुमान ने कहा।

उसी समय महल के बाहर एक भीषण धनुषटंकार गूंजी जिसने राजमहल की दीवारों को भी प्रकंपित कर दिया।

सुग्रीव के नेत्रों में भय व्याप्त हो गया और हनुमान भी चिंतित हो गए। उस टंकार का अर्थ वे समझ रहे थे। प्रभु श्रीराम का धैर्य अब समापन पर था और ऐसा होता भी क्यों नहीं!

चातुर्मास अर्थात् चार माह की यह अवधि प्रभु श्रीराम के लिए चार युगों के समान जो थी। जनकनंदिनी का वियोग उनके विशाल हृदय में उत्तप्त व्यथा की तरंगें उत्पन्न करता था। लक्ष्मण यद्यपि उनके समीप ही होते थे, परंतु इस विषय पर बात करने का साहस उन्हें भी न हुआ था। पत्नी-वियोग की पीड़ा लक्ष्मण से अधिक कौन समझ सकता था!

अब श्रीराम के धैर्य की सीमा समाप्त होने लगी थी। सहसा उन्होंने एक गहरी श्वास ली।

"अनुज, बस बहुत हो गया।" श्रीराम का कठोर स्वर उभरा—"सुग्रीव अपना कार्य निकलते ही वचनहार हो गया, लगता है। अयोध्या की दंड संहिता में वचन का पालन न करने वाले को मृत्युदंड का विधान है, परंतु हमने उसे मित्र स्वीकार किया है, अत: तुम जाकर उस कृतघ्न को सचेत करो या दंड दो।"

सुमित्रानंदन लक्ष्मण तो आदेश की ही प्रतीक्षा में थे। प्रभु की आज्ञा लेकर धनुष-बाण उठाए और वे तुरंत पंपापुर की ओर चल पड़े। उनके नेत्रों में क्रोध भरा हुआ था और भुजाओं की शिराएं फड़क रही थीं। द्वारपालों ने पहले ही मार्ग छोड़ दिया था।

लक्ष्मण ने धनुष की डोरी खींचकर अपने आगमन का प्रलयंकारी संदेश दिया। युवराज अंगद सबसे पहले विनीत भाव से उनके सामने आए।

"हे रघुकुल शिरोमणि, हे महाबाहु! पंपापुर में आपका स्वागत है। हम आपके दर्शनों के लिए आ ही रहे थे। आइए, प्रजाजन आपके स्वागत हेतु उत्सुक हैं।"

"युवराज, हमें स्वागत की आवश्यकता नहीं। हम क्षत्रिय हैं। हम अपने अधिकार, अपने ऋण वसूलने की सभी क्षमताएं रखते हैं। हमारा यह धनुष विकट-से-विकट शत्रु का भी दमन करने में समर्थ है, परंतु यह प्रभु श्रीराम की धारणा है कि धर्म की पुनर्स्थापना का श्रेय तुम कपिवीरों को मिले, अन्यथा उनके तूणीर का एक बाण भी उस दशानन की समस्त शक्ति का विनाश करने के लिए पर्याप्त है। तुम्हारे चाचाश्री से सहायता लेना मात्र श्रेय प्रदान करने हेतु था, परंतु राजसुख में डूबे तुम्हारे चाचाश्री को इसका भान नहीं है। आज हम यही निर्णय करने आए हैं और यह निर्णय होकर रहेगा। अपने महाराजाधिराज को निद्रा से जगाओ युवराज, अन्यथा हमारा बाण उनके शयन कक्ष में पहुंचने की भी सामर्थ्य रखता है।"

युवराज अंगद ने सौमित्र के पैर पकड़ लिये और बारंबार अपनी और अपने चाचा की भूल की क्षमा-याचना करने लगे। उसी समय हनुमान वहां आ गए और लक्ष्मण का सविनय अभिवादन किया।

"हे शेषावतार, समय बड़ा बलवान है।" हनुमान विनीत स्वर में बोले—"अभी प्रात: ही महाराज सुग्रीव ने हमें आदेश दिया था कि हम समस्त यूथपतियों को यहां एकत्रित करें और माता सीता की खोज में जाएं। आप स्वयं पधारे, इसके लिए आपका धन्यवाद! आप हमें आज्ञा दें।"

"वीरवर, आप प्रभु के अनन्य सेवक हैं।" लक्ष्मण का स्वर नम्र हुआ—"आपकी मध्यस्थता ही इस मैत्री का आधार है। प्रभु इस समय क्रोध में हैं, क्योंकि समय बहुत हो गया है। यदि सुग्रीव की क्षमता नहीं है तो वह स्पष्ट करे, फिर हम स्वयं ही अपनी

विपुल सामर्थ्य से कारज सिद्ध कर लेते हैं, जो हमारे लिए कोई कठिन कार्य नहीं है। हनुमान, हमें शीघ्र निर्णय दो।"

"हे सौमित्र, हम आपके साथ ही प्रभु-दर्शन को चल रहे हैं। आप अपने क्रोध को शांत करें।" हनुमान ने करबद्ध होकर कहा।

हनुमान के संकेत पर सुग्रीव भी वहां आ गए और आते ही लक्ष्मण के चरणों से लिपटकर क्षमा-याचना करने लगे।

लक्ष्मण धीरे-धीरे शांत हो गए।

"वानरराज सुग्रीव! इस मृत्युलोक में यश-अपयश अपने कार्यों से मिलता है। आपको प्रभु श्रीराम ने अवसर दिया है, परंतु अवधि कम है।"

"हे वीरवर! हम आपके साथ ही चल रहे हैं।"

सुग्रीव की आज्ञानुसार हनुमान ने सभी यूथपतियों के पास संदेश भेज दिया कि सभी अगले दिन महाराज सुग्रीव की सेवा में पहुंचें। इसके पश्चात् सुग्रीव के नेतृत्व में हनुमान सहित सभी सभासद प्रभु श्रीराम के दर्शन हेतु चल दिए। जब वे प्रस्त्रवण शिखर पर पहुंचे तो श्रीराम को व्याकुल भाव से टहलते हुए पाया। सुग्रीव प्रभु के चरणों में नत हो गए। प्रभु ने उन्हें उठाकर हृदय से लगाया।

"मित्र, भूल सर्वदा क्षमायोग्य होती है। अब सब विषाद त्यागकर उस कार्य को देखो जिसके बिना कुछ भी श्रेष्ठ नहीं होगा।" राम गंभीर स्वर में बोले।

"प्रभो, कल प्रातः समस्त यूथपति अपनी सेनाओं सहित यहां उपस्थित हो जाएंगे।" सुग्रीव ने विनीत स्वर में कहा-"हनुमान उनका नेतृत्व करेंगे। आपकी कृपा हुई तो सब कार्य शीघ्र ही सिद्ध हो जाएंगे।"

श्रीराम ने मित्र सुग्रीव को अपने समीप बिठाया और आगे की योजनाओं पर विचार किया जाने लगा।

2

गंधर्व-पुत्री स्वयंप्रभा से भेंट

विधिः किल नरं लोके विधानेनानुवर्तते।
यथायं विहितो भक्ष्यश्चिरान्मह्यमुपागतः॥

–वाल्मीकि रामायण–4/56/4

"हे देवी, इस अद्‌भुत स्थान की भांति आप भी अद्‌भुत हैं। आपका परिचय प्राप्त करके मैं स्वयं को कृतार्थ समझूंगा।" हनुमान ने विनयपूर्वक कहा!

"कपिवर, मैं दिव्य नामक गंधर्व की पुत्री स्वयंप्रभा हूं। देवताओं के शिल्पी विश्वकर्मा की पुत्री हेया मेरी सखी थी। उसके नृत्य से प्रसन्न होकर भगवान शिव ने यह अक्षय क्षेत्र उसे प्रदान किया था। वह ब्रह्मलीन हो गई, किंतु मृत्यु से पूर्व उसने मुझे यहां का दायित्व सौंप दिया था। उसी ने मुझे बताया था कि एक दिन श्रीराम के दूत के रूप में स्वयं शिव अपने साथियों सहित यहां पधारेंगे। उसका वचन सत्य सिद्ध हुआ। आप स्वयं पधारे। श्री रघुवीर के प्रथम दूत हनुमान को मेरा प्रणाम! मैं अब अपने लोक की ओर प्रस्थान करती हूं।"

यह तो निश्चय हो गया था कि सीताजी को रावण ही अपहृत करके ले गया है। अब यह जानना शेष था कि दक्षिण के विस्तार में उसने सीताजी को कहां रखा है! वह लंकाद्वीप का राजा था, परंतु तटीय प्रदेशों में भी उसका शासन था। यह निश्चित करना आवश्यक था कि सीताजी कहां थीं!

वह रात योजनाएं बनाने में व्यतीत हुई और अगली सुबह रीछ, वानर, लंगूर आदि यूथपतियों का आगमन आरंभ हुआ। विस्तृत पर्वत शिखर पर न किसी वृक्ष की शाख ऐसी थी और न किसी पर्वत शिला पर कोई ऐसा स्थान था, जहां रामसेना का सदस्य न विराजमान हो।

"कपिवीरो, आज तुम्हें जीवन का सर्वश्रेष्ठ कार्य सौंपा जा रहा है।" सुग्रीव ने वानर सेना को संबोधित करते हुए कहा—"हमारे परम हितैषी श्रीराम की पत्नी माता सीता को संभवत: राक्षसराज रावण हरण करके ले गया है। हमें यह ज्ञात करना है कि उस दक्षिण विजेता राक्षस ने जनकनंदिनी को कहां रखा है। एक मास में यह कार्य पूरा करना है। स्मरण रहे कि जिसने भी इस कार्य में अरुचि दिखाई, वह यहां लौटने का विचार न करे, क्योंकि उसकी मृत्यु मेरे हाथों निश्चित है।"

सभी वानर वीरों ने सुग्रीव का वह आदेश सुना।

"हे हनुमान, इस महाकाज का नेतृत्व तुम्हारे हाथों में है। इस ब्रह्मांड में ऐसा कोई स्थान मुझे नहीं दिखाई देता, जहां तुम्हारी गति और बल का विरोध हो सके। तुम नीति, गुण, बल और भक्ति में निपुण हो। देश-काल, दिशा और दूरी तुम्हारे लिए साधारण प्रश्न हैं, अत: हे वीरवर, तुम ही इस कठिन कार्य को सरल करोगे—ऐसा मेरा विश्वास है।" सुग्रीव ने कहा।

"मेरा भी ऐसा ही विश्वास है।" श्रीराम ने पवनतनय के कंधे पर हाथ रखते हुए कहा—"हे पवनपुत्र, यह समस्त उद्योग तुम्हारे हित में ही रचा गया है। निश्चय ही तुम इस कार्य को सफल करोगे। तुम मेरी यह मुद्रिका ले जाओ और सीता से मिलने पर उसे यह दे देना। वह तुम्हारा परिचय जान जाएगी।"

हनुमान ने वह रामनामी मुद्रिका अपने पास रख ली और प्रभु के चरणों में शीश झुकाया।

श्रीराम ने उनके मस्तक पर हाथ रख दिया, फिर जैसे आकाश गुंजायमान हुआ! हनुमान ने बड़े जोर से श्रीराम का जय उद्घोष किया तो कोटि-कोटि वानर-भालू उत्साह से उस जयघोष के सहभागी बने।

रामसेना एक सैलाब की भांति चल पड़ी। हनुमान, जामवंत, युवराज अंगद, नल, नील आदि यूथपति सबका मार्गदर्शन कर रहे थे। पर्वत की हर कंदरा को इस आशा में देखा जाता कि कहीं सीताजी वहीं तो नहीं। हर वृक्ष और वन की गहन छानबीन की जाती।

रामसेना कठोर विंध्याचल क्षेत्र में पहुंच गई, जहां जल के अभाव के कारण वनस्पतियों का भी अभाव था। प्यास और भूख से सबका दम निकला जा रहा था। उस कठोर गिरिवन में जीवन के चिह्न जैसे शून्य थे।

हनुमान को भी भूख-प्यास ने व्याकुल कर दिया था, परंतु वह दुर्गम वन संभवत: जीवनरहित था। वहां वृक्षों के ठूंठ खड़े थे मानो किसी ने उस वन को श्रापित कर दिया हो, तभी हनुमान की दृष्टि उस पर्वत के एक उभार पर पड़ी, जहां से कुछ हंस उड़कर जा रहे थे। देखते-ही-देखते हंस पर्वत की एक कंदरा में घुस गए। तीव्र बुद्धि हनुमान समझ गए कि हंसों की उपस्थिति जल की उपलब्धता से होती है। अवश्य उस पर्वत के भीतर कहीं कोई जलाशय है।

हनुमान निशंक होकर उस कंदरा में प्रवेश कर गए। कुछ दूर तक तो अंधकार ही था, फिर स्वच्छ आकाश दिखाई देने लगा। हनुमान यह देखकर चकित रह गए। प्रभु की वह कैसी माया थी! आकाश छूते पर्वत शिखरों के बीच वह सुंदरवन प्रकृति की रचना का उत्कृष्ट उदाहरण था। वहां स्वच्छ सरोवर था और अनेक प्रकार के फलदार वृक्ष भी थे। हनुमान को वहां कोई प्राणी तत्काल तो नहीं दिखाई दिया। उन्होंने पहले अपने साथियों को जाकर खाने-पीने की व्यवस्था के विषय में बताया, फिर क्या था! वानर-दल उस अद्भुत वन में प्रवेश कर गया और अपनी प्रवृत्ति के अनुसार खाने में जुट गया।

हनुमान उस अद्भुत रमणीक स्थान के स्वामी की खोज में आगे बढ़े तो कुछ मील चलने पर उन्हें एक स्वर्णसिंहासन पर बैठी देवी स्वरूपा सुंदर स्त्री दिखाई दी। हनुमान ने उसे प्रणाम किया।

"हे महावीर कपि, तुम सब कौन हो और क्यों मेरे इस सुंदर क्षेत्र को नष्ट कर रहे हो? यदि मेरा ज्ञान सत्य है तो कहीं तुम अवधनरेश दशरथ के सुजान नंदन श्रीराम के सेवक तो नहीं, जो जनकनंदिनी सीता की खोज में जा रहे हो और भूख-प्यास से व्याकुल होकर इधर आ गए हो?"

"हे आदरणीय माते, हमारा परिचय तो आपने स्पष्ट कर दिया। इससे सिद्ध होता है कि आप दिव्य शक्तियों की स्वामिनी हैं।" हनुमान हर्ष से बोले–"अब आप हमें अपना परिचय देकर कृतार्थ करें।"

"वीरवर, अपने साथियों से कहो कि वे निसंकोच होकर अपनी क्षुधा-पिपासा को शांत करें, क्योंकि यह वन उन्हीं के हेतु संरक्षित था।" रमणी ने कहा–"मेरे अहोभाग्य कि मेरी सखी हेमा का कथन सत्य सिद्ध हुआ और मैं प्रभु श्रीराम के अनुचरों की आतिथ्य-सेवा कर सकी। मेरा उद्धार हो गया वीरवर!"

"हे देवी, इस अद्भुत स्थान की भांति आप भी अद्भुत हैं। आपका परिचय प्राप्त करके मैं स्वयं को कृतार्थ समझूंगा।" हनुमान ने विनयपूर्वक कहा!

"कपिवर, मैं दिव्य नामक गंधर्व की पुत्री स्वयंप्रभा हूं। देवताओं के शिल्पी विश्वकर्मा की पुत्री हेया मेरी सखी थी। उसके नृत्य से प्रसन्न होकर भगवान शिव ने

यह अक्षय क्षेत्र उसे प्रदान किया था। वह ब्रह्मलीन हो गई, किंतु मृत्यु से पूर्व उसने मुझे यहां का दायित्व सौंप दिया था। उसी ने मुझे बताया था कि एक दिन श्रीराम के दूत के रूप में स्वयं शिव अपने साथियों सहित यहां पधारेंगे। उसका वचन सत्य सिद्ध हुआ। आप स्वयं पधारे। श्री रघुवीर के प्रथम दूत हनुमान को मेरा प्रणाम! मैं अब अपने लोक की ओर प्रस्थान करती हूं।"

हनुमान के देखते-ही-देखते महाभागा स्वयंप्रभा ने दिव्य देह त्याग दी।

श्रीराम सबके मुक्तिदाता थे, यह हनुमान ने स्पष्ट देखा। वानर-दल ने भरपेट भोजन किया और जल पिया, तत्पश्चात् सब नई ऊर्जा के साथ अपने लक्ष्य की ओर उन्मुख हुए।

3

हनुमान को अपने बल का स्मरण

हनूमान तेहि परसा कर पुनि कीन्ह प्रनाम।
राम काजु कीन्हें बिनु मोहि कहां बिश्राम॥
—रामचरितमानस, सुंदरकांड, दोहा–1

"युवराज!" हनुमान जैसे तंद्रा से जागे–"आप ये कैसी बातें कर
रहे हैं? जिस पर प्रभु श्रीराम का वरदहस्त हो, वह कभी ऐसी
बातें नहीं करता। यह सौ योजन तो क्या, यदि समस्त समुद्र का
भी उल्लंघन करना हो तो मैं तत्पर हूं! संपाती ने मुझे माता सीता
के विषय में सब बता दिया है। मैं जा रहा हूं युवराज! आप इस
दल का संचालन करें।"

हनुमान को अपना असीमित बल, प्रभु की कृपा से स्मरण हो आया।
एकमात्र प्रभु-सेवा के लिए ही तो वे जन्मे थे। ऐसा कौन-सा कार्य था,
जो उनके लिए असंभव था! हनुमान उठे तो समुद्र उत्ताल भरने लगा।

भोजन के पश्चात् वानर-दल ने निद्रा की एक झपकी ही ली थी कि
स्वयं को समुद्र तट पर पाया। यह गहन आश्चर्य का विषय था, परंतु
हर कोई निरुत्तर था। यह ऐसा स्थान था, जहां आगे मार्ग न था और भोजन
की उपलब्धता भी शून्य थी। सभी वानर वहीं बैठ गए। उनके लिए आगे
बढ़ने का मार्ग नहीं था और पीछे जाने पर सुग्रीव का भय था। मृत्यु दोनों
तरफ थी, अत: उन्होंने बीच में ही मरना स्वीकार किया।

प्रभु की लीला अनोखी थी। वहीं पर्वत शिखर की एक शिला पर अत्यंत वृद्ध-जीर्ण गिद्ध बैठा था, जो भोजन के अभाव में अपनी अंतिम सांसें गिन रहा था। उसने उस अभाव क्षेत्र में विशाल वानर-दल को देखा और अपनी जिह्वा लपलपाई। उस गिद्ध का नाम संपाती था।

"हे प्रभु, आज आपने इस वृद्ध को जीवन के कुछ और दिन दे दिए।" संपाती ने ईश्वर का धन्यवाद किया—"अब उड़कर शिकार करने की क्षमता तो रही नहीं, इसलिए आपने वर्षों तक भोजन की व्यवस्था कर दी। अब इन वानर-भालुओं में जो भूख-प्यास से मरेगा, वही मेरा भोजन होगा। अहा, क्यों न मैं इन पर अपने पंखों से छाया कर दूं!"

अतिकाय संपाती ने अपने विशाल पंख फैला दिए। वानर-दल ने ऊपर की ओर देखा तो सभी भय से कांपने लगे। वे न तो श्रीराम के ही किसी काम आए और न सुग्रीव की आज्ञा का पालन हुआ। हनुमान ने उस विकट स्थिति को समझा और प्रणव बुद्धि का प्रयोग किया।

हनुमान ने यह छाया देखी तो दृष्टि ऊपर उठाई। वह वृद्ध भूखा गिद्ध उन्हें काल की भांति प्रतीत हुआ। हनुमान तीक्ष्ण बुद्धि थे, अत: उन्हें श्रीराम के द्वारा सुनाई गई जटायु की कथा भी याद आ गई।

"कैसा विचित्र व्यवहार है! एक वह गिद्ध जटायु था जिसने ईश्वर के मार्ग में अपने प्राण अर्पण कर दिए और एक यह गिद्ध है, जो हमारे मरने की प्रतीक्षा कर रहा है।" हनुमान उच्च स्वर में बोले।

संपाती ने जटायु का नाम सुना तो वह विचारमग्न हो गया—जटायु उसका सहोदर था। संपाती ने पंख फड़फड़ाकर हनुमान को संकेत दिया।

"हे वानरवीर, तुम किस जटायु की बात कर रहे हो? वही न, जो मेरा भाई था, मेरे समीप आओ कपिश्रेष्ठ, मैं अत्यधिक बूढ़ा हूं।" संपाती ने विनय की।

हनुमान निर्भय, निशंक उसके समीप गए।

"गिद्धराज, हम प्रभु श्रीराम के अनुचर हैं और माता भगवती सीता की खोज में आए हैं। जटायु ने लंकापति रावण के साथ घनघोर युद्ध करके प्रभु सेवा में वीरगति प्राप्त कर ली है। आप हमें भय दे रहे हैं!"

"परमवीर, जटायु मेरा अग्रज था। मुझे खुशी है कि वह अपना जीवन प्रभु के लिए अर्पण कर गया। यह जो विस्तृत समुद्र देख रहे हो, इसमें सौ योजन की दूरी पर लंकाद्वीप है। मेरी कार्य क्षमता अवश्य कम हो गई है, परंतु मैं दृष्टि से अत्यंत प्रखर हूं। मैं यहीं से देख सकता हूं कि भगवती सीता इस समय लंकानगरी

की अशोक वाटिका में बैठी अश्रु बहा रही हैं। हे कपिश्रेष्ठ, जनकनंदिनी सीता इस समय अनेक राक्षसियों से घिरी हुई हैं। वाटिका में महाबली रावण के पुत्र का पहरा है। मैं अपनी दृष्टि से सब देख रहा हूं। तुम बस इस समुद्र को पार करने का उद्योग करो।"

हनुमान ने उस विस्तृत समुद्र को देखा। सौ योजन की उस जलराशि का उल्लंघन कौन कर सकता था? संपाती ने मार्ग दिखा दिया था, परंतु उस मार्ग पर जाने का साहस किसी में नहीं था। हनुमान को इसी समय अपनी सामर्थ्य विस्मृत हो गई। ऋषियों का श्राप अब अपना कार्य कर रहा था। हनुमान शिथिल होने लगे थे।

वृद्ध जामवंत जान गए कि ऋषियों के श्राप का प्रभाव अब हनुमान के मनो-मस्तिष्क पर हो रहा था, तभी तो हनुमान एकांत में जाकर ध्यानमग्न हो गए थे। यह समय था महावीर को उनका बल स्मरण कराने का! जामवंत उनके समीप गए। युवराज अंगद उनके साथ थे।

"हे महाबली, आप ऐसे क्यों शिथिल हो गए हैं? इस समस्त दल के प्राण आपके ही हाथ में हैं। आगे मार्ग नहीं है और पीछे लौटने की इच्छा भी किसी में शेष नहीं।" जामवंत ने कहा–"यदि आप ही सुस्थिर हो गए तो यह कार्य कौन करेगा? हे आंजनेय, तुम्हारे बल और सामर्थ्य के समक्ष यह सामुद्रिक विस्तार गौण है। तुम वह हो जिसने भगवान सूर्य को संताप दिया; तुम वह हो जिसने इंद्र का मान भंग किया। हे वीरवर, तुम ही वह हो जो पृथ्वी का भार हरण करने के लिए अवतरित हुए हो।"

"हे कपिश्रेष्ठ!" युवराज अंगद ने कहा–"मैं तो मात्र आपकी ही कृपा से इस जीवन को जी रहा हूं। महाराज सुग्रीव यद्यपि मुझे अत्यधिक प्रेम करते हैं, परंतु कोई कार्य बिगड़ने पर वे मुझ पर शंकित हो सकते हैं, इसलिए मैं तो यहीं अपने प्राण त्याग दूंगा, परंतु माता सीता का पता जाने बिना मैं लौटकर कदापि न जाऊंगा।"

"युवराज!" हनुमान जैसे तंद्रा से जागे–"आप ये कैसी बातें कर रहे हैं? जिस पर प्रभु श्रीराम का वरदहस्त हो, वह कभी ऐसी बातें नहीं करता। यह सौ योजन तो क्या, यदि समस्त समुद्र का भी उल्लंघन करना हो तो मैं तत्पर हूं! संपाती ने मुझे माता सीता के विषय में सब बता दिया है। मैं जा रहा हूं युवराज! आप इस दल का संचालन करें।"

हनुमान को अपना असीमित बल, प्रभु की कृपा से स्मरण हो आया। एकमात्र प्रभु-सेवा के लिए ही तो वे जन्मे थे। ऐसा कौन-सा कार्य था, जो उनके लिए असंभव था! हनुमान उठे तो समुद्र उत्ताल भरने लगा।

विंध्याचल के शिखर पर हनुमान ने पैर जमाया तो पर्वतराज विंध्य ने स्वयं को प्रभु कारज में भागीदार मानकर पीड़ा सहन की।

हनुमान ने अपनी एडियों का भार बढ़ाया तो विंध्यराज विचलित होने लगे, परंतु पीड़ा शीघ्र ही दूर हुई। हनुमान ने जय श्रीराम के उद्घोष के साथ छलांग लगाई थी और वायुपुत्र को वायुदेव ने अपने अंक में समेट लिया। प्रभु कारज में देवता भी सम्मिलित हो गए।

4

सुरसा और सिंहिका से सामना

राम काजु सबु करिहहु तुम्ह बल बुद्धि निधान।
आसिष देइ गइ सो हरषि चलेउ हनुमान॥

–रामचरितमानस, सुंदरकांड, दोहा-2

"गुरुदेव! एक और संकट सामने आने की संभावना है।" देवराज चिंतित स्वर में बोले–"हनुमान अब सिंहिका के क्षेत्र में प्रवेश करने वाले हैं। वह रावण की जल रक्षा सेना की प्रमुख है। उसकी विशेषता यह है कि वह जल के ऊपर से उड़ने वाले किसी भी नभचर की परछाई को पकड़ लेती है तो नभचर उसकी पकड़ में आ जाता है और उसे वह अपना आहार बना लेती है। उस पर भी वह हनुमान को अपना परम शत्रु मानती है, क्योंकि राहु उसी का पुत्र है जिसे सूर्यभक्षण के समय हनुमान ने प्रताड़ित किया था।"

"नारायण-नारायण!" तभी वहां देवर्षि नारद प्रकट हुए–"देवराज भी विचित्र हैं, जैसे समस्त समस्याओं का भार इन्हीं के ऊपर है।"

हनुमान वायुवेग से समुद्र के ऊपर से उड़कर आगे बढ़े जा रहे थे। इंद्रदेव सहित देवता आकाश में खड़े यह नयनाभिराम दृश्य देख रहे थे। नित्य शंकालु इंद्र को हनुमान के बल पर तो कोई शंका नहीं थी, फिर भी उन्होंने शंका का कारण खोज ही निकाला।

"गुरुदेव, यह तो सत्य है कि हनुमान का बल असीम है और वे एक ही मुष्टि-प्रहार से पर्वत शिखर को खंड-खंड कर सकते हैं।" इंद्रदेव ने शंकालु स्वर में कहा—"परंतु जैसा यह महाकार्य है, इसमें केवल बल से ही कार्य सिद्ध नहीं होगा, चातुर्य की भी आवश्यकता है। हनुमान ने अपने बल के तो कई प्रमाण प्रस्तुत किए हैं, परंतु बुद्धि-चातुर्य उन्होंने संभवत: कभी दिखाया ही नहीं।"

"देवराज, अत्याचारियों का विनाश करने और पृथ्वी का भार हरण करने के लिए श्रीहरि ने जिसे अपना मुख्य सहायक चुना है, उसमें बुद्धि-चातुर्य न हो, ऐसी शंका करके आप श्रीहरि के चुनाव पर प्रश्नचिह्न लगा रहे हैं।" देवगुरु बृहस्पति बोले।

"मेरा...मेरा यह आशय नहीं था गुरुवर! श्रीहरि के चुनाव पर शंका करने का अपराध मैं क्यों करने लगा! मैं तो मात्र अपना एक सामान्य-सा विचार व्यक्त कर रहा था। क्या है कि मैं संतुष्टि करना चाहता था!"

"हम आपका आशय समझ गए देवराज! है तो यह शंका ही, परंतु आपकी भी संतुष्टि आवश्यक है। हम नागमाता सुरसा का आह्वान करते हैं कि हनुमान के कार्य में विघ्न उत्पन्न करें, फिर आप स्वयं हनुमान का बुद्धि-चातुर्य देख लेंगे।"

"यह आपने अच्छा सुझाव दिया गुरुदेव!"

देवगुरु बृहस्पति ने नागमाता सुरसा से मानसिक संपर्क स्थापित किया और उन्हें अपना मंतव्य समझाया।

नागमाता ने हनुमान की परीक्षा लेने की सहमति दी और क्षण-भर में ही समुद्र में ज्वार भाटा-सा उत्पन्न हुआ।

हनुमान के ठीक सामने नागमाता सुरसा अपना विशाल भयानक मुख खोलकर अवरोध बनकर प्रकट हुई।

हनुमान वायु में ही स्थिर होकर रह गए। उन्होंने विनयपूर्वक नागमाता को प्रणाम किया। शिष्टाचार से शत्रु भी मित्र बन जाते हैं।

"अरे वानर, प्रणाम तो हो गया—अब परिणाम के विषय में सोच।" नागमाता कर्कश स्वर में बोली—"मैं नागमाता सुरसा हूं। मुझे भूख ने अत्यधिक सताया हुआ है। तू मेरा आहार बनेगा। अब शीघ्र ही बिना कोई कष्ट दिए मेरे इस सुंदर जबड़े में आ जा।"

"माते, मेरा अहोभाग्य कि मैं श्रेष्ठ नागमाता के किसी कार्य आ सकूं! मेरा आहार करने से आपकी भूख शांत हो, इससे अच्छा क्या होगा, परंतु...।"

"परंतु...परंतु क्या वानर! मेरे समक्ष कोई किंतु-परंतु नहीं चलेगा।"

"माते, मैं प्रभु श्रीराम के कार्य से जा रहा हूं। शीघ्र ही उस कार्य को करके लौटता हूं, फिर आपके पास आता हूं—मैं ऐसा वचन देता हूं।"

"आहार के वचन पर विश्वास करने वाले भूखे ही रह जाते हैं और नागमाता इतनी मूर्ख नहीं है। समय नष्ट कर रहा है तू मेरा। मैं तुझे किसी भी प्रकार नहीं जाने दे सकती। बहुत दिन बाद तो शुष्क आहार मिला है। जलीय जीवों को खाते-खाते मेरा पाचनतंत्र बिगड़ गया—अब आ जा वानर।"

हनुमान समझ गए कि सुरसा किसी भी तरह नहीं मानने वाली, लड़ने में समय व्यर्थ करना था, क्योंकि उसे मारना भी उचित नहीं था। उन्होंने सोचा कि किसी बौद्धिक उपाय से ही उसे संतुष्ट करना होगा।

"ठीक है नागमाता! आप अपना जबड़ा फैलाइए, क्योंकि मैं तनिक और बड़ा होना चाहता हूं जिससे आपको अधिक भोजन मिले।"

"यह तो और भी अच्छा है। जबड़ा तो मेरा इतना फैल सकता है कि मैं एक बार में हजार वानरों को भी इसमें रख सकती हूं और चबा सकती हूं। तू अपना आकार बढ़ा ले।"

सुरसा ने जबड़ा फैलाना आरंभ कर दिया।

हनुमान ने अपना आकार उसके फैले हुए जबड़े से दोगुना किया तो सुरसा ने भी जबड़ा और फैलाया। विशाल घाटी जैसा उसका मुख हो गया।

हनुमान ने फिर अपने आकार को दोगुना विस्तार दिया तो विवश होकर नागमाता को भी अपना जबड़ा बढ़ाना पड़ा।

एकाएक हनुमान ने अपना आकार सूक्ष्म कर लिया और सुरसा के मुख में प्रवेश कर गए। सुरसा ने शीघ्रता के साथ अपना जबड़ा बंद करना चाहा, परंतु हनुमान उससे पूर्व ही उसके जबड़े से बाहर निकल आए और उसके सम्मुख खड़े हो गए।

"माते, मैंने तो अपना कार्य कर दिया, परंतु आपके दांत उतने तेज नहीं निकले। ऐसा प्रतीत होता है कि अब आपको भूख रही नहीं।" हनुमान हंसते हुए बोले।

"ऐसा ही लगता है, अन्यथा आज तक मेरे जबड़े के बीच आकर तो कीट भी बाहर नहीं आ सका।" नागमाता आश्चर्य से बोली—"और वास्तव में मुझे भूख भी नहीं लग रही—यह कैसा चमत्कार है!"

"मेरे परम आराध्य प्रभु श्रीराम की कृपा से ऐसे चमत्कार हो जाते हैं। अब आप मुझे आशीर्वाद दें।" हनुमान ने करबद्ध होकर कहा।

"जाओ पुत्र, तुम्हारा कार्य अवश्य सिद्ध होगा।" यह कहकर सुरसा जल में समा गई। देवराज इंद्र यह घटनाक्रम देखकर पूर्णतया संतुष्ट हो गए। हनुमान का बुद्धि-चातुर्य दर्शनीय था।

हनुमान अपने मार्ग पर शीघ्रतापूर्वक बढ़े चले जा रहे थे। देवराज ने फिर लीला प्रकट की।

"गुरुदेव! एक और संकट सामने आने की संभावना है।" देवराज चिंतित स्वर में बोले–"हनुमान अब सिंहिका के क्षेत्र में प्रवेश करने वाले हैं। वह रावण की जल रक्षा सेना की प्रमुख है। उसकी विशेषता यह है कि वह जल के ऊपर से उड़ने वाले किसी भी नभचर की परछाई को पकड़ लेती है तो नभचर उसकी पकड़ में आ जाता है और उसे वह अपना आहार बना लेती है। उस पर भी वह हनुमान को अपना परम शत्रु मानती है, क्योंकि राहु उसी का पुत्र है जिसे सूर्यभक्षण के समय हनुमान ने प्रताड़ित किया था।"

"नारायण-नारायण!" तभी वहां देवर्षि नारद प्रकट हुए–"देवराज भी विचित्र हैं, जैसे समस्त समस्याओं का भार इन्हीं के ऊपर है।"

"देवर्षि, हम देवताओं के हितचिंतक हैं। हनुमान जिस महाकाज से जा रहे हैं, वह होना आवश्यक है जिससे देव समाज को राक्षसों का संताप न झेलना पड़े, इसलिए हमारी चिंताएं और शंकाएं वास्तविक हैं।" देवराज खिन्नता से बोले।

"नारायण-नारायण, वास्तविक समस्याओं का समाधान भी तो सोचने का दायित्व-बोध होना चाहिए देवराज! आप हनुमान को सचेत करके उन्हें कोई समाधान क्यों नहीं सुझा देते?" देवर्षि बोले तो उनके स्वर में उपहास था।

इंद्र ने खिन्नता से कुछ कहने के लिए मुंह खोला ही था, परंतु कुछ सोचकर मौन रह गए।

समुद्र के ऊपर उड़ रहे हनुमान की गति एकाएक इस प्रकार बाधित हो गई थी मानो किसी अदृश्य शक्ति ने उन्हें जकड़ लिया हो और वह शक्ति उन्हें जल के भीतर खींच रही हो।

हनुमान को कोई शत्रु दिखाई नहीं दे रहा था, परंतु वे समझ गए कि वह कोई राक्षसी शक्ति थी, जो समुद्र की गहराई में निवास करती थी। उन्होंने अपना समूचा बल एकत्र किया और नीचे की ओर बड़े वेग से चले।

एक तो सिंहिका प्रबलता से अपनी ओर खींच रही थी, दूसरे हनुमान का वेग भी प्रबल था। हनुमान ने अपने वज्र समान घुटने सिकोड़े और 'जय श्रीराम' का उद्घोष करते हुए जल में समा गए। एक भीषण विस्फोट हुआ और जलधारा बहुत ऊपर तक उठी।

एक भयानक चीत्कार के साथ सिंहिका का आर्त स्वर समुद्र में लहरें बना गया और उस स्थान का नीला जल रक्तमिश्रित दिखाई देने लगा।

महाबली हनुमान सिंहिका का संहार करके जब जल से बाहर उछले तो देवराज सहित सभी ने उनकी शक्ति को नमन किया।

5

लंका में प्रवेश

पुर रखवारे देखि बहु कपि मन कीन्ह बिचार।
अति लघु रूप धरौं निसि नगर करौं पइसार।।
—रामचरितमानस, सुंदरकांड, दोहा-3

"तू उस...उस तपस्वी राम का अनुचर है। सहसा विश्वास नहीं
होता कि तूने सिंहिका को मार दिया। आह! मध्याह्न में जो
चीत्कार की ध्वनि मेरे कर्णपटल से टकराई थी, वह निश्चय ही
सिंहिका की थी।" लंकिनी गंभीर स्वर में बोली—"तू निश्चय ही
बलवान है, परंतु मैं सिंहिका नहीं हूं। मैं लंकिनी हूं, लंकिनी।
इस द्वीप की अधिष्ठात्री। मुझे परास्त करने वाला ही इस द्वीप
का विजेता होगा।"

"फिर तो मेरा वामहस्त ही पर्याप्त है अधिष्ठात्री लंकिनी, क्योंकि
श्रीराम ने मेरी मुष्टिका को इतना वज्र कर दिया है कि इसके प्रहार
से पर्वत खंड-खंड हो जाते हैं।"

हनुमान ने अपने वामहस्त का प्रहार लंकिनी के सिर पर किया तो
उसे लगा, जैसे इंद्र का अमोघ अस्त्र उसके सिर से टकराया हो।

हनुमान को विशाल महासागर के बीच वह लंकाद्वीप दिखाई देने लगा था,
जो बड़े विस्तार में फैला हुआ था। ऊंचे-ऊंचे पर्वतों के शिखर और उन
पर खड़े वृक्ष भी दिखाई देने लगे। कुछ और समीप पहुंचने पर हनुमान की

आंखें चौंधियाने लगीं। सूर्य-रश्मियां प्रतिबिंबित होकर नेत्रों में तीव्र चमक उत्पन्न कर रही थीं जिससे आंखें खुल नहीं पा रही थीं।

हनुमान ने तुरंत दिशा बदली और पार्श्व की ओर आगे बढ़े। क्या भव्य द्वीप था! चारों ओर स्वर्ण का परकोटा था जिससे सूर्य की रश्मियां टकराकर आंखों को चौंधियां रही थीं।

अब सब स्पष्ट दिखाई दे रहा था। कभी देवताओं के कोषपाल और रावण के सौतेले भाई कुबेर की निवास स्थली थी यह स्वर्णनगरी, जिसे रावण ने अपने असीम बल और हठ के द्वारा पुष्पक विमान सहित उनसे छीन लिया था। आज उस भव्य द्वीप का स्वामी निरंकुश राक्षसराज रावण था।

हनुमान ने देखा कि उस परकोटे पर असंख्य आकृति और आकार के राक्षस भांति-भांति के अस्त्र-शस्त्र लिये पहरा दे रहे थे। उनकी सजगता से यह निश्चित था कि वहां कोई सरलता से अंदर प्रवेश नहीं कर सकता था, अत: अब सूर्यास्त के बाद अंधकार होने की प्रतीक्षा करना ही उचित था।

हनुमान ने सूक्ष्म रूप धारण करके द्वीप के चारों ओर निरीक्षण किया तो समझ गए कि रावण की सुरक्षा व्यवस्था अत्यधिक सुदृढ़ थी और यह इसलिए थी कि वहां जनकनंदिनी सीता को अपहृत करके रखा गया था।

धीरे-धीरे भगवान भास्कर अस्ताचल की ओर चल दिए और निशाचरों के द्वीप पर निशा का साम्राज्य स्थापित होने लगा। हनुमान अब तक किसी की दृष्टि में आए बिना इधर-उधर का अवलोकन कर रहे थे। जब अंधकार व्याप्त हो गया तो हनुमान वहां से आगे बढ़े। अत्यंत सूक्ष्म रूप में वे मुख्य द्वार के पास आए। वहां एक अति भयानक और विशालकाय राक्षसी का पहरा था। हनुमान नहीं जानते थे कि उस राक्षसी को ऐसी दृष्टि प्राप्त थी कि वह रेत के कण को भी देख सकती थी। उसने हनुमान को भी देख लिया और तत्काल खड्ग उठा लिया।

"अरे ओ वानर, तू कौन है, जो इतने सूक्ष्म रूप में इस महादुर्ग के आस-पास विचरण कर रहा है? निश्चय ही तू लंकानरेश का शत्रु या शत्रु का कोई गुप्तचर है, परंतु तूने यहां आकर भूल कर दी है। स्वर्ग में जितने देवता हैं, उतने से सहस्त्र गुणा बलवान और भयंकर राक्षस इस परकोटे के रक्षक हैं और मुझ लंकिनी का तो कहना ही क्या! बता, तू कौन है?"

"मैं उस दुष्ट दशानन की मृत्यु का द्वितीय संकेतक हूं लंकिनी!" हनुमान दृढ़ स्वर में बोले–"प्रथम संकेत तो उसे तभी मिल गया था, जब वह जगत्माता सीता का छल से हरण करके लाया था। रही मेरे परिचय की बात तो मेरा परिचय मैं नर

और मादा का विचार करके देता हूं। नर को दाहिने से और मादा को बाएं से। बेचारी सिंहिका को तो न्याय ही न मिला, क्योंकि वह तो मेरे हाथ लगाए बिना ही रेत की भांति बिखर गई और समुद्र का खारा जल भी रक्तरंजित कर गई।"

"तू उस...उस तपस्वी राम का अनुचर है। सहसा विश्वास नहीं होता कि तूने सिंहिका को मार दिया। आह! मध्याह्न में जो चीत्कार की ध्वनि मेरे कर्णपटल से टकराई थी, वह निश्चय ही सिंहिका की थी।" लंकिनी गंभीर स्वर में बोली—"तू निश्चय ही बलवान है, परंतु मैं सिंहिका नहीं हूं। मैं लंकिनी हूं, लंकिनी। इस द्वीप की अधिष्ठात्री। मुझे परास्त करने वाला ही इस द्वीप का विजेता होगा।"

"फिर तो मेरा वामहस्त ही पर्याप्त है अधिष्ठात्री लंकिनी, क्योंकि श्रीराम ने मेरी मुष्टिका को इतना वज्र कर दिया है कि इसके प्रहार से पर्वत खंड-खंड हो जाते हैं।"

हनुमान ने अपने वामहस्त का प्रहार लंकिनी के सिर पर किया तो उसे लगा, जैसे इंद्र का अमोघ अस्त्र उसके सिर से टकराया हो। उसकी आंखों के सामने बिजलियां-सी चमकने लगीं, समुद्र उफान लेता दिखने लगा और अंधकार अपने चरम पर पहुंच गया। एकाएक उसके उदर से हुलहुली-सी उठी और एक गोले के रूप में उसने रक्त-वमन कर दिया।

"क्या अभी दाहिनी ओर एक और प्रहार करूं अधिष्ठात्री लंकिनी?"

"हे हनुमान, हे केसरीनंदन, हे रामदूत, तुमने द्वितीय संकेत पूर्णतया स्पष्ट दे दिया।" लंकिनी ने हाथ जोड़ दिए—"जिसका अनुचर इतना बलवान है, वे स्वयं नारायण हैं और निश्चय ही इस पापद्वीप का उद्धार करेंगे। संभवत: अगली पीढ़ी इस प्रवृत्ति से मुक्त होगी। तुम विजेता हुए पवनपुत्र, मेरे प्राण मत हरण करो, क्योंकि मैं अपने नेत्रों से इस पीढ़ी का उद्धार होते हुए देखना चाहती हूं। बहुत समय पूर्व जब मैंने घोर तपस्या करके चतुरानन ब्रह्माजी को प्रसन्न किया था और उनसे अपनी मृत्यु का निमित्त पूछा था तो उन्होंने यही कहा था, जो घटित हुआ है। श्री राघवेंद्र पृथ्वी का भार हरण करने के लिए पधारे हैं। हे वीरवर! मुझे यह अलौकिक दृश्य देखने का अवसर प्रदान करो।"

"लंकिनी, मैं तुम्हें जीवनदान देता हूं, परंतु तुम्हें भी एक शर्त माननी होगी।" हनुमान बोले—"मौन रहना होगा। ऐसा न हो कि मेरे अंदर जाते ही तुम शोर मचा दो और मेरे कार्य को कठिन कर दो।"

"तुम्हारे लिए कोई भी कार्य कठिन नहीं है हे रामदूत! फिर भी मैं वचन देती हूं कि मैं मौन रहूंगी।" लंकिनी ने विनीत स्वर में कहा।

"क्या तुम जानती हो कि रावण ने माता सीता को कहां रखा है?"

"नहीं, हम बाह्य सुरक्षा के प्रहरी हैं। अंदर कहां, क्या हो रहा है, हमें ज्ञात नहीं रहता। लंका में अनेक ऐसे भवन, उद्यान और कारागार हैं, जहां माता सीता को रखा जा सकता है। यह तुम्हें ही खोजना होगा।"

हनुमान लंकिनी को चेतावनी देकर लंका में प्रवेश कर गए।

6

विभीषण से भेंट

अस मैं अधम सखा सुनु मोहू पर रघुबीर।
कीन्ही कृपा सुमिरि गुन भरे बिलोचन नीर॥

—रामचरितमानस, सुंदरकांड, दोहा-7

"हनुमान! अहा, मैं तुम्हारे दर्शन पाकर धन्य हो गया। मैं लंकापति रावण का अनुज विभीषण हूं। जब हम तीनों भाइयों ने तपस्या की थी तो मैंने चतुरानन ब्रह्माजी से वरदान में प्रभु-भक्ति मांगी थी, तब उन्होंने ही मुझे राम-नाम की दीक्षा दी थी।"

"अहो भाग्य! परंतु क्या रामद्रोही रावण को आपके राम-भक्ति और सदाचार से युक्त आचरण पर आपत्ति नहीं?"

"वह अहंकारी स्वयं को ही श्रेष्ठ मानता है। भगवान शिव के अतिरिक्त अन्य किसी के अस्तित्व को स्वीकार नहीं करता। मेरे भजन में वह विघ्न नहीं उत्पन्न करता, क्योंकि उसकी दृष्टि में इसका कोई महत्त्व नहीं है। हे रामभक्त हनुमान! तुम नित्य श्रीराम के दर्शन करते हो, क्या ऐसा सौभाग्य मेरा भी बनेगा?"

कैसी अद्भुत थी वह स्वर्णमयी नगरी! ऊंचे-ऊंचे महल दीपकों के प्रकाश से जगमगा रहे थे। एक से बढ़कर एक भव्य भवन! किंतु एक ओर गहन सन्नाटा पसरा पड़ा था।

हनुमान ने एक-एक करके उन भवनों में सीताजी को खोजना आरंभ किया। उन्होंने देखा कि उस सन्नाटे का कारण वहां के निवासियों का अत्यधिक मदिरापान करना था। क्या स्त्री और क्या पुरुष—सभी अपने घरों में नशे की अधिकता के कारण धुत लुढ़के पड़े थे। हनुमान रावण के महल में भी गए तो उसे भी निद्रामग्न पाया, परंतु सीताजी वहां भी कहीं नहीं थी।

हनुमान आगे बढ़े तो उनके कानों में ऐसी ध्वनि सुनाई पड़ी, जैसे कोई लयबद्ध राम-नाम का जाप कर रहा हो। लंका में राम का नाम लेने वाली तो माता सीता ही हो सकती थीं, परंतु यह स्वर तो पुरुष का था। हनुमान कौतूहल से भर गए और आवाज की दिशा में चल दिए। वे उस भवन में प्रवेश कर गए, जहां से वह गुनगुनाहट का स्वर आ रहा था। उन्होंने देखा कि उस भवन में सात्विकता थी। वहां से वैसी कोई दुर्गंध नहीं आ रही थी, जैसी अन्य घरों से आ रही थी। दीवारों पर वेद श्लोक लिखे हुए थे और रामनामी ओढ़े एक भद्र भव्य पुरुष नेत्र बंद किए आसन पर बैठा राम-नाम का जाप कर रहा था।

हनुमान सतर्क हो गए। वह राक्षस नगरी थी और वहां पाए जाने वाले राक्षस बड़े मायावी और कुटिल थे—कहीं वह नाटक उन्हें ही फंसाने की कोई चाल तो नहीं थी। हनुमान ने सारे भवन का निरीक्षण किया तो देखा कि आंगन में तुलसी, वेदी आदि सब शुभ चिह्न वहां विद्यमान थे। माया इतनी विस्तृत नहीं हो सकती। वह अवश्य ही कोई सत्पुरुष था। हनुमान उस भजनमग्न पुरुष के सामने बैठ गए।

राम-नाम की मधुर लय में अब हनुमान भी मग्न हो गए। आधी रात्रि व्यतीत हो जाने के पश्चात् कहीं उस भद्र पुरुष का ध्यान भंग हुआ तो अपने सामने भक्ति भाव में लीन एक वानर को देखकर उन्हें बड़ा आश्चर्य हुआ।

"हे वानर! इस असुर नगरी में तुम रामभक्त कहां से आ गए? वह भी विभीषण के महल में! क्या तुम्हें किसी ने रोका नहीं?" भद्र पुरुष ने आश्चर्य प्रकट करते हुए कहा।

"हे सत्पुरुष, इस पाप दुर्ग में आप एक दुर्लभ व्यक्ति हैं।" हनुमान सम्मानजनक स्वर में बोले—"मैं प्रभु श्रीराम का सेवक हनुमान हूं और प्रभु के आदेश पर जनकनंदिनी सीता की खोज में यहां आया हूं। कृपा करके आप अपना परिचय दें।"

"हनुमान! अहा, मैं तुम्हारे दर्शन पाकर धन्य हो गया। मैं लंकापति रावण का अनुज विभीषण हूं। जब हम तीनों भाइयों ने तपस्या की थी तो मैंने चतुरानन ब्रह्माजी से वरदान में प्रभु-भक्ति मांगी थी, तब उन्होंने ही मुझे राम-नाम की दीक्षा दी थी।"

"अहो भाग्य! परंतु क्या रामद्रोही रावण को आपके राम-भक्ति और सदाचार से युक्त आचरण पर आपत्ति नहीं?"

"वह अहंकारी स्वयं को ही श्रेष्ठ मानता है। भगवान शिव के अतिरिक्त अन्य किसी के अस्तित्व को स्वीकार नहीं करता। मेरे भजन में वह विघ्न नहीं उत्पन्न करता, क्योंकि उसकी दृष्टि में इसका कोई महत्त्व नहीं है। हे रामभक्त हनुमान! तुम नित्य श्रीराम के दर्शन करते हो, क्या ऐसा सौभाग्य मेरा भी बनेगा?"

"महाराज विभीषण, प्रतीत तो ऐसा ही होता है कि रावण ने जो पापकर्म किया है, उसका दंड देने के लिए प्रभु का आगमन अपेक्षित है, परंतु प्रभु बड़े ही कृपालु हैं। यदि रावण उनकी शरण में चला जाए तो...!"

"असंभव! देवताओं को त्रास देने वाला, मुनिजनों का घोर विरोधी रावण कभी प्रायश्चित्त नहीं कर सकता। जिस दिन वह जनकनंदिनी को लेकर आया था, उसी दिन हमारे मामा जंबुमाली ने उसे समझाया था, परंतु उसने एक न सुनी और मामाजी लंका त्यागकर चले गए।"

"फिर तो युद्ध अनिवार्य है। हे भक्त शिरोमणि! रात्रि का अंतिम प्रहर शेष है और मैं अभी तक सीताजी के दर्शन नहीं कर सका हूं। प्रभु श्रीराम मेरे लौटने की प्रतीक्षा में होंगे। विलंब उनकी व्याकुलता ही बढ़ाएगा, अत: आप मुझे सीताजी का पता बता देते तो बड़ी कृपा होगी।"

"अवश्य! मेरे अहंकारी अग्रज रावण को बहुत समय पूर्व एक सती स्त्री वेदवती का श्राप था कि यदि उसने किसी स्त्री का उसकी इच्छा के विरुद्ध स्पर्श भी किया तो उसके सिर के टुकड़े-टुकड़े हो जाएंगे। वह सीताजी को अपनी पटरानी बनाने की इच्छा तो रखता है, परंतु श्राप के कारण बल नहीं आजमा सकता, अत: उन्हें त्रास और भयपूर्ण वातावरण में रखा गया है। लंका के नैऋत्य कोण में एक सुंदर वन वाटिका है जिसे अशोक वाटिका कहा जाता है। अनेक राक्षस, राक्षसियों का वहां पर पहरा है। वहीं सीताजी को रखा गया है। रावण प्रतिदिन वहां जाता है और सीताजी को भयभीत करता है। इस समस्त दुखमूल का कारण हमारी बहन शूर्पणखा भी वहां इसी कार्य से जाती है और अन्य राक्षसियां भी यही करती हैं।"

"मूर्ख हैं सब, क्या भगवती भवानी को भयभीत किया जा सकता है? हे मित्र, अब मुझे जाने की आज्ञा दें। मैं शीघ्र ही दोनों ओर की कुशल-क्षेम पहुंचाना चाहता हूं।" हनुमान ने हाथ जोड़कर कहा।

"अवश्य हनुमान! प्रभु के काज में विलंब करना उचित नहीं। सावधान रहना, क्योंकि यहां विचित्र और कुटिल प्रकार के राक्षस रहते हैं–प्रभु तुम्हारी रक्षा करेंगे।"

दोनों प्रभु-भक्त आलिंगनबद्ध हुए और हनुमान वहां से चल पड़े। उन्हें दिशा-चिह्न मिल गए थे, अत: वाटिका खोजने में कठिनाई नहीं हुई। अशोक वृक्षों की अधिकता ही उसकी पहचान थी।

हनुमान वृक्षों से उछलते-कूदते उस स्थान पर पहुंचे, जहां एक विशाल वृक्ष के नीचे जनकनंदिनी शोकमग्न बैठी हुई थीं। वहां बहुत-सी राक्षसियां भी सोई पड़ी थीं। एक वृद्धा राक्षसी अवश्य जाग रही थी और वह बड़े शांत स्वर में सीताजी को सांत्वना दे रही थी।

"पुत्री सीता, धैर्य धारण करो। रघुवीर तुम्हारा विस्मरण नहीं कर सकते। वे शीघ्र ही तुम्हारी सुधि लेंगे।" राक्षसी सीताजी से कह रही थी।

"माता त्रिजटा, इस वातावरण में मेरा दम घुटा जाता है।" सीताजी व्यथित स्वर में बोलीं–"इससे तो मृत्यु ही ठीक है। तुम मेरी हितू हो माते, क्या अपनी इस अभागिन पुत्री पर इतनी दया नहीं कर सकतीं कि कहीं से थोड़ा-सा विष लाकर दे दो जिससे मैं इन कष्टों से मुक्ति पा सकूं।"

"पुत्री, जो मुक्ति के दाता हैं, उनकी अर्धांगिनी को ऐसी मुक्ति का विचार शोभा नहीं देता। तुम तो इस मुक्तियज्ञ की निमित्त हो, वेदी हो, प्रचंड ज्वाला हो। यह राक्षसियां देख रही हो, इनका जीवन कीटों की भांति है, ये सब मुक्ति की प्रतीक्षक हैं। इनका कल्याण तुम्हारे ही कारण संपन्न होना है पुत्री! मुक्तिदाता का यहां आगमन ही तभी संभव है, जब तुम यहां हो। बस धैर्य धारण करो।"

"इतना विलंब क्यों माते! कोई निश्चित दिन-क्षण हो तो धैर्य भी हो। स्वामी तो जैसे भूल ही गए! वे इतने निष्ठुर तो नहीं थे।" सीताजी विलाप करने लगीं।

हनुमान के नेत्र यह दृश्य देखकर अश्रुपूर्ण हो गए। जगत्माता भगवती लीलावश कैसा भावपूर्ण व्यथा-विलाप कर रही थीं!

खंड-7

लंका में भीषण अग्निकांड

हनुमान दरबार से निकलकर समीप के एक महल पर जा चढ़े और वहां भी भीषण अग्निकांड आरंभ कर दिया। इसके बाद एक महल से दूसरे महल पर कूदते हुए उन्होंने केवल विभीषण के एक महल को छोड़कर समस्त लंकानगरी को भीषण अग्नि के सुपुर्द कर डाला।

लंका में चहुं ओर चीख-पुकार मची हुई थी। राक्षस अपने-अपने जलते हुए घरों से निकलकर सुरक्षित स्थान की खोज में इधर-उधर भटक रहे थे। हनुमान ने अंतत: परकोटे में भी अग्निक्रीड़ा करके समुद्र में छलांग लगाई और अपनी पूंछ में लगी आग बुझाई।

सीताजी ने अपनी चूड़ामणि उतारकर हनुमान को दी और सजल नेत्रों से उनकी ओर देखते हुए कहा—"प्रिय पवनपुत्र! प्राणनाथ श्रीरघुवीरजी से सर्वप्रथम मेरा प्रणाम निवेदन करना और उन्हें यह कहना, 'हे प्रभु! यद्यपि आप सभी कामनाओं से रहित हैं, परंतु दीन-दुखियों पर दया करना आपका स्वभाव है। हे रघुवीर! कृपया मुझ दीन पर भी दया करें और मेरा संकट दूर करें। दुष्ट रावण मुझे नित्य मानसिक प्रताड़ना देता है। हे करुणानिधि! मैंने रावण की प्रताड़ना बहुत सहन की, किंतु अब सहन नहीं होती। यदि आप एक माह में नहीं आए तो मुझे जीवित न पाएंगे।' हे हनुमान! मैं अभी तक इसी आशा और विश्वास से प्राणों की डोर पकड़े हुए हूं कि मेरे स्वामी शीघ्र ही मेरी पीड़ा अवश्य दूर करेंगे।"

हनुमान ने श्रीराम के अपरिमित बल और पराक्रम का गुणगान करते हुए सीताजी को सांत्वना दी और समझाया—"हे माते! अब आपका संकट शीघ्र ही दूर होने और रावण पर आने वाला है। यदि उसे श्रीराम के तुच्छ सेवक का यह अग्निकांड भी सीख नहीं दे सकता तो निश्चय ही उसे प्रभु के भीषण बाणों से प्राण त्यागने होंगे।"

1

अशोक वाटिका में हनुमान

कृतार्थोऽहं कृतार्थोऽहं दृष्ट्वा जनकनन्दिनीम्॥
मयैव साधितं कार्यं रामस्य परमात्मनः।

–अध्यात्म रामायण–5/2/11–12

हनुमान ने देखा कि सभी राक्षस–राक्षसियां नित्य कर्म निवृत्ति के लिए वहां से चले गए। त्रिजटा ही वहां रह गई थी। यही उचित समय था, जब माता सीता के उस भरोसे की पुष्टि कर देना श्रेयस्कर था, जो उन्होंने मन से कहा था। त्रिजटा भी संभवतः नित्य कर्म की आवश्यकता महसूस कर रही थी, इसलिए वह भी उठकर चली गई। अब वृक्ष के नीचे सीताजी अकेली बैठी थीं।

"हे रघुनंदन, मेरा आभास कोई मायाजनित तो नहीं?" सीताजी धीरे–धीरे बुदबुदाईं।

उसी समय हनुमान ने प्रभु श्रीराम की मुद्रिका नीचे गिरा दी। अपने स्वामी की मुद्रिका देखकर सीता ने आश्चर्य से ऊपर की ओर देखा, किंतु जब कुछ नहीं दिखाई दिया तो उन्होंने मुद्रिका पर दृष्टि डाली।

हनुमान वृक्ष पर बैठे माता सीता की व्यथा और राक्षसी त्रिजटा द्वारा दिए जा रहे आश्वासनपूर्ण वचनों को सुनकर लगभग रोने ही लगे थे, परंतु यह समय रोने का नहीं था। उन्हें धैर्य रखना था और अपने विद्रोही मन को नियंत्रित करना था।

सूर्योदय होना ही चाहता था कि वाटिका के मुख्य द्वार पर शोर उठा। त्रिजटा ने बड़ी फुर्ती से सभी सोई पड़ीं राक्षसियों को जगाया।

"अरी निर्लज्जियो! जाग जाओ। महाराज आ रहे हैं। उन्होंने जिसे भी सोती हुई देख लिया, उसे ही कोल्हू में डालकर रक्त निकाल लेंगे।" त्रिजटा ने उच्च स्वर में कहा तो सभी राक्षसियां सजग हो गईं।

सीताजी ने अपने पास पड़े हुए एक तिनके को उठा लिया और अपने दाहिने नेत्र पर रख लिया। हनुमान इस व्यवहार का भाव नहीं समझ पाए।

उसी समय वहां रावण आ गया। दशानन लंकेश! अहंकार के मद में चूर, गर्वीली चाल और अनेक राक्षसों से अंगरक्षित था। सीताजी को देखकर उसके नेत्रों में जो अनुराग व वासना परिलक्षित हो रही थी, उसे हनुमान ने भी देखा और एक निर्णायक विचार उनके मस्तिष्क में उठा।

'मैं यहीं इस दुष्ट का वध कर देता हूं और इन समस्त राक्षसों का भी, फिर माता सीता को यहां से ले जाता हूं। सब सरलता से संपन्न हो जाएगा। प्रभु को यहां तक आने का कष्ट भी नहीं उठाना होगा।'

तत्काल हनुमान के विवेक ने पलटी मारी–विचार का संपादन हुआ।

'परंतु प्रभु ने मुझे इतनी ही आज्ञा दी है कि मैं मात्र माता सीता की खोज करके आऊं। शेष कार्य तो प्रभु स्वयं करेंगे। क्षत्रिय सदैव स्वयं ही अपने शत्रु को दंडित करते हैं। अभी मुझे धैर्य धारण करना चाहिए–मन मारकर भी।'

दशानन रावण सीता के समक्ष आ गया, तब सीताजी द्वारा उठाए गए उस तिनके का सामाजिक रहस्य हनुमान की समझ में आया। नारी की लज्जा और सतीत्व तिनके की ओट में भी सुरक्षित रह सकते हैं। परपुरुष को न निहारने के लिए यह ओट भी बहुत सुदृढ़ हो जाती है।

"सीते, परम शिव ने स्त्री की रचना सृष्टि के विस्तार के लिए की है। स्त्री का कार्य ही है कि वह नित्य पुरुष का काम-मर्दन करे। खेद है कि यह कार्य पत्नी द्वारा संपन्न होता है, परंतु तुम यह नहीं कर सकती। रावण उपस्थित है। इसका अद्भुत और दिव्य मूल्य भी तुम्हें प्राप्त होगा। तुम इस त्रैलोक्य विजयी रावण की पटरानी बनोगी। एक नए युग का निर्माण होगा। बुद्धि श्रेष्ठ ब्राह्मण, अतुलित बलवान पिता और क्षत्रिय माता के संयोग से जो संतान जन्म लेगी, वह निश्चय ही अद्भुत होगी।"

हनुमान ने अपनी गदा कसकर पकड़ ली। क्रोधातिरेक से उनके शरीर का रोम-रोम जैसे प्रज्वलित हो उठा था। यदि प्रभु का आदेश होता तो अब तक निर्णय हो ही गया होता। कितनी निकृष्ट और असभ्य धारणा थी रावण की!

"लंकेश!" जैसे सिंहनी गरजी हो, भय से रावण एक कदम पीछे हट गया था, सीताजी के स्वर में वह लावा था, जो सती के दक्ष के यज्ञ में प्रकट किया था–"तू पहले ही अत्यंत दारुण दुख झेलने के कार्य कर चुका है। मुझे हरण करते ही तूने एक ऐसे विनाश की नींव डाल दी जिसमें तेरे एक लाख पुत्र और सवा लाख पौत्रों का जीवन स्वाहा हो जाएगा। मूर्ख, तू रघुवीर को कभी समझ ही नहीं सकता, क्योंकि अहंकार तुझे समझने ही नहीं देगा। यह मात्र सीता का हरण नहीं, यह मृत्यु यज्ञ है। तू मुझे यहां नहीं लाया, मैं पापनाशिनी, दुष्टमारिणी स्वयं यहां आई हूं। मुझे वह प्राण, वह रक्त, इस धरा से हटाना है, जो पाप के समर्थन में व्यस्त है। तू वह पापकेंद्र है, जिसे इस धरा से दूर करना ही मेरा और उन शिवस्वरूप श्री रघुवीर का लक्ष्य है।"

रावण घबराकर चार कदम पीछे हट गया।

"तू समझता है कि इस समुद्र के अंदर द्वीप पर स्थित होने के कारण तू सुरक्षित है। मूर्ख! श्री रघुवीर के बाण से तू तो उस लोक में भी सुरक्षित नहीं, जहां अक्षय जीवन है। तू उस दृश्य की कल्पना भी करेगा तो तेरा हृदय दहल जाएगा। जब रघुवीर यहां आ जाएंगे तो क्या होगा–यह मैं तुझे सुनाती हूं। इस लंका में मृत्यु प्यासी-प्यासी विचरण करेगी। खप्पर लेकर चामुंडा रक्त की मांग करेगी और उसकी तेरे कुनबे से भी पूर्ति नहीं होगी। तू इतना शून्य हो जाएगा कि श्वास भी लेगा तो तेरा कंठ सूख जाएगा। दशानन, मात्र कुछ ही क्षण शेष हैं कि तुझे क्षमादान प्राप्त हो सकता है, क्योंकि रघुवीर का मन यहां पधार चुका है। मैं सीता, तुझे परामर्श देती हूं कि यदि आज ही तू अपनी इस स्वर्णनगरी की भीषण तबाही नहीं देखना चाहता तो अपने उस विमान को लेकर आ, मुझे माता कहकर संबोधित कर। मैं तुझे रघुनंदन श्रीराम से जीवन का वह अमूल्य उपहार दिलवाऊंगी, जो तुझे यश और सुख प्रदान करेगा।"

रावण के नेत्र क्रोध से तो रक्तिम हो रहे थे, परंतु वह सीताजी की बात का कोई उत्तर न दे सका, किंतु वह अक्षय कुमार से बोला–"पुत्र अक्षय कुमार, अब सभी लज्जाओं का त्याग कर दो। यहां इस जानकी को वह दृश्य दिखाओ, जो इसके स्त्री होने का आभास दें।"

हनुमान उसका मंतव्य समझकर क्रोध से कंपित हो उठे, परंतु रावण उसी समय वहां से चला गया था।

माता सीता का मुखमंडल इस समय दावानल जैसा प्रज्वलित था।

"पुत्री, आज मैंने नारी का वह रूप देखा है, जो इस जगत को भस्मीभूत कर देने की क्षमता रखता है।" त्रिजटा ने सीताजी के समीप आकर गंभीर स्वर में कहा–"यह तो मैं पहले ही जानती हूं कि तुम कोई साधारण नारी नहीं हो, परंतु कितनी असाधारण

हो, यह मैंने आज जाना है! मैंने आज पहली बार लंकेश की आंखों में भय देखा है, पहली बार उसके समस्त शीशों में बल पड़ते देखे हैं, पहली बार उसके कुत्सित विचारों को मुझे विराम लगता दिखाई दिया है, परंतु यह कैसे हुआ? आज से पूर्व तो तुम उसके समक्ष इतनी आक्रामक नहीं हुई थीं, आज ऐसा किस तरह हुआ?"

"माते, आज मुझे एक सुगंध मिली।" सीता जैसे सामान्य हुईं–"इस वाटिका में ऐसा कुछ तो अवश्य है, जिसमें आज मुझे मेरे प्राणनाथ रघुवीर की सुगंध बसी हुई प्रतीत हुई है। इसका एक ही अर्थ है कि महायज्ञ प्रारंभ हो गया है। अब तो केवल प्राणों, रक्त-मांस-मज्जा की आहुतियां होंगी। मृत्यु-मंत्र होंगे और वे सब श्री रघुवीर के बाणों से निकलेंगे। अंत और रावण एक ही होंगे।"

"पुत्री, तुम्हारी आशाओं पर तुषारापात करना तो मेरे हृदय को स्वीकार नहीं, परंतु तुम्हारे विश्वास को भी मैं सत्य नहीं मान सकती। यह वाटिका तो दूर इस नगरी में कहीं से भी कोई प्रवेश नहीं कर सकता। सौ योजन की अथाह जलराशि, जिसमें लंकेश की अविजित जल सेना–दुर्गम परकोटा, जिस पर मृत्यु को भी भय देते प्रहरी! पुत्री, यहां वह सुगंध तुम्हारा अपना विचार हो सकता है, वास्तव में ऐसा कुछ नहीं हो सकता, जैसा तुम सोच रही हो।"

"माते, कण-कण में व्याप्त श्रीराम के लिए कोई स्थान दुर्गम नहीं।"

हनुमान ने देखा कि सभी राक्षस-राक्षसियां नित्य कर्म निवृत्ति के लिए वहां से चले गए। त्रिजटा ही वहां रह गई थी। यही उचित समय था, जब माता सीता के उस भरोसे की पुष्टि कर देना श्रेयस्कर था, जो उन्होंने मन से कहा था।

त्रिजटा भी संभवत: नित्य कर्म की आवश्यकता महसूस कर रही थी, इसलिए वह भी उठकर चली गई। अब वृक्ष के नीचे सीताजी अकेली बैठी थीं।

"हे रघुनंदन, मेरा आभास कोई मायाजनित तो नहीं?" सीताजी धीरे-धीरे बुदबुदाईं।

उसी समय हनुमान ने प्रभु श्रीराम की मुद्रिका नीचे गिरा दी।

अपने स्वामी की मुद्रिका देखकर सीता ने आश्चर्य से ऊपर की ओर देखा, किंतु जब कुछ नहीं दिखाई दिया तो उन्होंने मुद्रिका पर दृष्टि डाली।

2

अक्षय कुमार का अंत

कछु मारेसि कछु मर्देसि कछु मिलयसि धरि धूरि।
कछु पुनि जाइ पुकारे प्रभु मर्कट बल भूरि॥
—रामचरितमानस, सुंदरकांड, दोहा-18

अक्षय कुमार ने अपना धनुष संभाला और एक तीक्ष्ण बाण हनुमान को लक्ष्य करके चलाया। हनुमान घूम गए, लेकिन बाण उनकी बाजू को छीलकर निकल गया। वे क्रोध में अक्षय कुमार की ओर घूमे और एक भारी वृक्ष उखाड़कर चिंचियाते हुए उस पर झपटे। अक्षय कुमार भी कुशल धनुर्धर था। उसने अपने बाणों से वृक्ष को छोटे-छोटे टुकड़ों में काट डाला। हनुमान ने समय गंवाना ठीक न समझा और अक्षय कुमार को लक्ष्य बना लिया।

दोनों के बीच मल्लयुद्ध होने लगा। अहंकार का मारा अक्षय कुमार भी बल में उन महाबली को मात देने का तुच्छ प्रयास कर रहा था जिनके एक मुष्टि-प्रहार से पर्वत विदीर्ण हो जाते हैं।

सी ताजी ने आश्चर्य से अपने सामने गिरी उस जानी-पहचानी मुद्रिका को पुनः पुनः ध्यान से देखा, किंतु ऊपर वृक्ष पर कोई दिखाई नहीं दिया। सीताजी ने मुद्रिका को उठाया तो उनके नेत्रों में प्रसन्नता का संचार हुआ। वे सोच रही थीं कि यह स्वर्ण मुद्रिका निश्चय ही उनके प्राणाधार श्रीराम की है, परंतु यहां कैसे आई?

"हे अदृश्य सहायक, आज मेरे डूबते प्राणों को प्राणवायु देने वाले! यदि मैं कोई स्वप्न नहीं देख रही हूं तो मेरे सामने आओ। इस नारकीय वातावरण में कितने दिनों से मैंने अपने किसी हितचिंतक को नहीं देखा, जो मुझे मेरे स्वामी के बारे में कुछ बता सके–कृपया सामने आओ।" सीताजी ने विनय की।

हनुमान ने इसे उचित अवसर समझा और लघु रूप में पेड़ से नीचे कूदकर माता सीता के चरणों में शीश नवाया। सीताजी ने उन्हें आशीर्वाद दिया तो हनुमान गद्‌गद हो गए।

"माते, मेरा नाम हनुमान है। मैं प्रभु श्रीराम का तुच्छ-सा सेवक और किष्किंधा नरेश सुग्रीव का सचिव हूं। प्रभु श्रीराम अनुज लक्ष्मण सहित आपकी खोज में समुद्र के उस पार प्रस्त्रवण शिखर पर विराजमान हैं। उनके आदेश पर हजारों मेरे-जैसे वानर आपकी खोज में सभी दिशाओं में गए हैं। स्वामी की कृपा से मुझे भी यह पुण्य अवसर मिला है। प्रभु श्रीराम ने अपनी यह मुद्रिका निशानी के लिए दी थी। प्रभु आपकी ओर से निश्चिंत नहीं हैं।"

"क्या वे मेरा स्मरण करते हैं हनुमान?" सीता ने सजल स्वर में हनुमान के मुख पर दृष्टि जमाते हुए पूछा।

"माते, जिनके जीवन का आधार ही आप हैं, उन रघुनाथ की श्वास-प्रश्वास आपके नाम से चलती है। आपके वियोग में प्रभु ने निद्रा त्याग दी है। माते, अब भगवान शीघ्र ही यहां आएंगे और इस दुष्ट रावण को उसकी समस्त शक्तियों सहित नष्ट कर देंगे।" हनुमान ने गंभीर स्वर में कहा।

"तुमने मेरे जलते हृदय को शीतल कर दिया पुत्र! तुम यहां तक आ गए, यह बड़े आश्चर्य की बात है, संभवत: छुपते-छुपाते आए हो। किसी की दृष्टि में आ गए होते तो मुझ तक नहीं पहुंच पाते। उसी प्रकार तुम्हारा सुरक्षित जाना भी आवश्यक है। प्रहरी आने वाले होंगे और मेरे दुखों की मूल शूर्पणखा के आने का समय भी हो गया है, अत: तुम शीघ्र ही कहीं छुप जाओ।"

"माते! आप तो धैर्य की प्रतिमान हैं। प्रभु शीघ्र आएंगे और सभी राक्षसों का संहार कर आपको यहां से ले जाएंगे। माते, यदि आज्ञा हो तो मैं कुछ फल खा लूं? प्रात:काल से ही कुछ नहीं खाया, इसलिए भूख लगी है।"

"अवश्य वत्स! किंतु सावधान रहना। यहां राक्षसों का कड़ा पहरा है और तुम्हारे बहुत कार्य अभी शेष हैं।"

हनुमान वाटिका के फलदार वृक्षों पर उछल-कूद करने लगे और कुछ ही देर में अनेक फल भूमि पर गिरा दिए। माली की दृष्टि उधर पड़ी, क्योंकि अब दिन की पौ फट रही थी और प्रकाश बढ़ रहा था।

"अरे, यह वानर यहां कहां से आ गया?" माली चिल्लाया—"इसने तो फलों का नाश कर दिया। अरे प्रहरियो! कहां मर गए सब?"

तत्काल कई राक्षस वहां आ पहुंचे। उन्हें यह देखकर बड़ा आश्चर्य हुआ कि लंका में वानर कहां से आ गया और यदि यह आ भी गया तो अब तक जीवित कैसे है!

"अरे, इसे रोको।" माली बड़े जोर-जोर से चिल्लाया—"खड़े-खड़े क्या देखते हो! यह उन वृक्षों का भी नाश कर देगा, जो महाराज कुंभकर्ण के लिए सुरक्षित हैं। पहले उनको घेर लो, उधर न जाने पाए।"

हनुमान की वानरलीला शुरू हो गई थी। वे राक्षसों को घुड़कने लगे और उन्हें लक्ष्य करके कच्चे फल फेंकने लगे, फिर जिन वृक्षों की घेराबंदी की गई थी, उछलकर उन्हीं में जा घुसे।

राक्षसों में हड़कंप मच गया था। हनुमान पेड़ को हिलाते तो उसके सब फल भूमि पर आ गिरते।

राक्षसों की बढ़ती संख्या देखकर हनुमान सचेत हुए। अब उन्हें मुख्य काम करना था। वे बड़ी फुर्ती से वृक्ष से नीचे आ कूदे और अपना आकार बढ़ाया। उनके चारों ओर से राक्षस घेरा बना रहे थे।

हनुमान ने एक विशाल वृक्ष को भुजाओं में भरा और 'जय सियाराम' के उद्घोष के साथ ही वृक्ष को जमीन से उखाड़ लिया। राक्षस उन्हें रोकने के प्रयास करते हुए आगे बढ़े, किंतु उन्होंने राक्षसों पर हमला कर दिया। इस प्रकार वाटिका तहस-नहस होने लगी।

वाटिका की क्षण-प्रतिक्षण क्षति होते देखकर माली सिर पकड़कर बैठ गया और राजमहल सूचना पहुंचाने का विचार करने लगा।

उसी समय रावणसुत अक्षय कुमार वहां आ गया। वह वाटिका का प्रधान संरक्षक था। उसने देखा कि एक वानर ने ही तबाही मचा रखी है। कितने ही राक्षस वृक्षों के नीचे दबकर मर गए, कितने ही घायल होकर कराह रहे थे और कितने ही उस वानर की गदा के प्रहार से हवा में उड़ रहे थे!

अक्षय कुमार ने अपना धनुष संभाला और एक तीक्ष्ण बाण हनुमान को लक्ष्य करके चलाया। हनुमान घूम गए, लेकिन बाण उनकी बाजू को छीलकर निकल गया। वे क्रोध में अक्षय कुमार की ओर घूमे और एक भारी वृक्ष उखाड़कर चिंचियाते हुए उस पर झपटे।

अक्षय कुमार भी कुशल धनुर्धर था। उसने अपने बाणों से वृक्ष को छोटे-छोटे टुकड़ों में काट डाला। हनुमान ने समय गंवाना ठीक न समझा और अक्षय कुमार को लक्ष्य बना लिया।

दोनों के बीच मल्लयुद्ध होने लगा। अहंकार का मारा अक्षय कुमार भी बल में उन महाबली को मात देने का तुच्छ प्रयास कर रहा था जिनके एक मुष्टि-प्रहार से पर्वत विदीर्ण हो जाते हैं।

हनुमान ने धोबीपाट दांव लगाया। अक्षय कुमार नीचे गिरा तो उसके पैर उनके हाथों में आ गए और उन्होंने उसे सिर से ऊपर घुमाकर वृक्ष पर पटका। रक्तवमन करता हुआ अक्षय कुमार, रावण कुल की पहली हानि थी। अक्षय कुमार को मरते देखकर राक्षसों में हड़कंप मच गया और कुछ घायल राक्षस दरबार की ओर भागे।

3

हनुमान दशानन के दरबार में

त्वं ब्रह्मणो ह्युत्तमवंशसम्भवः पौलस्त्यपुत्रोऽसि कुबेरबान्धवः।
देहात्मबुद्ध्यापि च पश्य राक्षसो नास्यात्मबुद्ध्या किमु राक्षसो नहि॥
—अध्यात्म रामायण-5/4/16

"हे दशानन! मेरा परिचय, मेरे आगमन का कारण और मेरा
उद्देश्य–सभी मैंने प्रकट कर दिए हैं।" दशानन के दरबार में हनुमान
दृढ़ स्वर में बोले–"अब मैं जिस उद्देश्य से यहां उपस्थित हूं, उसमें
मात्र तुम्हारा ही हित है। सुबाहु, ताड़का, मारीच, कबंध, विराध और
खर-दूषण जैसे महाबलियों का क्षण-मात्र में वध करने वाले, दुंदुभि
के पर्वत शिखर जैसे अस्थि-पिंजर को तनिक-सी वायुमंडल में
ठोकर से विलीन करने वाले, महाशिव के सारंग धनुष को खंड-खंड
करने वाले उन प्रभु श्रीराम से तुमने जो वैर लिया है, क्या वह उचित
है?...लंकेश! संकेत हमें सचेत करते हैं, बोध कराते हैं, परंतु जिनके
भाग्य में दारुण दुख होते हैं, प्रभु उनकी मति पहले ही हर लेते हैं।"

अशोक वाटिका के प्रहरियों ने दरबार में पहुंचकर हनुमान के उत्पात
और अक्षय कुमार की मृत्यु का सारा वृत्तांत रावण को कह सुनाया।
रावण क्रोध से पागल होकर सिंहासन से उठ खड़ा हुआ।

"एक तुच्छ वानर! एक पशु! एक पशु ने तुम महाबलियों की ऐसी दुर्दशा
की है और मेरे तेजस्वी पुत्र अक्षय कुमार को भी मार डाला।" रावण क्रोध के

अतिरेक से कांप उठा था–"वहां शठ, महाशठ, क्षुधित जैसे बलवान राक्षस भी मार डाले। अद्भुत! अविश्वसनीय! एक वानर इतना पराक्रमी! कोई वानर इतना महाबली नहीं हो सकता। अवश्य ही यह देवताओं का कोई षड्यंत्र है।"

"क्षमा करें महाराज!" विभीषण स्वयं को न रोक सके–"इस जीव जगत में प्रत्येक जाति-प्रजाति में एक से बढ़कर एक बलवान हैं। वानरराज बाली को तो आप भूले नहीं होंगे। आपने सुना ही है कि वह वानर 'जय सियाराम' की जय-जयकार कर रहा है और विध्वंस किए जा रहा है।"

"विभीषण! तुम हमारे अनुज होने का अनुचित लाभ उठा रहे हो। कौन सिया और राम! वह तपस्वी जिसकी भार्या सीते हमारी दया पर जीवित है। यह समय तुमसे विवाद का नहीं है। पुत्र मेघनाद, शीघ्र अशोक वाटिका जाओ और अपने अनुज के हत्यारे को पकड़कर दरबार में लाओ। हम इस भरे दरबार में उस वानर को उसके अपराध का दंड देंगे।" रावण ने मेघनाद को आदेश दिया।

"जो आज्ञा पिताश्री!" मेघनाद तुरंत वहां से अशोक वाटिका की ओर चल पड़ा। उस सुंदरतम वाटिका की दुर्दशा देखकर वह हतप्रभ रह गया। जिस विशेष बगीचे में उसके प्रिय फलदार वृक्ष थे, वहां कुछ भी शेष न बचा था।

मेघनाद असीमित बलवान योद्धा था। उसके पास दिव्यास्त्रों का भंडार था। उसने देवराज इंद्र को युद्ध में पराजित कर दिया था, अत: 'इंद्रजीत' भी कहलाता था। वह चाहता तो उस वानर का वहीं वध कर देता, उसने सोचा, परंतु पिताश्री की आज्ञा नहीं थी, इसलिए उसने हनुमान को ललकारा और ब्रह्मपाश चला दिया।

हनुमान ने स्वयं को ब्रह्मपाश में बंध जाने दिया। इसका एक कारण तो यह था कि वे ब्रह्माजी का अपमान नहीं कर सकते थे, दूसरे वे लंका के दरबार में जाकर रावण को चेतावनी देना चाहते थे।

हनुमान ब्रह्मपाश में बंदी बने रावण के भव्य दरबार में पहुंचे और उन्होंने विभीषण को सिर नवाकर प्रणाम किया। रावण की दृष्टि से यह छुपा नहीं था, परंतु यह समय ऐसा नहीं था कि वह कुछ कहता। उसने हनुमान को क्रोध से देखा।

"हे वानर, तू कौन है?" रावण क्रोधित दृष्टि से उन्हें देखते हुए बोला–"कहां से आया है? तुझसे मेरी कोई शत्रुता तो नहीं, फिर भी तूने मेरे पुत्र और मेरे प्रहरियों को मारा, मेरी अमूल्य, दिव्य वाटिका का नाश किया–शीघ्र उत्तर दे।"

"महाज्ञानी, परम ज्ञानी दशानन को उन श्रीराम के परम सेवक हनुमान का प्रणाम, जो समस्त ब्रह्मांड के स्वामी हैं।" हनुमान ने सरल स्वर में कहा–"नीतिवान, गुणवान, धर्ममर्मज्ञ भक्त श्रेष्ठ उपराज विभीषण सहित सभी उपस्थित सभासदों को भी मेरा

प्रणाम! हे दशानन, मैं कौन हूं, इसका सांकेतिक परिचय तो मैंने दे दिया है, अब पूर्ण परिचय कहता हूं। मेरा नाम आंजनेय है। वानरों के महाराजाधिराज कुंजर की पुत्री अंजना मेरी माता हैं। मैं वायुदेव का अंश हूं, इसलिए मुझे पवनपुत्र भी कहा जाता है। सूर्य को फल समझकर भक्षण करने का बाल-कौतुक करते समय राहु मेरी बाधा बना था तो मैंने उसे अपने एक ही प्रहार से परास्त कर दिया था और इस पर क्रोधित होकर देवराज इंद्र ने वज्र-प्रहार कर मेरी हनु तोड़ दी थी, इससे मेरा नाम हनुमान हुआ। मैं अयोध्या के विख्यात राजवंश रघुकुल के प्रतापी सम्राट महाराज दशरथ के पुत्र श्रीहरि के अवतार प्रभु श्रीराम का अनन्य सेवक हूं जिनकी पत्नी, भगवती भवानी जगत्माता सीताजी का छल से तुम अपहरण करके लाए हो। मैं यहां क्यों आया हूं? हे लंकेश, इसका उत्तर यह है कि मैं स्वामी श्रीराम के आदेश पर माता सीता की खोज में लंका आया हूं। तुम्हारी जल सेना प्रमुख सिंहिका ने मेरा मार्ग रोका तो प्रभु-कार्य में बाधा बनने के कारण वह मेरे हाथों से मृत्यु को प्राप्त हुई। मैं अशोक वाटिका पहुंचा तो भूख से व्याकुल हो गया—मधुर फलों को देखा तो क्षुधा और प्रबल हो गई। मैं फल खाने लगा...।"

"क्या सीता से तेरी भेंट हुई वानर?" रावण ने क्रोध से पूछा।

"अवश्य हुई लंकेश! माता सीता को कुशलता से रखने के लिए मैं आपका आभारी हूं, परंतु आपकी कलुषित मानसिकता पर मुझे क्रोध भी है; जो जानकर भी दुर्व्यवहार करता है, वह शठों में श्रेष्ठ होता है।"

"हनुमान...!" रावण दहाड़ उठा—"अपनी जिह्वा को संभाल, अन्यथा...।"

"अभी मेरा उद्देश्य प्रकट होना शेष है लंकेश!" हनुमान निर्भय होकर बोले—"मैं यहां प्रभु श्रीराम के आदेश पर माता सीता की खोज करने आया था। वह कार्य तो सकुशल संपन्न हो गया, फिर ऐसा प्रतीत हुआ कि मुझे तुमसे भी मिलना चाहिए जिससे कुछ उचित परामर्श तुम्हें दे सकूं, इसलिए मैंने ऐसी स्थिति बनाई कि मैं यहां आ सकूं। यदि तुम्हें या तुम्हारे स्वकथित महाबली पुत्र मेघनाद को यह संशय हो कि मैं यहां तुम्हारे पराक्रम से बंदी बना खड़ा हूं तो यह बड़ी भूल है। इसका प्रमाण भी देख सकते हो।"

हनुमान ने मन-ही-मन श्रीराम का स्मरण किया और चतुरानन ब्रह्माजी से विनय की तो तत्काल ब्रह्मपाश उनसे दूर होकर विलीन हो गया। रावण सहित समस्त राक्षस-दल हतप्रभ रह गया, विभीषण ने अवश्य मन में प्रणाम किया।

"हे दशानन! मेरा परिचय, मेरे आगमन का कारण और मेरा उद्देश्य—सभी मैंने प्रकट कर दिए हैं।" दशानन के दरबार में हनुमान दृढ़ स्वर में बोले—"अब मैं

जिस उद्देश्य से यहां उपस्थित हूं, उसमें मात्र तुम्हारा ही हित है। सुबाहु, ताड़का, मारीच, कबंध, विराध और खर-दूषण जैसे महाबलियों का क्षण-मात्र में वध करने वाले, दुंदुभि के पर्वत शिखर जैसे अस्थि-पिंजर को तनिक-सी ठोकर से वायुमंडल में विलीन करने वाले, महाशिव के सारंग धनुष को खंड-खंड करने वाले उन प्रभु श्रीराम से तुमने जो वैर लिया है, क्या वह उचित है? जिनकी कृपा से मैं समस्त बाधाओं को ध्वस्त करके तुम्हारे समक्ष आ पहुंचा, क्या वे मात्र तपस्वी हैं? जिन्होंने उस परम बली बाली को अपने एक बाण से बींध दिया, जिसने छह माह तुम्हें कांख में दबाए रखा था, क्या वे साधारण मानव हैं? लंकेश! संकेत हमें सचेत करते हैं, बोध कराते हैं, परंतु जिनके भाग्य में दारुण दुख होते हैं, प्रभु उनकी मति पहले ही हर लेते हैं।"

"वानर, बहुत प्रलाप कर लिया तूने!" रावण क्रोध से बोला–"तू यहां अपराधी की भांति पकड़कर लाया गया है जिस पर कई अपराध सिद्ध हुए हैं। चोरी से लंका में प्रवेश करना, राजकीय उद्यान का विध्वंस करना व रोके जाने पर प्रहरियों की हत्या करना। इतने ही अपराध तुझे प्राणदंड देने के लिए काफी हैं और लंकापति रावण का न्याय तुझे यही दंड देता है।"

4

हनुमान की पूंछ में आग

कपि कें ममता पूंछ पर सबहि कहउं समुझाइ।
तेल बोरि पंट बांधि पुनि पावक देहु लगाइ॥

—रामचरितमानस, सुंदरकांड, दोहा-24

"कोई बात नहीं। अब इसकी पूंछ में आग लगा दो।" रावण ने अट्टहास किया।

हनुमान की पूंछ में आग लगाकर उन्हें स्वतंत्र छोड़ दिया गया।

"जा वानर, अपने स्वामी को हमारा गुणगान सुनाना।" रावण अट्टहास करते हुए बोला।

"जय श्रीराम!" हनुमान उछले और अपनी पूंछ में लगी उस प्रचंड अग्नि से रावण के दरबार के स्वर्णनिर्मित स्तंभों पर लगे कपड़े के बहुमूल्य परदों आदि को जला दिया। इस भीषण अग्नि से देखते-ही-देखते दरबार के स्वर्णस्तंभ पिघल-पिघलकर धराशायी होने लगे।

रावण के दरबार में राक्षसों के बीच खड़े हनुमान के मुख पर चिंता या भय का कोई चिह्न तक न था—"हे दशानन! तुम एक राजा की भांति दंड विधान में यदि आस्था और पारदर्शिता रखते हो तो मुझे तुम्हारा यह न्याय और दंड स्वीकार है।"

"हमारे न्याय विधान पर प्रश्नचिह्न मत उठा वानर! यदि हमने न्याय के अनुसार तुझे दंडित न करना होता तो हमारा पुत्र मेघनाद वहीं वाटिका में तेरा वध

कर देता, परंतु हमने ऐसा आदेश नहीं दिया, क्योंकि हम अपराध सिद्ध हो जाने तक किसी को दंड नहीं देते। तुमने अपने अपराध स्वीकार किए हैं।"

"लंकेश, मेरा मंतव्य अभी तुम्हारी समझ में नहीं आया।" हनुमान बोले–"मैं तुम्हारे हित की बात कहने जा रहा हूं। ध्यान से सुनना–प्रभु श्रीराम बड़े उदार और दयालु हैं। शरणागत को अभय प्रदान करते हैं। तुम्हारे पास अभी अवसर है और तुम अपनी भूल सुधार सकते हो। क्रोध में अविवेकी होकर तुमने जनकनंदिनी का हरण कर लिया, परंतु अब तो विवेक से काम लो। उन रघुवीर से शत्रुता करके तुम इस समाज, सेना और प्रजा को संकट में डाल रहे हो। तुम्हारा विध्वंस हो जाएगा लंकेश! इस स्वर्ण लंका में विलापों का शोर गूंजेगा–सोच लो, जब मैं एक तुच्छ वानर प्रभु की सेवा में तुम्हारी इतनी हानि कर सकता हूं तो मेरे से श्रेष्ठ उनके अनगिनत सेवक हैं।"

"वानर, तू हमें भय दिखा रहा है? शब्दजाल से यह कहना चाह रहा है कि उस तपस्वी के सामने हम आत्म-समर्पण कर दें। काल को अपने पलंग के पाए तले दबाने वाले, कैलाश को अपनी भुजाओं में उठाने वाले, देवताओं को अपने बंदीगृह में रखने वाले दशानन रावण को किसका भय! हमने सीता का हरण अपने दंड विधान के अनुसार किया है।" रावण गरजते हुए बोला–"उस तपस्वी ने हमारी बहन का निरादर किया, उसके आत्म-सम्मान पर आघात किया, एक स्त्री के साथ दुर्व्यवहार किया, आज उसे और तुझे हमारा न्याय दुर्व्यवहार और अनुचित लगता है। अब तो बल से निर्णय होगा, संधि नहीं, अब रण होगा। यदि तेरा स्वामी इतनी सामर्थ्य रखता है तो रावण सुमेरु के मैदान को समरभूमि घोषित करता है। वह वहां आए और अपना पौरुष दिखाए।"

"कुतर्कों से अपने पक्ष को उचित ठहराना तुम्हारे जैसे अहंकारी के लिए नई बात नहीं लंकेश! तुम्हें लगता है कि तुम समुद्र में स्थित द्वीप पर नहीं, अपितु अति अभेद्य किले में रहते हो, जहां वायु भी तुम्हारी आज्ञा से ही प्रवेश कर सकती है, परंतु मेरी यहां उपस्थिति तुम्हारे इस भ्रम पर एक भीषण आघात है। सोचो, जब मैं तुच्छ वानर उनकी कृपा से यहां आ पहुंचा तो वे स्वयं जो सर्वत्र उपस्थित हैं, उन्हें तुम क्या रोक सकोगे? लंकेश, इस सभा में हजारों शीश जो मुकुटों से सुशोभित हैं, तुम्हारे अहंकार भरे निर्णय से ये रणभूमि में लोटते दिखाई देंगे।" हनुमान ने समुचित स्थिति रावण और उसके दरबारियों के सम्मुख स्पष्ट कर दी।

"सेनापति, इस उद्दंड वानर को शीघ्र दंडित किया जाए और इसका सिर उन तपस्वियों को भेज दिया जाए, जिनका यह गुणगान कर रहा है। अपने स्वामी की

चाटुकारिता में निपुण यह वानर अपनी बातों से हमें कष्ट दे रहा है।" रावण दहाड़ते हुए बोला।

सेनापति ने सैनिकों को आदेश दिया और हनुमान को घेर लिया गया।

"क्षमा करें महाराज!" विभीषण गंभीर स्वर में बोले–"यद्यपि मेरा परामर्श आपको सुहाता नहीं, तथापि इस सभा का सदस्य और राज्य का हितैषी होने के नाते मैं अवश्य ही कुछ कहना चाहूंगा। महाराज, शत्रु ने अपना दूत भेजा कि वह यह पता लगाए कि हमने उसकी प्रिय वस्तु बलात् उससे छीन ली है जिससे वह भी अपने बल का प्रयोग करे। यदि उसका दूत जीवित न लौटा तो उसे कौन बताएगा कि किसने उसको चुनौती दी है? वैसे भी विधान के अनुसार, दूत को प्राणदंड नहीं दिया जाता। हां, इसकी धृष्टता और अपराध के लिए कोई ऐसा दंड अवश्य दिया जा सकता है जिसे यह कभी न भूल सके और जिसे देखकर इसके स्वामी को भी हमारी शक्ति, न्याय तथा कार्य-प्रणाली पर विचार करना पड़े कि हम कैसे अपने शत्रु से उसकी प्रिय वस्तु छीन लेते हैं!"

"हूं! परामर्श तो तुम्हारा उचित है अनुज! यदि हम इसका कटा शीश भेजते हैं तो वह हमारा तुच्छ कार्य समझा जाएगा कि एक तुच्छ पशु को मार दिया। बताओ, क्या दंड दिया जाए अनुज, जो हमारे अनुकूल हो?" रावण प्रसन्न होकर बोला।

"महाराज, वानर को अपनी पूंछ बड़ी प्रिय होती है। हम इसकी पूंछ जला देते हैं। यह पूंछ कटाकर अपने स्वामी के सामने जाएगा तो कैसा लगेगा?" विभीषण ने गंभीरता से कहा।

"उत्तम! ऐसा ही किया जाए।" रावण अत्यंत प्रसन्न हुआ।

सैनिकों ने तत्काल हनुमान को पकड़ लिया। तेल और कपड़ा लाया गया और तेल में भीगा हुआ कपड़ा हनुमान की पूंछ पर लपेटा गया। हनुमान ने अपनी पूंछ को बढ़ाना शुरू किया तो और कपड़ा लाया गया। पूंछ थी कि बढ़ती ही जाती थी, अत: सैनिक अपने-अपने घरों से खोजकर कपड़े लाने लगे। सैनिक इस क्रिया में हांफने लगे थे और हनुमान उनकी आपा-धापी पर मुस्करा रहे थे। उचित समय देखकर उन्होंने पूंछ का विस्तार रोक दिया।

"हो गया महाराज, हो गया, पर तेल कम रह गया।" एक सैनिक हर्षित होकर बोला।

"कोई बात नहीं। अब इसकी पूंछ में आग लगा दो।" रावण ने अट्टहास किया।

हनुमान की पूंछ में आग लगाकर उन्हें स्वतंत्र छोड़ दिया गया।

"जा वानर, अपने स्वामी को हमारा गुणगान सुनाना।" रावण अट्टहास करते हुए बोला।

"जय श्रीराम!" हनुमान उछले और अपनी पूंछ में लगी उस प्रचंड अग्नि से रावण के दरबार के स्वर्णनिर्मित स्तंभों पर लगे कपड़े के बहुमूल्य परदों आदि को जला दिया। इस भीषण अग्नि से देखते-ही-देखते दरबार के स्वर्णस्तंभ पिघल-पिघलकर धराशायी होने लगे। दरबारी चीखते हुए प्राण बचाकर दरबार से भाग निकले।

हनुमान दरबार से निकलकर समीप के एक महल पर जा चढ़े और वहां भी भीषण अग्निकांड आरंभ कर दिया। इसके बाद एक महल से दूसरे महल पर कूदते हुए उन्होंने केवल विभीषण के एक महल को छोड़कर समस्त लंकानगरी को भीषण अग्नि के सुपुर्द कर डाला।

लंका में चहुं ओर चीख-पुकार मची हुई थी। राक्षस अपने-अपने जलते हुए घरों से निकलकर सुरक्षित स्थान की खोज में इधर-उधर भटक रहे थे।

हनुमान ने अंतत: परकोटे में भी अग्निक्रीड़ा करके समुद्र में छलांग लगाई और अपनी पूंछ में लगी आग बुझाई। इसके बाद वे अशोक वाटिका पहुंचे।

सीताजी को हनुमान की बड़ी चिंता हो रही थी। हनुमान को सकुशल अपने सम्मुख देखकर वे हर्ष से भर उठीं।

लंका में हनुमान के कृत्य सुनकर और धूं-धूं करके जलती नगरी को देखकर सीताजी को पूरा विश्वास हो गया कि प्रभु श्रीराम का सामान्य-सा दिखाई देने वाला सेवक अवश्य ही उनका मुक्तिदूत बनकर आया है। अब शीघ्र ही उनकी मुक्ति संभव हो सकेगी। सीताजी ने हनुमान को अनेक प्रकार के आशीष दिए।

अपना कार्य पूर्ण कर और सीताजी को सांत्वना देकर हनुमान ने सीताजी से जाने की आज्ञा मांगी। उन्होंने सीताजी से कोई पहचान-चिह्न देने की विनय की जिससे प्रभु उस चिह्न को देखकर यह विश्वास कर सकें कि उनके सेवक ने अपना कार्य भली प्रकार संपन्न किया है।

सीताजी ने अपनी चूड़ामणि उतारकर हनुमान को दी और सजल नेत्रों से उनकी ओर देखते हुए कहा–"प्रिय पवनपुत्र! प्राणनाथ श्रीरघुवीरजी से सर्वप्रथम मेरा प्रणाम निवेदन करना और उन्हें यह कहना, 'हे प्रभु! यद्यपि आप सभी कामनाओं से रहित हैं, परंतु दीन-दुखियों पर दया करना आपका स्वभाव है। हे रघुवीर! कृपया मुझ दीन पर भी दया करें और मेरा संकट दूर करें। दुष्ट रावण मुझे नित्य मानसिक प्रताड़ना देता है। हे करुणानिधि! मैंने रावण की प्रताड़ना बहुत सहन की, किंतु अब सहन नहीं होती। यदि आप एक माह में नहीं आए तो मुझे जीवित न पाएंगे।' हे हनुमान! मैं अभी तक इसी आशा और विश्वास से प्राणों की डोर पकड़े हुए हूं कि मेरे स्वामी शीघ्र ही मेरी पीड़ा अवश्य दूर करेंगे।"

हनुमान ने श्रीराम के अपरिमित बल और पराक्रम का गुणगान करते हुए सीताजी को सांत्वना दी और समझाया–"हे माते! अब आपका संकट शीघ्र ही दूर होने और रावण पर आने वाला है। यदि उसे श्रीराम के तुच्छ सेवक का यह अग्निकांड भी सीख नहीं दे सकता तो निश्चय ही उसे प्रभु के भीषण बाणों से प्राण त्यागने होंगे।"

सीताजी को भली-भांति समझाकर और उनकी चूड़ामणि लेकर हनुमान सुमेरु पर्वत पर आ गए और 'जय सियाराम' का जयघोष करते हुए समुद्र की ओर उड़ चले।

वानर-दल उस समय निराश-हताश दशा में समुद्र तट पर बैठकर चिंतामग्न था। जब हनुमान ने उनके समीप पहुंचकर आकाश में उड़ते हुए ही 'जय सियाराम' का उद्घोष किया तो जैसे चिंतामग्न वानर-दल एकाएक जाग उठा हो। सभी रीछ-वानर अपने-अपने स्थान पर उठ खड़े हुए। कुछ ही क्षणों में हनुमान को अपने बीच पाकर उन्हें ऐसा लगा, जैसे पुनर्जीवन मिल गया हो। हनुमान ने उन्हें लंका में सीताजी के सकुशल होने की जानकारी दी।

जामवंत ने आगे बढ़कर हनुमान को हृदय से लगा लिया और उनके बल, बुद्धि एवं साहस की प्रशंसा की। दल के मुखिया युवराज अंगद हनुमान को देखकर फूले नहीं समाए। दल के सभी सदस्य लंका में माता सीता की स्थिति के बारे में जानने को उत्सुक थे।

जामवंत ने तुरंत सभी को प्रभु श्रीराम के पास चलने और मार्ग में चलते-चलते लंका के घटनाक्रम और सीता माता की कुशलता के प्रश्नोत्तर करने की सलाह दी–ऐसा ही किया गया। वानर-दल जिस तेजी से आगे बढ़ता जाता था, उनके बीच प्रश्नोत्तरी संवाद उससे भी अधिक तेज होता जाता था।

"अरे वानर, तू कौन है और यहां कहां से आ गया? जानता नहीं कि आज का दिन इस नगर के लिए कितना शुभ है! आज महाराज अहिरावण माता काली को मानव-रक्त की भेंट देंगे और हम सब अवध्य हो जाएंगे, इसीलिए मैं महाबली हनुमान का पुत्र मकरध्वज यहां पहरा दे रहा हूं, किंतु तुम भी तो वानर हो, तब तुमने मेरे पिता का नाम अवश्य सुना होगा। मेरे पिता श्रीराम के परम भक्त और अत्यंत बलवान हैं।"

"अरे मकरवानर! यह तू कैसी विचित्र बात कर रहा है?" हनुमान चकित होकर बोले—"मैं तो बाल ब्रह्मचारी हूं, फिर तू मेरा पुत्र कैसे हो सकता है?"

"आप ही हनुमान हैं?" मकरध्वज उनके चरणों में नत हुआ—"आप निश्चय ही अखंड ब्रह्मचारी हैं पिताश्री, परंतु मैं आपका ही पुत्र हूं। जब आप लंका दहन करके अपनी पूंछ की अग्नि बुझाने समुद्र में कूदे थे, तब आपका पसीना टपक रहा था, जिसकी कुछ बूंदें मेरी माता के उदर में चली गईं और मेरा जन्म हुआ। उसने मुझे इसी महल के सामने छोड़ दिया और महाराज अहिरावण ने मुझे अपने संरक्षण में ले लिया। आपके दर्शन प्राप्त कर मैं कृतार्थ हुआ, किंतु आपके यहां आगमन का क्या प्रयोजन है?"

"पुत्र, तुम्हारे महाराज ने छल से मेरे स्वामी और उनके अनुज का हरण कर लिया है। मैं उन्हें लेने यहां आया हूं। तुम मुझे मार्ग दो।" हनुमान गंभीरता से बोले।

खंड-8

अमरत्व की प्राप्ति

"हनुमान, यह सिंदूर स्नान क्यों करके आए हो?" श्रीराम ने पूछा।
इस प्रश्न का उत्तर माता जानकी ने दिया कि कैसे अपने स्वामी की दीर्घायु
के लिए सिंदूर लगाने की बात सुनकर उस विचारवान् सेवक ने सिंदूर का
प्रयोग किया था! सीताजी की बात सुनकर श्रीराम भाव-विह्वल हो गए।
"हनुमान, तुमने तो सेवा के अर्थ ही बदल दिए।" श्रीराम प्रसन्न भाव से
हनुमान की ओर देखते हुए बोले–"तुम्हारी सेवा भाव की स्मृति में मैं
जगत-कल्याण हेतु एक व्यवस्था करता हूं–आज मंगलवार है और इस
दिन से जो तुम्हें सिंदूर से तिलक करेगा, उसकी सभी कामनाएं पूर्ण होंगी।"
"पुत्र हनुमान, तुम्हारे जैसे दुर्लभ भक्त की इस सृष्टि को सदैव
आवश्यकता रहेगी।" सीताजी भी हर्षित होते हुए बोलीं–"समस्त
जीव-जगत प्रभु के आश्रय हैं, अत: मैं तुम्हें अमरत्व का वरदान देती हूं।
तुम सृष्टिपर्यंत भूलोक पर रहकर प्रभु-भक्तों की सेवा और सहायता में
लीन रहोगे। मेरा वरदान है कि जो भी सच्चे मन से तुम्हारा स्मरण करेगा,
उसे तुम मनोवांछित फल प्रदान करोगे।"

सुषेण वैद्य ने विलंब न किया और संजीवनी बूटी तोड़कर मूर्च्छित लक्ष्मण के घाव पर रख दी।

सूर्य की प्रथम रश्मि ने पृथ्वी का स्पर्श ही किया था कि लक्ष्मण ने नेत्र खोल दिए। राम ने भाव-विह्वल होकर अपने अनुज को भुजाओं में भर लिया। चारों ओर प्रसन्नता छा गई। तुमुल-घोष के साथ ही नृत्य होने लगा, तब श्रीराम की आज्ञा से हनुमान ही सुषेण को उसके घर सुरक्षित पहुंचाकर आए। हनुमान जब लौटकर आए तो प्रभु ने उन्हें अपने हृदय से लगा लिया।

"हे हनुमान, जिस प्रकार प्राण के बिना देह का कोई मूल्य नहीं, उसी प्रकार तुम्हारे बिना राम का कोई अर्थ नहीं।" श्रीराम भावुक स्वर में बोले–"इस धर्मयुद्ध में विजय की कल्पना भी तुम्हारे बिना नहीं की जा सकती। इसका समस्त श्रेय तुम्हें जाता है। जब तक यह सृष्टि रहेगी, तब तक तुम स्मरणीय रहोगे।"

"प्रभु, यह दास तो आपके चरणों में निश्चल प्रीत चाहता है।"

"तथास्तु वीरवर!" श्रीराम ने हनुमान के शीश पर हाथ रखते हुए कहा।

1

हनुमान की सराहना

त्वत्प्रसादात् समेष्याम: सिद्धार्था राघवेण ह।
अहो स्वामिनि ते भक्तिरहो वीर्यमहो धृति:॥

–वाल्मीकि रामायण–5/57/46-47

"हनुमान, तुम्हारा ध्येय फल खाना नहीं था।" श्रीराम ने स्नेह से हनुमान के सिर पर हाथ फिराया–"तुमने मेरे मन और भावनाओं के अनुसार व्यवहार किया–वीरोचित व्यवहार किया। तुमने उस दंभी रावण को प्राथमिक चेतावनी देने के लिए स्वयं का बंदी बनना स्वीकार किया। जब उसने तुम्हारी शाब्दिक चेतावनी को अपने अहंकार के वशीभूत होकर किसी योग्य न समझा तो तुमने एक सच्चे शूरवीर की भांति उस दंभी को क्रियात्मक चेतावनी देकर यह इंगित किया कि उसने जो भी किया, वह अनुचित, अनैतिक और अक्षम्य है। हनुमत्, तुमने मेरे हृदय में जो स्थान बनाया है, वह तुम्हारे लिए सर्वदा आरक्षित हो गया है...।"

श्रीराम ने भाव-विह्वल होकर हनुमान को हृदय से लगा लिया। समूचे वानर-दल में उत्साह की लहर दौड़ गई थी। जो खोजी दल थे, उनकी प्रसन्नता भी देखते ही बन रही थी, क्योंकि हनुमान ने उनके प्राण बचा लिये थे। वे सीताजी की खोज करके ही लौटे थे। सुग्रीव भी बहुत प्रसन्न थे। श्रीराम व्याकुल-से शिला पर बैठ गए और हनुमान उनके चरणों में जा बैठे।

"हे वीरवर, हम जानते थे कि जो कार्य अन्य के लिए असाध्य है, वह तुम्हारे लिए साध्य है। तुम्हारे मुख पर सफलता की जो चमक है, उसने हमें आश्वस्त किया है कि तुम सफल होकर लौटे हो! हे हनुमान, पहले अपनी यात्रा का वृत्तांत कहो। कठिन कार्य में बाधाएं भी आती हैं तो निश्चय ही तुम भी सरलता से लंका नहीं पहुंच गए होंगे। महाबली रावण ने अपनी जल सीमाएं और दुर्ग की सुरक्षा सुदृढ़ अवश्य कर रखी होंगी। कैसे तुम उन सबको पार कर सके?" श्रीराम ने पूछा।

"प्रभु, जिस पर आपकी कृपा हो, उसे असफल कौन कर सकता है और जो कार्य आपकी इच्छा के अनुसार हो, वह बिना हुए कैसे रह सकता है?" हनुमान विनीत भाव से बोले–"प्रभो, मैं तुच्छ सेवक तो इस कार्य के योग्य स्वयं को समझता ही नहीं था, परंतु हमारे मार्गदर्शक जामवंत ने मुझे प्रेरणा, उत्साह और साहस दिया। मैं समुद्रोल्लंघन कर गया। आपका नाम क्षण-भर भी मेरे हृदय से दूर नहीं हुआ, तभी मार्ग में भूख से पीड़ित नागमाता ने मेरा मार्ग रोका और मुझे अपना आहार बनाने पर अड़ गई...।"

वानर-दल बिना शोर किए, जो आश्चर्य की बात थी, हनुमान की ओर देख रहा था। श्रीराम, लक्ष्मण और सुग्रीव आदि भी धैर्य से सुन रहे थे। हनुमान ने नागमाता सुरसा, सिंहिका, लंकिनी जैसे अवरोधों का वृत्तांत कहा। लंका में दांतों के बीच जिह्वा की तरह रहने वाले प्रभु श्रीराम के परम भक्त विभीषण के विषय में बताया। वानर-दल प्रतिक्रिया देने लगा था और सुगबुगाहट होने लगी थी, तब सुग्रीव ने सबको शांत रहने का आदेश दिया तो पुन: सन्नाटा छा गया।

हनुमान ने अशोक वाटिका पहुंचने, वहां के वातावरण, सुरक्षा दल, माता जानकी की व्यथा, शूर्पणखा और रावण के दुर्व्यवहार का सभी वृत्तांत कहा तो प्रभु श्रीराम के नेत्र सजल हो गए।

हनुमान ने जानकीजी से अपनी भेंट के विषय में भी बताया और उनकी चूड़ामणि प्रभु को दी।

श्रीराम ने उस चूड़ामणि को अपने हृदय से लगाया तो उनके नेत्रों से अश्रुधारा बहने लगी। सकल समाज दुखी हो उठा और लक्ष्मण मुंह फेरकर रोने लगे।

"हे हनुमान, निश्चय ही जनकनंदिनी बहुत कष्ट में हैं।" राम गंभीर स्वर में बोले–"जिस मैथिली ने अपने पिता के घर समस्त सुख भोगे, अयोध्या में जिसे महारानी का गौरव प्राप्त था, उसे अपने पतिव्रत धर्म का पालन करने के लिए वन-पथ पर आना पड़ा। जिसने कभी दुख का नाम न सुना, उसने वन के अभाव और कंटक भरे जीवन को भी कभी दुख नहीं समझा, परंतु अब उस धैर्यधीरा नारी को एक दुष्ट

ने दुख की अनुभूति करा दी है। मैं राम, रघुकुल का वंशज, सभी दिशाओं को साक्षी मानकर प्रतिज्ञा करता हूं कि सीता के प्रत्येक अश्रु का प्रतिशोध लिया जाएगा।"

श्रीराम के स्वर की दृढ़ता ने आकाशमंडल में उपस्थित देवताओं को हर्ष से भर दिया, क्योंकि श्रीराम का निश्चय धर्म की पुनर्स्थापना का प्रण जो था।

"प्रभो, माता सीता ने कहा है कि यदि आपने एक माह में उनकी मुक्ति के लिए कोई प्रयास न किया तो किसी प्रयास की आवश्यकता नहीं रह जाएगी।"

"एक माह!" लक्ष्मण के नेत्र रक्तिम और स्पष्ट अग्निमय हो गए–"एक माह तो बहुत होता है हनुमान! यदि श्रीराम मुझे आज्ञा दे दें तो मैं उस दुष्ट अहंकारी रावण का सर्वनाश करने में अधिक समय नहीं लूंगा। हे प्रभु, आप इतने सहनशील और दयावान हैं कि शत्रु यदि शरणागत हो जाए तो आप उसके घोर अपराध भी क्षमा कर देते हैं, परंतु मैं किसी भी मूल्य पर रावण को क्षमा करने का समर्थन नहीं करूंगा। आप मुझे आज्ञा दीजिए। मुझे आपकी सौगंध, यदि आठ पहर में ही उस दशानन को दंडित करके माता सीता को यहां न ले आऊं तो मैं...।"

"अनुज!" श्रीराम गंभीर स्वर में बोले–"तुम्हारे सामर्थ्य और पराक्रम पर तो स्वयं परम शिव भी शंका नहीं करते, परंतु क्या हम ऐसे क्षत्रिय-पुत्र हैं, जो नियम विरुद्ध शत्रु का दमन करें? नहीं अनुज, रघुकुल अपने शत्रु को भी झुकने और टूटने का अवसर देता है और जो झुकता या टूटता नहीं, उसे हमारे शरों पर अपना सिर रखना होता है। क्रोध न करो, अभी हनुमान की बात पूरी नहीं हुई।"

लक्ष्मण ने विवशता से अपने होंठ काटे और मुट्ठियां भींच लीं।

"कहो हनुमान, फिर क्या हुआ? जानकी से मिलते समय तुम्हें किसी प्रहरी ने तो अवश्य ही देखा होगा, फिर क्या हुआ?" श्रीराम हनुमान की ओर उन्मुख हुए।

"प्रभो, मैंने लंबी यात्रा की थी, अतः मुझे भूख लगने लगी तो मैंने माता सीता की आज्ञा से वाटिका के रसीले फल खाकर अपनी भूख मिटाने की कोशिश की, तभी वाटिका के माली ने मुझे देख लिया और प्रहरियों को बुला लिया।"

"अरे!" एक यूथपति आश्चर्य से बोला–"वहां तो आपने बताया था कि हजारों प्रहरी थे, फिर तो आप राक्षसों से घिर गए होंगे?"

"हां मित्र! वहां पर सुरक्षा प्रमुख रावण का पुत्र अक्षय कुमार था।" हनुमान ने बताया–"वह भी अपने पिता की भांति दंभी था। उसने मुझ पर आक्रमण किया और मैंने उसकी टांग पकड़ घुमाकर वृक्ष पर दे मारा। वह तत्काल मर गया तो राक्षसों में भगदड़ मच गई। थोड़ी देर बाद इंद्रजीत मेघनाद वहां आया और उसने मुझ पर ब्रह्मपाश चला दिया जिसे मैंने ससम्मान स्वीकार किया। मुझे बंदी बनाकर रावण के

दरबार में ले जाया गया, जहां दंभी रावण ने क्रोध से मुझे मृत्युदंड सुना दिया, परंतु नीतिवान प्रभु-स्नेही विभीषण के समझाने पर उसने मुझे जीवित तो छोड़ दिया, परंतु मेरी पूंछ में आग लगा दी। मैंने उसके द्वारा सुलगाई गई उस अग्नि से लंकादहन कर दिया और रावण के सभी महल—भक्त विभीषण का महल छोड़कर; लावा बनकर समुद्र में जा घुले।"

"बजरंग बली हनुमान की...जय!" हनुमान का साहसिक कृत्य सुनकर युवराज अंगद ने नारा लगाया तो वानर-दल ने प्रत्युत्तर में तीनों लोकों को गुंजायमान कर दिया।

"प्रभु श्रीराम की...जय!" अंगद ने फिर से जयकार की तो पुन: वही हुआ।

"प्रभु, मैंने आपके आदेश से बढ़कर कार्य करने का अपराध किया है।" हनुमान अपराधी भाव से बोले—"मुझे अपनी भूख को वश में करके लौट आना चाहिए था, परंतु मैं उन रसीले फलों को देखकर विवश हो गया।"

"हनुमान, तुम्हारा ध्येय फल खाना नहीं था।" श्रीराम ने स्नेह से हनुमान के सिर पर हाथ फिराया—"तुमने मेरे मन और भावनाओं के अनुसार व्यवहार किया—वीरोचित व्यवहार किया। तुमने उस दंभी रावण को प्राथमिक चेतावनी देने के लिए स्वयं का बंदी बनना स्वीकार किया। जब उसने तुम्हारी शाब्दिक चेतावनी को अपने अहंकार के वशीभूत होकर किसी योग्य न समझा तो तुमने एक सच्चे शूरवीर की भांति उस दंभी को क्रियात्मक चेतावनी देकर यह इंगित किया कि उसने जो भी किया, वह अनुचित, अनैतिक और अक्षम्य है। हनुमत्, तुमने मेरे हृदय में जो स्थान बनाया है, वह तुम्हारे लिए सर्वदा आरक्षित हो गया है। तुमने अपना कार्य बड़ी कुशलता और नीति से किया है! अब तुम विश्राम करो। हम महाराज सुग्रीव से आगे की रणनीति पर विचार-विमर्श करते हैं।"

"जो आज्ञा प्रभु!" हनुमान ने करबद्ध होकर कहा।

प्रभु श्रीराम ने सभी खोजी दलों को विश्राम की आज्ञा दी, परंतु युवराज अंगद को रोक लिया।

2

श्रीराम सेतु का निर्माण

बिनय न मानत जलधि जड़, गए तीनि दिन बीति।
बोले राम सकोप तब, भय बिनु होइ न प्रीति॥
—रामचरितमानस, सुंदरकांड, दोहा-57

श्रीराम ने नल व नील को बुलाया और उन्हें अपना मंतव्य
समझाया, फिर क्या था, एक असंभव-सा कार्य आरंभ हो गया।
वानर-भालू आदि विशाल पत्थर लाने लगे और नल, नील उन
शिलाओं को स्पर्श कर उस पर 'राम' लिखते और जल में छोड़ते
तो शिलाएं पानी पर तैरने लगतीं। इस प्रकार शीघ्र ही सेतु अपना
आकार लेने लगा। वानर-दल दिन और रात इस कार्य में एकचित्त
होकर जुट गए।

श्रीराम की जय-जयकार के साथ कार्य सतत् जारी रहा और अनन्य
सहयोग से सेतु का निर्माण हुआ। देवतागण उस अद्भुत कार्य को
देखकर आकाश से पुष्पवर्षा करने लगे।

घटनाचक्र कुछ इस तरह घूमा कि प्रभु श्रीराम ने नीतिगत निर्णय लेते
हुए युवराज अंगद को दूत बनाकर लंका भेजा। अंगद ने प्रभु श्रीराम
के मैत्री प्रस्ताव और उनकी शर्त का वर्णन किया। इसे सुनकर रावण भड़क
उठा। उसने अंगद को भला-बुरा कहा तो अंगद ने भी निर्भयता से अपनी
बात कही।

अंगद ने प्रभु-संकल्प के विश्वास पर अपने बल एवं पराक्रम का प्रदर्शन किया और यह कहकर अपना पैर रावण के दरबार में जमा दिया कि यदि रावण सहित उसका कोई भी योद्धा उसके पैर को भूमि से तिल-मात्र भी ऊपर उठा दे तो प्रभु अपनी पराजय स्वीकार कर लेंगे।

दशानन का कोई भी योद्धा भरपूर प्रयास करने के बाद भी अंगद का पैर हिला तक न सका और जब अंत में स्वयं रावण आया तो नीतिवान अंगद ने उसका मान-मर्दन करते हुए कहा–"लंकेश, मैं तो एक तुच्छ वानर बालक हूं। मेरे पैर पकड़ने से तो तुम्हारी कीर्ति धूमिल हो जाएगी, फिर तुम प्रभु श्रीराम का सामना करने योग्य ही नहीं रहोगे। अभी समय शेष है–विचार करना। जो कीर्ति, जो वैभव और जो शक्ति तुमने अर्जित की है, वह प्रभु की कृपा के बिना स्थायी नहीं होगी।" अंगद निर्भय होकर आगे बोले–"यह जली हुई लंका प्रभु श्रीराम के बल का प्रतीक है। यदि और भी प्रमाण चाहता है तो यह ले दशानन! इस तुच्छ वानर का पराक्रम देख!"

अंगद ने अपना दायां पैर भूमि पर पटका तो जैसे भूकंप आ गया। धरा चलायमान हो गई। रावण लड़खड़ाया और उसके शीश पर रखे मुकुट धरती पर लोटने लगे। जब तक यह भूकंप थमा, अंगद वहां से प्रस्थान कर चुके थे। कितनी ही देर में दरबार स्थिर हुआ! रावण ने अपने शीश व्यवस्थित किए तो अन्य सभासद भी सचेत हुए।

"सेनापति, उस वानर को यहां से बाहर मत जाने देना।" रावण चीखा।

"महाराज, क्षमा चाहता हूं।" विभीषण ने हाथ जोड़कर कहा–"शठता की भी कोई सीमा होती है। शत्रु के छल की थाह पाने के लिए कितने प्रयास करने पड़ते हैं, परंतु यहां तो शत्रु के दो ही वीर दूतों ने सब स्पष्ट कर दिया। एक ने स्वर्ण लंका को राख कर दिया और दूसरे ने सबके बल को लज्जित कर दिया। हे लंकेश, अभी तो मात्र दो ही सामने आए हैं, जबकि ऐसे वीर तो लाखों की संख्या में बताए जाते हैं। कल्पना कीजिए महाराज! जब लाखों वानर वीर लंका में होंगे तो कैसा दृश्य होगा! कहीं अग्नि प्रज्वलित होगी तो कहीं पृथ्वी कंपित होगी। मेरी मानिए, संधि का प्रस्ताव स्वीकार करके इस कभी न पूर्ण होने वाली क्षति को टाल दीजिए।"

"अर्थात् हम दसों शीश और राक्षसकुल की आन, बान और शान को नत् करके उन तपस्वियों के शरणागत हो जाएं?" रावण ने जलते नेत्रों से विभीषण को देखा–"हम हाथ जोड़कर उन मानवों से यह कह दें कि वे भले ही हमारी बहन, पुत्री, पत्नी आदि की नाक काट लें, क्योंकि हमने उन्हें भगवान मान लिया है, परंतु हमारे कर्तव्य रूपी अपराध को क्षमा करें कि हमने एक भाई होने के नाते अपनी बहन के साथ किए गए दुर्व्यवहार का प्रतिशोध लेकर अक्षम्य अपराध किया! विभीषण, यह तो सत्य है कि इस

संसार में किसी भी युग में कोई दूसरा रावण नहीं होगा, क्योंकि रावण होने के लिए अनेक गुण–अवगुणों की अनिवार्यता है, परंतु यह भी निश्चित है कि भविष्य में कोई माता–पिता अपने पुत्र का नाम विभीषण नहीं रखेंगे। भक्ति करना बुरा नहीं, भक्त होना भी बुरा नहीं, परंतु अंधभक्ति और अंधभक्त कभी स्वीकार्य नहीं होंगे।"

"महाराज, आपसे अधिक कौन जानता है, राम स्वयं श्रीहरि के अवतार हैं और धर्म व मर्यादा की स्थापना के लिए अवतरित हुए हैं, फिर शत्रुता के द्वारा अंत की खोज क्यों! शरणागत होने से भी वही गति होगी और यह श्रेष्ठ होगी। नारायण के समक्ष झुक जाने में कैसी लज्जा?"

रावण अपने सिंहासन से उठकर विभीषण के समीप आया और बड़ी तेजी से विभीषण के सीने पर लात मारी।

"कुलघाती, कृतघ्न, विश्वासघाती! तूने तो इस महान राक्षस कुल को नीचा दिखाने की ठान ही रखी है। जिस नारायण के समक्ष हमारे पूर्वज नत नहीं हुए, तू उसके सामने झुकने का परामर्श देता है। राक्षसराज हिरण्यकश्यपु, बलि, वृत्रासुर आदि कितने राक्षसराजों ने रण में नारायण को परखा। मृत्यु तो इस पृथ्वीलोक पर नारायण की भी निश्चित है मूर्ख! फिर क्यों न शूरवीरों की भांति बल–परीक्षण हो जाए। न जय में हानि है और न पराजय में, पर तू कायर है, बिना कुछ किए मुक्ति चाहता है। जा, उसी तपस्वी राम के पास जाकर उसके चरण पकड़ और अपने उन प्राणों की भिक्षा मांग, जो आज तक लंकेश की दया से तेरे घट में रहे हैं और भविष्य में उसी लंकेश के हाथों से तेरे प्राण घट से बाहर निकलेंगे। वह तेरी रक्षा कर सके तो कर ले।"

अपमानित विभीषण सभा से बाहर निकल आए। वे अपने योगबल से समुद्र पार करके श्रीराम की शरण में आ गए। भक्त–वत्सल भगवान ने उन्हें हृदय से लगा लिया। तत्काल प्रभु श्रीराम ने सुग्रीव सहित यूथपतियों की सभा बुलाई और आगे की रणनीति पर विचार–विमर्श होने लगा।

"यह तो निश्चय हो गया कि अहंकारी रावण संधि स्वीकार नहीं करेगा।" सुग्रीव ने अपना विचार व्यक्त किया।

"महाराज सुग्रीव! हमें युद्धनीति और क्षत्रिय धर्म के अनुसार पहले शांतिपूर्ण ढंग से समस्या को सुलझाने का प्रयास करना चाहिए।" श्रीराम बोले–"हम रावण के पास सशर्त संधि प्रस्ताव भेजकर देख चुके हैं। अब उसे युद्ध ही चाहिए तो उसकी यह इच्छा भी पूर्ण होगी। हमें समुद्र पार करने का कोई उपाय करना चाहिए।"

"हे प्रभु, आप समस्त प्रकृति के स्वामी व देवों के अधिष्ठाता हैं।" विभीषण ने कहा–"क्या समुद्रदेव आपके आदेश पर मार्ग न देंगे?"

श्रीराम ने उस परामर्श को उचित ठहराते हुए समुद्रदेव की पूजा-प्रार्थना की, परंतु तीन दिन बीत जाने पर भी समुद्रदेव न पिघले, अपितु उनकी उत्ताल लहरें और भी भयंकर हो गईं, तब श्रीराम क्रोध में आ गए और उन्होंने अपने धनुष पर अग्निबाण चढ़ा लिया।

प्रलयंकारी अग्निबाण का प्रभाव बड़ा ही भयानक हुआ और त्राहिमाम्-त्राहिमाम् करते हुए समुद्रदेव वहां दौड़े आए और प्रभु के चरणों में गिरकर क्षमा-याचना करने लगे।

दयालु श्रीराम ने उसे क्षमा कर दिया, तब समुद्रदेव ने ही बताया कि नल और नील नाम के दोनों वानर-बंधु को यह वरदान प्राप्त है कि उनके हाथ से छुए पत्थर पानी पर तैरने लगते हैं। उनकी सहायता से इस तट से लंका तक सेतु का निर्माण कर लिया जाए।

श्रीराम ने नल व नील को बुलाया और उन्हें अपना मंतव्य समझाया, फिर क्या था, एक असंभव-सा कार्य आरंभ हो गया। वानर-भालू आदि विशाल पत्थर लाने लगे और नल व नील उन शिलाओं को स्पर्श कर उस पर 'राम' लिखते और जल में छोड़ते तो शिलाएं पानी पर तैरने लगतीं। इस प्रकार शीघ्र ही सेतु अपना आकार लेने लगा। वानर-दल दिन और रात इस कार्य में एकचित्त होकर जुट गए।

श्रीराम की जय-जयकार के साथ कार्य सतत् जारी रहा और अनन्य सहयोग से सेतु का निर्माण हुआ। देवतागण उस अद्भुत कार्य को देखकर आकाश से पुष्पवर्षा करने लगे।

प्रभु श्रीराम ने अपनी उत्साही सेना को लंका की ओर प्रस्थान करने की आज्ञा देने से पूर्व सेतु के समीप अपने परम आराध्य भगवान शिव की स्थापना करके विधिवत् पूजा-अर्चना की।

रावण के गुप्तचर अदृश्य रूप से वह अविश्वसनीय और अद्भुत जलमार्ग देखकर चकित थे। मानव-बुद्धि और वानर-भालुओं के श्रम का यह उत्कृष्ट उदाहरण था। जब रावण को इस सेतु के विषय में ज्ञात हुआ तो सहसा उसे विश्वास न हुआ, परंतु जब अपने दुर्ग के बुर्ज पर खड़े होकर उसने सेतु को देखा तो चिंतन करने लगा। उसने अपने महाबली पुत्र मेघनाद को उसी क्षण युद्ध की तैयारियां करने का आदेश दिया।

अब त्रेतायुग के सबसे बड़े धर्म-संतुलन की तुला के रूप में समरभूमि तैयार होने लगी थी।

3

संकटमोचक सखा हनुमान

मेघनाद सम कोटि सत जोधा रहे उठाइ।
जगदाधार सेष किमि उठै चले खिसिआइ॥

–रामचरितमानस, लंकाकांड, दोहा–54

सुषेण वैद्य की बात सुनकर राम-दल में सन्नाटा छा गया। उनके मन
में सहज ही वैद्य के प्रति शंका उत्पन्न हो गई। शत्रु पक्ष का वैद्य
है, तभी तो ऐसा असंभव-सा उपचार बता रहा है। श्रीराम ने निराश
नेत्रों से मूर्च्छित लक्ष्मण की ओर देखा तो हनुमान विकल हो उठे।
"हे प्रभो, आप निराश न हों। जब तक आपके सेवक हनुमान के
घट में प्राण और प्राणों में आप हैं, भैया लक्ष्मण का अहित नहीं
हो सकता।" हनुमान दृढ़ स्वर में बोले–"मैं वह बूटी लेने जाऊंगा
और समय से पूर्व लौट आऊंगा।"

"हनुमान, मेरे सखा, मेरे संकटमोचक, यह संसार तुम्हें सृष्टिपर्यंत
स्मरण रखेगा।" श्रीराम आभार व्यक्त करते हुए बोले।

राम-रावण युद्ध आरंभ हो गया था। यह मात्र श्रीराम के द्वारा धर्म की रक्षा
और रावण द्वारा अधर्म समर्थित युद्ध नहीं था, अपितु इसमें अन्य कारक
भी सम्मिलित थे। यह राक्षस समाज की पैशाचिकता का खुला प्रदर्शन था।
मेघनाद ने राक्षस सेना को तीन दिन से भोजन इसलिए नहीं दिया था जिससे कि
वे युद्ध में जाएं तो वानर-भालुओं पर भूखे गिद्धों की भांति टूट पड़ें। इसके साथ

ही यह उन जंगली पशु-योद्धाओं को कीर्ति प्राप्त करने का भी पुण्य अवसर था जिन्हें देव, दानव और मानव समाज में असभ्यता का प्रतीक माना जाता था। वानर-भालू स्वयं को सिद्ध करने के लिए रणांगण में जूझ पड़े। राक्षसों की तो प्रवृत्ति ही ऐसी थी कि दया उनके समीप न फटकती थी, परंतु कम वानर-भालू भी नहीं थे। इनके नख रक्त-रंजित हो गए थे। भीषण, घमासान युद्ध का पहला दिन बराबरी पर रहा।

संध्या के समय राम शिविर में घायल वीर सैनिकों की सेवा में स्वयं प्रभु श्रीराम जुट गए। यह वानर-भालुओं के लिए अति उत्साह की बात थी। घावों की पीड़ा श्रीराम के स्पर्श से ही जाती रही और अगले दिन नए उत्साह के साथ युद्ध आरंभ हुआ।

रावण के अनेक योद्धा और वीर पुत्रों ने उस दिन श्री लक्ष्मण और हनुमान के हाथों गति प्राप्त की, परंतु संध्या को मेघनाद और लक्ष्मण का युद्ध दर्शनीय रहा। दिव्यास्त्रों की वह प्रतिस्पर्धा परस्पर प्राणघातक थी, परंतु दोनों ही कुशल योद्धा थे, दोनों के पास समान सतीत्व कवच था। जहां मेघनाद की पत्नी सुलोचना का पतिव्रत धर्म इंद्रजीत की शक्ति था, वहीं लक्ष्मण की पत्नी उर्मिला का त्याग, प्रेम और सतीत्व उनकी शक्ति था, परंतु छली मेघनाद वर्जित अमोघ शक्ति का प्रयोग कर गया। उस अमोघ शक्ति ने लक्ष्मण के वज्रसमान वक्षस्थल को विदीर्ण कर दिया और लक्ष्मण मूर्च्छित होकर भूमि पर गिर पड़े।

मेघनाद ने स्वयं को विजेता घोषित कर दिया। उसने लक्ष्मण को उठाकर अपने पिता के सामने ले जाने का प्रयास किया, किंतु विफल रहा। मृतप्राय लक्ष्मण उस महाबली से टस-से-मस नहीं हुए, अंततः वह खीझकर वहां से चला गया। युद्ध समाप्ति का समय था। सूर्यास्त हो चुका था। सेनाएं अपने शिविर की ओर लौट रही थीं और हनुमान मूर्च्छित लक्ष्मण को भुजाओं में उठाए प्रभु श्रीराम के सामने लाए।

राम मूर्च्छित लक्ष्मण को देखकर स्तब्ध रह गए। लक्ष्मण कैसे इतने बलहीन हो सकते थे! राम विलाप कर उठे और साधारण मानव की भांति स्वयं को 'दोषी' कहने लगे। श्रीराम का विलाप और व्यथा इस नर लीला का सबसे करुण दृश्य था जिसने देवताओं को भी पिघला दिया।

"हा लक्ष्मण! मैं अब क्या मुख लेकर अयोध्या जाऊंगा और क्या उत्तर दूंगा उन प्रश्नों का, जो माताएं मुझसे करेंगी, समाज मुझसे पूछेगा? हे अनुज, अपने नेत्र खोलो। भैया, अपने भाई से बात करो। तुम्हारे जैसा भाई तो इस जगत में दुर्लभ है वीर मेरे! तुम्हारे त्याग और सेवा के समक्ष तो त्रैलोक्य की संपदा भी क्षुद्र है अनुज! वह देखो, जनकनंदिनी तुम्हारे ही भुजबल के आश्रय तो जीवित है और अभी तक प्रतीक्षारत है। तुम्हारा संकल्प अभी पूर्ण नहीं हुआ वीरवर! हनुमत्, तुम ही इस निष्ठुर से कहो कि यह शत्रुओं का मान भंग करे।" राम बिलख रहे थे।

विभीषण ने लक्ष्मण की नाड़ी देखी–बहुत महीन-सा स्पंदन था।

"प्रभो, अभी देह में प्राण हैं। यह अमोघ शक्ति आठ पहर में अपना कार्य पूर्ण करती है।" विभीषण आशापूर्ण स्वर में बोले–"लक्ष्मणजी के प्राण बच सकते हैं। यदि लंका के राजवैद्य सुषेण यहां आ सकें तो...।"

"शत्रु पक्ष का वैद्य यहां कैसे आ सकता है महाराज विभीषण?" सुग्रीव चिंतित स्वर में बोले–"न तो रावण उसे अनुमति देगा और न हममें से कोई उसे...।"

"मैं लाऊंगा।" हनुमान दृढ़ता से बोले–"भले ही रावण अनुमति दे या न दे, भले ही वैद्य आना चाहे या न आना चाहे, परंतु मैं उसे लाऊंगा। प्रभु, आज्ञा दें और यह छूट भी दें कि मेरे मार्ग के अवरोध यदि नियम विरुद्ध युद्ध की परिस्थिति उत्पन्न करेंगे तो मैं उनका दोषी नहीं होऊंगा।"

"हे हनुमत्, तुम शीघ्र जाओ और मेरे इस संताप को दूर करो। यदि स्वयं रावण भी तुम्हारा अवरोध बने तो मैं तुम्हें उसकी मृत्यु का निमित्त घोषित करता हूं।"

हनुमान ने क्षण-भर भी विलंब न किया और रौद्र रूप धारण करके लंका के प्रवेश द्वार पर आए। उन्हें पहचानते ही राक्षसों ने मार्ग छोड़ा, हनुमान नगर में प्रवेश कर गए। चारों ओर राक्षसी उत्सव चल रहा था। मेघनाद की विजय के उपलक्ष्य में राक्षस मदमस्त थे, अत: कोई विशेष अवरोध सामने नहीं आया। विभीषण के बताए चिह्नों पर चलकर हनुमान सुषेण वैद्य के घर पहुंचे और उसे वस्तुस्थिति से अवगत कराया। वैद्य असमंजस में पड़ गया। वैद्यकर्म के अनुसार, वह किसी का पक्षपात नहीं कर सकता था, परंतु वह रावण का अनुचर भी तो था।

"वैद्यराज, कला-मर्मज्ञ समस्त समाज की साझी उपलब्धि होता है। वह किसी विशेष व्यक्ति या राजा का नहीं होता। वैद्य के लिए मानवता आवश्यक है। स्मरण रहे कि तुम्हें चलना तो अवश्य होगा। स्वयं चलोगे तो मैं अभारी रहूंगा और मुझे ले जाना पड़ा तो आप समझ सकते हैं...।" हनुमान ने चेतावनी दी। सुषेण ने तत्काल निर्णय लिया और चिकित्सा-धर्म का पालन किया। हनुमान उसे लेकर राम-दल में आ गए। श्रीराम ने हनुमान के इस अद्‌भुत कार्य के लिए उनकी भूरि-भूरि प्रशंसा की।

सुषेण ने लक्ष्मण की नाड़ी देखी। राम व्याकुलता से उसकी ओर देख रहे थे।

"महाराज विभीषण, देह में प्राण तो हैं, परंतु शनै-शनै कम हो रहे हैं। उत्तर में हिमालय की शैल शृंखला में एक द्रोण पर्वत है। उसके शिखर पर एक उपपर्वत है, जिस पर संजीवनी नाम की एक बूटी पाई जाती है। उसकी पहचान यह है कि वह रात्रि में तारे की भांति चमकती है। यदि सूर्योदय से पूर्व वह यहां आ सके तो इनके प्राण बचाए जा सकते हैं। यही एकमात्र विकल्प है।" सुषेण ने बताया।

सुषेण वैद्य की बात सुनकर राम-दल में सन्नाटा छा गया। उनके मन में सहज ही वैद्य के प्रति शंका उत्पन्न हो गई। शत्रु पक्ष का वैद्य है, तभी तो ऐसा असंभव-सा उपचार बता रहा है। श्रीराम ने निराश नेत्रों से मूर्च्छित लक्ष्मण की ओर देखा तो हनुमान विकल हो उठे।

"हे प्रभो, आप निराश न हों। जब तक आपके सेवक हनुमान के घट में प्राण और प्राणों में आप हैं, भैया लक्ष्मण का अहित नहीं हो सकता।" हनुमान दृढ़ स्वर में बोले–"मैं वह बूटी लेने जाऊंगा और समय से पूर्व लौट आऊंगा।"

"हनुमान, मेरे सखा, मेरे संकटमोचक, यह संसार तुम्हें सृष्टिपर्यंत स्मरण रखेगा।" श्रीराम आभार व्यक्त करते हुए बोले। हनुमान ने विलंब न किया। वे उत्तर की ओर वायुवेग से उड़ चले। रावण के गुप्तचरों ने उसे सब वृत्तांत जा सुनाया। उसे सुषेण पर बड़ा क्रोध आया जिसने ऐसा द्रोह किया था, परंतु सेनापति प्रहस्त ने शंका दूर की।

"महाराज, सुषेण एक निर्बल, साधारण गृहस्थ है। हनुमान के समक्ष विवश था। मृत्यु का भय होगा तो चला गया, परंतु उपचार असंभव बताकर उसने अपना राजधर्म निभाया है। इतने कम समय में कौन इतनी दूर से उस बूटी को ला सकता है!"

"हनुमान बड़ा पराक्रमी है। सुषेण ने अपनी बुद्धि के अनुसार कठिन कार्य बताया है, परंतु हमें भी उस कठिनाई में और कठिनाई उत्पन्न करनी होगी। हिमालय में मेरा एक निर्वासित अनुचर कालनेमि रहता है।" रावण कुटिलता से बोला–"अहा, बात बनेगी, मुझे स्वयं जाना होगा। मेरा विमान तैयार करो।"

रावण भी उसी क्षण पुष्पक विमान में बैठ उत्तर की ओर चल पड़ा, क्योंकि उसके विमान की गति बहुत अधिक थी तो वह आधी रात को ही हिमालय की तलहटी में जा पहुंचा और कालनेमि को खोजा। कालनेमि उसे आया देखकर घबराया। रावण का आना मृत्यु का द्योतक था। रावण ने उसे अपना मंतव्य बताया तो यह निश्चित हो गया कि यदि वह रावण का कहना नहीं मानता तो रावण मार डालेगा और हनुमान से बचना तो असंभव है। निर्णय किया कि जब मरना ही है तो राम-भक्त के हाथों मरकर सद्गति पाना ही श्रेष्ठ है। उसने राक्षसी माया से उस मार्ग में डेरा जमा दिया, जहां से हनुमान को आना था।

"कालनेमि, मैं सूर्योदय तक तेरी निगरानी करूंगा। यदि तूने कार्य को भली-भांति न किया तो तेरा रक्त मेरे खड्ग पर लगेगा।" रावण ने चेतावनी दी।

कालनेमि ने एक सरोवर के निकट मायावी कुटि बनाई और ध्यानमुद्रा में बैठकर राम-राम जपने लगा। रावण कहीं छुपकर उसके क्रियाकलाप देख रहा था। उनकी प्रतीक्षा समाप्त हुई और हनुमान आ पहुंचे।

4

संजीवनी बूटी का प्रभाव

मारुतिं प्राह वत्साद्य त्वत्प्रसादान्महाकपे।
निरामयं प्रपश्यामि लक्ष्मणं भ्रातरं मम॥

—अध्यात्म रामायण–6/7/39

वानर–दल ने हर्षनाद किया, जो ऐसा गुंजायमान हुआ कि अवश्य ही रावण की निद्रा भंग हो गई होगी। वह जान गया होगा कि हनुमान सफल होकर लौटे हैं। सुषेण वैद्य ने विलंब न किया और संजीवनी बूटी तोड़कर मूर्च्छित लक्ष्मण के घाव पर रख दी।
सूर्य की प्रथम रश्मि ने पृथ्वी का स्पर्श ही किया था कि लक्ष्मण ने नेत्र खोल दिए। राम ने भाव–विह्वल होकर अपने अनुज को भुजाओं में भर लिया। चारों ओर प्रसन्नता छा गई। तुमुल घोष के साथ ही नृत्य होने लगा, तब श्रीराम की आज्ञा से हनुमान ही सुषेण को उसके घर सुरक्षित पहुंचाकर आए। हनुमान जब लौटकर आए तो प्रभु ने उन्हें अपने हृदय से लगा लिया।

हनुमान हिमालय क्षेत्र में पहुंच गए थे। चारों ओर बर्फ का कुहासा छाया हुआ था, फिर भी हनुमान की तीक्ष्ण दृष्टि ने हिमशैल श्रृंखला में उस स्थान को देख लिया था, जहां टिमटिमाते जुगनूं–से स्पष्ट दिखाई दे रहे थे। वे मंजिल के समीप आ गए थे। अभी अर्द्धरात्रि ही व्यतीत हुई थी और दूरी व वेग का आकलन करने से उन्हें पूरा विश्वास था कि वे समय से पूर्व

ही संजीवनी बूटी लेकर लौट जाएंगे। उसी समय उन्हें राम-नाम की ध्वनि सुनाई पड़ी। रामभक्त से मिलने की उत्कंठा हनुमान कैसे रोकते! थोड़ा समय निकालने का विचार किया और वहां से नीचे उतरे। छोटी-सी कुटिया के समीप साधु रूपी कालनेमि ध्यानमुद्रा में बैठा था। हनुमान ने साधु को प्रणाम किया।

"राम-राम, वीर हनुमान का स्वागत है। दूर से यात्रा करके आए हो, परंतु लक्ष्य के अति निकट हो। प्रभु श्रीराम का सेवक अवश्य सफल होगा। वीरवर, तुम्हारे पास समय कम है, इसलिए ठहरने का आग्रह नहीं करूंगा। वह देखो, यहां से मात्र तीन मील की दूरी पर द्रोणपर्वत है।" साधु रूपी कालनेमि निश्छल और अपनत्व भाव से बोला।

हनुमान ने जल के विषय में पूछा तो साधु ने कुटिया के पीछे संकेत किया। हनुमान कुटिया के पीछे गए तो सरोवर दिखाई दिया, परंतु यह क्या एक मगर ने उनका पैर पकड़ लिया। हनुमान ने पैर घुमाकर मगर को भूमि पर पटक दिया और गदा के एक प्रहार से उसके प्राण हर लिये। वहां तत्काल एक दिव्य अप्सरा प्रकट हुई।

"हे वीरवर, मैं धन्यमाली नाम की अप्सरा हूं, जो मुनिश्राप के कारण मकर योनि में पड़ी शापमुक्त होने की प्रतीक्षा कर रही थी। मेरे तारनहार, वह साधु बड़ा कपटी है। वह रावण का अनुचर कालनेमि है। उसने इस जल में तीव्र विष मिला दिया था जिसके कारण मुझे भी सरोवर से भागना पड़ा। रावण भी अवश्य यहीं-कहीं छुपा होगा। तुम सावधान होकर अपना कार्य करना।"

हनुमान को वह रहस्य बताकर अप्सरा अंतर्ध्यान हो गई। हनुमान वापस कालनेमि के पास लौटे और उसके सामने गदा टेककर खड़े हो गए।

"अत्यंत आभार मुनिवर! ऐसा विषभरा जल मैंने पहली बार देखा जिसके प्रभाव से मकरी भी व्याकुल होकर बाहर निकल आई। बेचारी, मेरे हाथों मुक्ति पा गई, परंतु मरने से पूर्व तुम्हारी विशेषता बता गई कि तुम कपट में कितने निपुण हो!"

कालनेमि के प्राण कंठ में अटक गए—हनुमान के रूप में मृत्यु उसके सामने थी।

"लंकेश, सहायता करो। मेरा भेद खुल गया है।" कालनेमि आर्तनाद कर उठा।

"मूर्ख, तेरे जैसे निर्बुद्धियों को अपना कार्य निकालने के लिए प्रयोग किया जाता है—तेरी मृत्यु से उसे क्या लाभ-हानि!" हनुमान ने उसके केश पकड़ घुमाकर एक शिला पर पटका तो कालनेमि रामभक्त के हाथों सद्गति पा गया।

हनुमान ने एक विचित्र-सा स्वर सुना। आकाश की ओर देखा तो पुष्पक विमान वायुवेग से विपरीत दिशा में भागा जा रहा था। हनुमान मुस्कराए। रावण ने अपने षड्यंत्र को विफल होते देखा तो भागना ही उचित समझा। हनुमान तत्काल द्रोणगिरि के शिखर पर पहुंचे। चमकती बूटियों का पहाड़ देखकर उन्हें बड़ी दुविधा हुई। वहां रंगों में विविधता

थी और संजीवनी बूटी को पहचानना कठिन था। हनुमान ने समय नष्ट नहीं किया और उस समूचे पहाड़ को ही प्रभु का नाम लेकर उखाड़ लिया। अतुलित बलशाली रुद्रावतार हनुमान के लिए क्या असंभव था! वे पर्वत को लेकर वायुवेग से लंका की ओर उड़ चले। 'राम-राम' का निरंतर जप उन्हें शक्ति प्रदान कर रहा था। उसी समय एक तीक्ष्ण बाण उनके वक्ष से टकराया और उन्हें अपनी चेतना लुप्त होती प्रतीत हुई। उन्होंने शरीर को ढीला छोड़ दिया और 'जय सियाराम' कहते हुए भूमि पर टिक गए।

वह अयोध्या नगरी थी जिसके वर्तमान संरक्षक भरत थे। सिंहासन त्यागकर पर्णकुटी में रहने वाले भरत का प्रभु-प्रेम अद्वितीय था। भरत ने जब किसी को नगर के ऊपर से जलते पहाड़ को ले जाते देखा तो उन्हें उसके असुर होने की शंका हुई, तब उन्होंने बाण चला दिया। भरत के कानों में जब 'जय सियाराम' का जयकारा पड़ा तो स्तब्ध रह गए। वे दौड़कर अचेत हनुमान के समीप पहुंचे और घुटनों के बल बैठ गए।

"हे प्रभु, यह मैंने क्या अनर्थ कर दिया! जिस क्रूर नियति ने मुझे आराध्य श्रीराम के श्रीचरणों से दूर कर दिया, उसी ने मुझसे ऐसा क्रूर कर्म करा दिया है। हे प्रभु! यदि मेरे हृदय में आपकी सच्ची भक्ति है तो इस भक्त को तुरंत चेतना आ जाए।"

भरत संकल्प करें और राम उसे पूर्ण न करें, यह कैसे हो सकता है! हनुमान चैतन्य हो गए और उस जटाजूटधारी श्यामल छवि को देखा जिसके नेत्र सजल थे और मुखाकृति जानी-पहचानी लग रही थी।

"हे रामभक्त, इस अयोध्या नगरी के महाराजाधिराज श्रीराम का यह दास भरत आपसे क्षमा-याचना करता है और आपसे आपका परिचय जानना चाहता है।" भरत सजल नेत्रों से हनुमान को देखते हुए बोले।

"अहा, मैं धन्य हुआ। प्रभु श्रीराम नित्य जिन भरत का स्मरण और जिनके बारे में बातें करते हैं, मैं उनके दर्शन कर रहा हूं। तात! मेरे पास समय का अभाव है, क्योंकि...।"

हनुमान ने राम-रावण युद्ध और लक्ष्मण की मूर्च्छा के विषय में बताया तो भरत बिलख पड़े, परंतु यह समय रोने का नहीं था, अत: उन्होंने हनुमान को शीघ्र जाने की आज्ञा दे दी। हनुमान वहां से चल पड़े। अभी सूर्योदय में कुछ ही मुहूर्त का समय शेष था। हनुमान पवन वेग से उड़ रहे थे। कुछ विलंब हो गया था तो उन्होंने वेग बढ़ा दिया था। जंगलों, नगरों, पर्वतों, नदियों को पार करते हुए हनुमान समुद्र तट पर आ गए। कुछ ही घड़ी की बात थी। हनुमान प्राणपण से उड़े चले जा रहे थे और अंतत: राम-दल में पहुंच गए। वानर-दल ने हर्षनाद किया, जो ऐसा गुंजायमान हुआ कि अवश्य ही रावण की निद्रा भंग हो गई होगी। वह जान गया होगा कि हनुमान सफल होकर लौटे हैं। सुषेण वैद्य ने विलंब न किया और संजीवनी बूटी तोड़कर मूर्च्छित लक्ष्मण के घाव पर रख दी।

सूर्य की प्रथम रश्मि ने पृथ्वी का स्पर्श ही किया था कि लक्ष्मण ने नेत्र खोल दिए। राम ने भाव-विह्वल होकर अपने अनुज को भुजाओं में भर लिया। चारों ओर प्रसन्नता छा गई। तुमुल घोष के साथ ही नृत्य होने लगा, तब श्रीराम की आज्ञा से हनुमान ही सुषेण को उसके घर सुरक्षित पहुंचाकर आए। हनुमान जब लौटकर आए तो प्रभु ने उन्हें अपने हृदय से लगा लिया।

"हे हनुमान, जिस प्रकार प्राण के बिना देह का कोई मूल्य नहीं, उसी प्रकार तुम्हारे बिना राम का कोई अर्थ नहीं।" श्रीराम भावुक स्वर में बोले—"इस धर्मयुद्ध में विजय की कल्पना भी तुम्हारे बिना नहीं की जा सकती। इसका समस्त श्रेय तुम्हें जाता है। जब तक यह सृष्टि रहेगी, तब तक तुम स्मरणीय रहोगे।"

"प्रभु, यह दास तो आपके चरणों में निश्चल प्रीत चाहता है।"

"तथास्तु वीरवर!" श्रीराम ने हनुमान के शीश पर हाथ रखते हुए कहा।

दिन चढ़ने पर युद्धघोष आरंभ हो गया। लक्ष्मण आज नए ओज से भरे हुए थे और मेघनाद भी अपने अपूर्ण कार्य को पूर्ण करने का संकल्प करके आया था। दोनों वीर आमने-सामने आ गए और ऐसा भीषण संग्राम होने लगा कि सेनाएं दर्शक बनकर रह गईं। अंतत: धर्म की विजय हुई और शेषावतार लक्ष्मण के एक अर्द्ध-चंद्राकार बाण ने मेघनाद का शीश उतार दिया। राक्षस सेना में भगदड़ मच गई। हनुमान ने विजेता लक्ष्मण को कंधों पर उठा लिया और नृत्य करने लगे। सभी वानर-भालु उन्मुक्त होकर प्रसन्नता से नाच रहे थे, किंतु शोक ने लंका में पैर पसार लिये।

सुलोचना, मंदोदरी और रंगमहल की रानियों का विलाप सुनकर रावण ने सबको धमकाकर चुप करा दिया। उसी रात उसने कुंभकर्ण को बड़े प्रयत्नों से जगाया और वस्तुस्थिति समझाई। कुंभकर्ण ने पहले तो उसे ही सीताहरण का दोषी कहकर श्रीराम से संधि करने की सलाह दी, किंतु रावण के आग्रह पर वह युद्ध के लिए तैयार हो गया। अगले दिन वह युद्ध के लिए गया और रौद्र रूप में भीषण युद्ध करते हुए प्रभु श्रीराम के हाथों सद्गति प्राप्त कर गया। वानर सेना ने अब लंका के सभी द्वारों को घेर लिया।

रावण के लिए यह बड़ा आघात था, परंतु उसका अहंकार फिर भी चरम पर था। अभी उसके पास पाताल नरेश अहिरावण भी उपलब्ध था। उसने तत्काल अहिरावण का आह्वान किया। अहिरावण काली का परम भक्त था। उसने भी रावण को समझाया, परंतु रावण के कुतर्कों के समक्ष वह भी नत हो गया। उसने रावण के षड्यंत्र को पूरा करने का वचन दिया और विभीषण का रूप धारण कर राम-लक्ष्मण का हरण कर ले गया।

5

अहिरावण व रावण का संहार

काटे सिर भुज बार बहु मरत न भट लंकेस।
प्रभु क्रीडत सुर सिद्ध मुनि ब्याकुल देखि कलेस॥

–रामचरितमानस, लंकाकांड, दोहा–101 (ख)

श्रीराम ने धनुष पर एक प्रलयंकारी अग्निबाण चढ़ाया और रावण की नाभि को लक्ष्य बनाकर छोड़ दिया। सर्प की भांति सरसराता हुआ बाण नाभि मार्ग से रावण के उदर में जा घुसा।

श्रीराम ने पुन: अर्द्ध–चंद्राकार बाण से रावण के दसों शीश काट डाले। इस बार शीश पुन: न उगे। देवताओं ने पुष्पवर्षा की। रावण का धड़ रणभूमि में नृत्य कर रहा था और अंतत: वह महान बलवान, अति अहंकारी त्रिलोक विजयी दशानन धराशायी हो गया। धर्म और सत्य की विजय हुई। धरा पर पाप का बोझ निर्जीव पड़ा था। प्रभु श्रीराम ने देवताओं को जो वचन दिया था, वह पूरा हुआ। श्रीराम के संकल्प को पूरा करने में हनुमान का योगदान श्रेष्ठतम् था।

सूर्योदय हुआ तो नित्य की भांति हनुमान ही राम के प्रथम दर्शन को गए, परंतु शिविर में कोई नहीं था। हनुमान ने इधर–उधर खोजा तो किसी भी शिविर में श्रीराम और लक्ष्मण का पता नहीं चला। सभी ने अनभिज्ञता जताई। यह चिंता का विषय हो गया। यही निर्णय हुआ कि बीती रात कुछ

ऐसा हो गया था जिसके विषय में किसी को कुछ ज्ञात नहीं, तब विभीषण को शंका हुई। रात हनुमान ने विचित्र प्रश्न किया था। उस समय तो बात आई-गई हो गई थी, परंतु अब उसका महत्त्व समझ में आ रहा था।

"हनुमान, कल मैं संध्या-वंदन करके विलंब से लौटा था तो तुमने मुझसे कहा था कि मैं पहले भी आया था। उस समय मैंने हंसकर बात को टाल दिया था, परंतु अब मुझे आभास हो रहा है कि अवश्य कोई मेरा रूप धरकर यहां आया था और यह कार्य रावण और अहिरावण के अतिरिक्त कोई नहीं कर सकता। रावण के पास अभी अहिरावण है, इसलिए वह स्वयं तो संभवत: नहीं आया होगा। हनुमान! यह विकट स्थिति है। प्रभु श्रीराम और लक्ष्मण की अनुपस्थिति में तुम ही सेना का नेतृत्व कर सकते हो, परंतु अहिरावण के सुरक्षित जलदुर्ग से प्रभु को कौन लाएगा?"

"महाराज सुग्रीव, इस विषम परिस्थिति में युवराज अंगद सेना का नेतृत्व करेंगे और मैं पाताल लोक जाकर उस दुष्ट अहिरावण का गर्व चूर करूंगा।" हनुमान दृढ़ता से बोले–"महाराज विभीषण, आपने अहिरावण के निवास का मार्ग वहां की जलीय, संरचना, आदि सब देखी होगी। आप मुझे स्पष्ट रूप से सब कुछ बताएं।"

विभीषण ने अहिरावण के महल का मार्ग, उसकी सुरक्षा-व्यवस्था, रास्ते आदि सबके विषय में बताया और हनुमान बिना विलंब किए वहां से चले गए। समुद्री मार्ग से पातालपुरी जाना था। हनुमान वायुवेग से जल में तैरने लगे और कुछ ही समय में उस भव्य नगर के सामने जा पहुंचे। वहां मुख्य द्वार पर एक विचित्र मकरमानव, जिसका आधा शरीर मनुष्य का और आधा मगरमच्छ का था, पहरा दे रहा था। हनुमान उसकी दृष्टि में आ गए तो उसने अपने अस्त्र संभाल लिये।

"अरे वानर, तू कौन है और यहां कहां से आ गया? जानता नहीं कि आज का दिन इस नगर के लिए कितना शुभ है! आज महाराज अहिरावण माता काली को मानव-रक्त की भेंट देंगे और हम सब अवध्य हो जाएंगे, इसीलिए मैं महाबली हनुमान का पुत्र मकरध्वज यहां पहरा दे रहा हूं, किंतु तुम भी तो वानर हो तो तुमने मेरे पिता का नाम अवश्य सुना होगा। मेरे पिता श्रीराम के परम भक्त और अत्यंत बलवान हैं।"

"अरे मकरवानर! यह तू कैसी विचित्र बात कर रहा है?" हनुमान चकित होकर बोले–"मैं तो बाल ब्रह्मचारी हूं, फिर तू मेरा पुत्र कैसे हो सकता है?"

"आप ही हनुमान हैं?" मकरध्वज उनके चरणों में नत हुआ–"आप निश्चय ही अखंड ब्रह्मचारी हैं पिताश्री, परंतु मैं आपका ही पुत्र हूं। जब आप लंका दहन करके अपनी पूंछ की अग्नि बुझाने समुद्र में कूदे थे, तब आपका पसीना टपक रहा था, जिसकी कुछ बूंदें मेरी माता के उदर में चली गईं और मेरा जन्म हुआ। उसने मुझे इसी महल के

सामने छोड़ दिया और महाराज अहिरावण ने मुझे अपने संरक्षण में ले लिया। आपके दर्शन प्राप्त कर मैं कृतार्थ हुआ, किंतु आपके यहां आगमन का क्या प्रयोजन है?"

"पुत्र, तुम्हारे महाराज ने छल से मेरे स्वामी और उनके अनुज का हरण कर लिया है। मैं उन्हें लेने यहां आया हूं। तुम मुझे मार्ग दो।" हनुमान गंभीरता से बोले।

"पिताश्री, मार्ग तो यही है, मैं तो अवरोध हूं। मेरे स्वामी का हित और उनकी आज्ञा मेरे लिए भी आपकी ही भांति सर्वमान्य है, अत: मुझे परास्त किए बिना तो आप अंदर प्रवेश नहीं कर सकते।" मकरध्वज ने दृढ़ स्वर में कहा।

"बहुत सुंदर पुत्र! निष्ठा ऐसी ही होनी चाहिए, परंतु अब सावधान हो जाओ।"

हनुमान और मकरध्वज में युद्ध छिड़ गया। मकरध्वज भी कम बलवान नहीं था, परंतु अधिक देर तक उनके समक्ष ठहर न सका। हनुमान ने उसे बांधकर वहीं डाल दिया और सूक्ष्म रूप धारण करके महल में प्रवेश कर गए। थोड़ी-सी खोज के बाद ही उन्हें काली माता का भव्य मंदिर दिखाई दिया तो वे उसमें घुस गए। वहां वेदी में अग्नि जल रही थी और पूजा का सामान रखा था। हनुमान काली की मूर्ति के पीछे बैठ गए। कुछ देर बाद भयानक अहिरावण अपने अनुचरों के साथ वहां आया और काली की आराधना करने लगा। वह कर्कश स्वर में मंत्र-जाप कर रहा था। आराधना-पूजा होने पर उसने माता काली का खड्ग हाथों में लिया और अनुचरों को संकेत किया।

कुछ ही क्षणों में बंदी राम व लक्ष्मण वहां लाए गए। हनुमान अपने स्वामी की ऐसी दशा देखकर क्रोध से कांपने लगे।

"क्या तुम्हारा कोई रक्षक है तपस्वियो?" अहिरावण बोला—"यदि है तो तुम उसे पुकार सकते हो। मैं तुम्हें इतना अवसर अवश्य देना चाहूंगा।"

"हमारा एकमात्र आश्रय संकटमोचक हनुमान ही है अहिरावण!" श्रीराम बोले—"उन्होंने कभी हमें निराश नहीं किया। तुम अपना कार्य करो—वे अपना कार्य करेंगे।"

अहिरावण ने खड्ग संभाली ही थी, तभी ऐसी भीषण हुंकार हुई कि महल की दीवारें कंपित हो उठीं। काली की मूर्ति के पीछे से रुद्रावतार हनुमान प्रकट हुए और उन्होंने गदा का भीषण प्रहार अहिरावण पर किया। वह गेंद की भांति लुढ़कता हुआ एक स्तंभ से टकराया।

हनुमान ने उसके अनुचरों पर आक्रमण कर दिया और शवों का ढेर लगा दिया। अहिरावण भारी क्रोध में उनसे भिड़ गया, किंतु हनुमान के भीषण प्रहारों से उसने तड़पते हुए प्राण त्याग दिए।

हनुमान ने राम-लक्ष्मण के बंधन खोले तो श्रीराम ने उन्हें अपने हृदय से लगा लिया।

"हनुमान, मैं तुमसे कभी उऋण नहीं हो सकता।" राम भाव-विभोर होकर बोले–"तुमने सदैव ऐसे समय में हमारी सहायता की है, जब कोई मार्ग नहीं सूझता था। मेरे प्रिय, तुम सदैव मेरे हृदय में रहोगे–रघुकुल तुम्हारा आभारी रहेगा।"

"प्रभो, मैं तुच्छ जीव हूं। आपकी कृपा के बिना मेरा क्या बल और क्या बुद्धि!" हनुमान ने कहा–"आइए प्रभु, मेरे कंधों पर बैठिए–सेना के शिविर में सब आपके लिए चिंतित होंगे।"

हनुमान राम-लक्ष्मण को लेकर शीघ्र ही राम-दल में पहुंच गए। उस दिन के युद्ध में नीरसता ही रही, यद्यपि दोनों पक्ष कुशलता से लड़े थे। सुग्रीव, विभीषण, जामवंत आदि ने प्रभु श्रीराम की चरण-वंदना की और हनुमान के बल, पराक्रम, बुद्धि और स्वामिभक्ति की सराहना की।

अगले प्रात:काल रणभूमि में स्वयं दशानन रावण आया तो प्रभु श्रीराम उसके सामने जा पहुंचे। यह निर्णायक युद्ध था। देवता भी आकाश से इस युद्ध को देख रहे थे। युद्ध-कला में पारंगत रावण का युद्ध-कौशल सराहनीय था। उसने वानर-भालुओं को इतना पीड़ित कर दिया कि प्रभु श्रीराम को उसका अंत शीघ्र करने का निर्णय लेना पड़ा। उन्होंने एक अर्द्ध-चंद्राकार बाण चलाया, जो दस गुणित होकर रावण के दसों शीश उतार ले गया, परंतु यह क्या, उसके शीश पुन: उग आए। राम ने पुन:-पुन: उन शीशों को काटा, परंतु फिर वही हुआ।

"प्रभु, रावण की नाभि में अमृत है।" विभीषण ने बताया–"जब तक वह अमृत रहेगा, तब तक रावण भी अवध्य रहेगा। आप उसका कोई उपाय करें।"

श्रीराम ने धनुष पर एक प्रलयंकारी अग्निबाण चढ़ाया और रावण की नाभि को लक्ष्य बनाकर छोड़ दिया। सर्प की भांति सरसराता हुआ बाण नाभि मार्ग से रावण के उदर में जा घुसा।

श्रीराम ने पुन: अर्द्ध-चंद्राकार बाण से रावण के दसों शीश काट डाले। इस बार शीश पुन: न उगे। देवताओं ने पुष्पवर्षा की। रावण का धड़ रणभूमि में नृत्य कर रहा था और अंतत: वह महान बलवान, अति अहंकारी त्रिलोक विजयी दशानन धराशायी हो गया।

धर्म और सत्य की विजय हुई। धरा पर पाप का बोझ निर्जीव पड़ा था। प्रभु श्रीराम ने देवताओं को जो वचन दिया था, वह पूरा हुआ। श्रीराम के संकल्प को पूरा करने में हनुमान का योगदान श्रेष्ठतम् था।

6

भक्त और भक्ति की महत्ता

यावत् तव कथा लोके विचरिष्यति पावनी॥
तावत् स्थास्यामि मेदिन्यां तवाज्ञामनुपालयन्।

—वाल्मीकि रामायण–7/108/35–36

संध्या हुई तो प्रभु ने प्रण के अनुसार बाण चलाया, किंतु वह काशिराज के चक्कर काटकर लौट गया। तीनों बाण इसी प्रकार लौट गए। तीनों बाणों ने श्रीराम के सम्मुख प्रकट होकर निवेदन किया—"प्रभु, वह आपका नाम सुमिरण कर रहा है और मारुति उनकी रक्षा में हैं। हम कैसे उल्लंघन करें?"

"हनुमान के वचन का उल्लंघन तो मैं भी नहीं कर सकता। अब तुम अपना कार्य किए बिना तो तूणीर में जाओगे नहीं। जाओ, द्रुमकुल्य नामक पातकी क्षेत्र में जो क्रूरकर्मा राक्षस हैं, उनका नाश करो।" श्रीराम ने आदेश दिया।

इस प्रकार भक्त और भक्ति की महत्ता सिद्ध करके भगवान श्रीराम ने अपनी भी महत्ता सिद्ध कर दी। हनुमान की अनन्य और प्रगाढ़ भक्ति दुर्लभ है।

रावण वध के पश्चात् प्रभु श्रीराम के आदेश पर रावण का विधिवत् अंतिम संस्कार किया गया और विभीषण का राज्याभिषेक हुआ। इसके बाद श्रीराम और जानकीजी का आमना-सामना हुआ। एक लंबी वियोग की

अवधि के बाद जब सीता सम्मुख आईं तो श्रीराम ने उनकी अग्नि-परीक्षा का निर्णय ले लिया। सभी स्तब्ध रह गए। यद्यपि लोक-व्यवहार में यह उचित निर्णय था, तथापि इसका दूसरा पक्ष यह था कि वह सीता की प्रतिमूर्ति योगमाया थी और वास्तविक सीता अग्निदेव के पास सुरक्षित थीं और अब प्रभु उन्हें पुनः लौटाना चाह रहे थे। इस प्रकार लोकपक्ष और देवपक्ष दोनों का निर्वाह होना था।

सीताजी ने अग्नि-परीक्षा दी और सभी देवताओं ने माता सीता को निष्पाप और पवित्र कहा, तब श्रीराम ने उन्हें अंगीकर किया।

अब वनवास की अवधि भी समाप्त हो गई थी, अतः अयोध्या लौट चलने की तैयारी हुई। स्वयं विभीषण पुष्पक विमान लेकर हनुमान सहित तीनों दिव्य मूर्तियों के साथ अयोध्या की ओर चले। अयोध्या नगरी श्रीराम की प्रतीक्षा में थी। वहां उनका भव्य स्वागत हुआ, फिर गुरु वशिष्ठ ने एक शुभ मुहूर्त निकालकर श्रीराम का राज्याभिषेक करा दिया।

हनुमान तो अपने स्वामी श्रीराम की सेवा के अतिरिक्त अन्य कुछ सोचते ही न थे। एक दिन श्रीराम का भव्य दरबार लगा हुआ था। प्रभु श्रीराम उस दिन बड़ी उदारता से मणि-माणिक्य आदि के उपहार प्रदान कर रहे थे। सभी को प्रभु की ओर से बहुमूल्य आभूषण मिले। हनुमान की बारी नहीं आई तो माताश्री ने उन्हें अपना अमूल्य मुक्ताहार भेंट कर दिया।

हनुमान को हार का मूल्य क्या पता था! एकाएक उनके मन में उस हार के मोतियों में अपने प्रभु को खोजने की जिज्ञासा जाग उठी। उन्होंने निर्लिप्त भाव से एक मोती निकालकर अपने मुंह में रखा और तोड़कर उलट-पुलटकर देखने लगे।

"अरे वीरवर हनुमान!" महाराज विभीषण से न रहा गया तो बोले-"यह क्या किया? इतना अमूल्य उपहार तोड़ रहे हो! इसका अर्थ क्या है?"

"हे लंकाधीश, इस हार के किसी भी मोती में मेरे प्रभु की झांकी नहीं है तो यह निरा पत्थर है। यह मेरे किस काम का?" हनुमान बोले।

"हनुमान, प्रभु की झांकी मन में होती है, शरीर में नहीं।"

"मेरे तो मन, वचन और हृदय आदि सब में है।" हनुमान दृढ़ता से बोले।

"दिखाओ फिर अपने हृदय में-हम भी तो देखें।"

हनुमान ने दोनों हाथों के नखों से अपना सीना फाड़ दिया, जहां से प्रभु श्रीराम व माता जानकी की दिव्य झांकी झलक रही थी। विभीषण उनके चरणों में गिर पड़े। प्रभु श्रीराम ने सिंहासन छोड़कर हनुमान को अंक में भर लिया और बोले-"ऐसा भक्त और ऐसी भक्ति दोनों ही दुर्लभ हैं।"

हनुमान के लिए श्रीराम केवल आराध्य नहीं, उनके प्राण हैं। किस प्रकार प्रभु उन पर प्रसन्न रहें, ऐसे उपाय और विचार वे प्रतिक्षण सोचते थे।

एक दिन माता सीता अपनी मांग में सिंदूर लगा रही थीं। हनुमान भी वहीं खड़े हुए उत्सुकता से देख रहे थे।

"माते! यह लाल वर्ण का चूर्ण क्या है और इसे आप अपने बालों में क्यों लगा रही हैं?"

"पुत्र हनुमान, यह सुहागिनों का सौभाग्य सूचक सिंदूर है। प्रत्येक सुहागिन स्त्री इसे अपनी मांग में भरती है जिससे उसके पति दीर्घायु होते हैं। स्वामी की लंबी आयु के लिए सभी स्त्रियां इस सौभाग्य सूचक सिंदूर से श्रृंगार करती हैं।"

हनुमान विचारमग्न हो गए। वे वहां से बाहर आए और शीघ्रता के साथ कहीं से ढेर सारे सिंदूर की व्यवस्था करके लाए, फिर उन्होंने उस सिंदूर को अपने अंग-प्रत्यंग में पोत लिया, तत्पश्चात् वे राम दरबार में पहुंचे। उन्हें सिंदूर में पुता देखकर सब हंसने लगे।

हनुमान प्रभु चरणों में आ बैठे।

"हनुमान, यह सिंदूर स्नान क्यों करके आए हो?" श्रीराम ने पूछा।

इस प्रश्न का उत्तर माता जानकी ने दिया कि कैसे अपने स्वामी की दीर्घायु के लिए सिंदूर लगाने की बात सुनकर उस विचारवान् सेवक ने सिंदूर का प्रयोग किया था! सीताजी की बात सुनकर श्रीराम भाव-विह्वल हो गए।

"हनुमान, तुमने तो सेवा के अर्थ ही बदल दिए।" श्रीराम प्रसन्न भाव से हनुमान की ओर देखते हुए बोले–"तुम्हारी सेवा भाव की स्मृति में मैं जगत-कल्याण हेतु एक व्यवस्था करता हूं–आज मंगलवार है और इस दिन से जो तुम्हें सिंदूर से तिलक करेगा, उसकी सभी मनोकामनाएं पूर्ण होंगी।"

"पुत्र हनुमान, तुम्हारे जैसे दुर्लभ भक्त की इस सृष्टि को सदैव आवश्यकता रहेगी।" सीताजी भी हर्षित होते हुए बोलीं–"समस्त जीव-जगत प्रभु के आश्रय हैं, अत: मैं तुम्हें अमरत्व का वरदान देती हूं। तुम सृष्टिपर्यंत भूलोक पर रहकर प्रभु-भक्तों की सेवा और सहायता में लीन रहोगे। मेरा वरदान है कि जो भी भक्त सच्चे मन से तुम्हारा स्मरण करेगा, उसे तुम मनोवांछित फल प्रदान करोगे।"

सुनु सुत सदगुन सकल तव हृदयं बसहुं हनुमंत।
सानुकूल कोसलपति रहहुं समेत अनंत॥

–रामचरितमानस, लंकाकांड, दोहा–107

हनुमान ने अपनी सेवा और भक्ति से स्वयं को भक्त-शिरोमणि सिद्ध किया। उनके हृदय में राम-नाम के अतिरिक्त कोई अन्य बात नहीं आती थी। प्रभु-सेवा और वचन-पालन में हनुमान अग्रणी थे, इसके लिए भले ही कुछ भी करना पड़े।

एक बार काशीनरेश प्रभु श्रीराम के दर्शनार्थ अयोध्या जा रहे थे तो मार्ग में उन्हें देवर्षि मिल गए।

देवर्षि नारद सदैव प्रभु-लीलाओं का अवसर खोजते रहते हैं।

"काशीनरेश, प्रभु के दर्शन हेतु जा रहे हो तो मेरा एक काम कर दीजिए।" नारदजी सप्रेम बोले।

"कहिए देवर्षि, आपकी आज्ञा का पालन होगा।"

"वहां सभा में विश्वामित्र होंगे, आप उनकी उपेक्षा कर देना।"

"परंतु...वे तो अत्यंत क्रोधी हैं। मेरा अहित कर सकते हैं।" काशीनरेश घबराते हुए बोले।

"प्रभु श्रीराम के भक्त का अहित कौन कर सकता है राजन! आपको एक अद्भुत लीला दिखाने का उद्देश्य है हमारा। हम आपका अहित क्यों होने देंगे भला?" देवर्षि ने मंद-मंद हास्य के साथ कहा।

काशीनरेश ने राम दरबार में जाकर यही किया तो विश्वामित्र कुपित हो गए। उन्होंने श्रीराम को आरोपित किया कि उनके दरबार में ब्रह्मर्षि की उपेक्षा हुई है।

श्रीराम भी क्रोध में आ गए और उन्होंने प्रण किया कि उनके तीन तीक्ष्ण बाणों से काशिराज सायंकाल तक मृत्यु को प्राप्त होंगे।

काशिराज ने श्रीराम का प्रण सुना तो उनके होश उड़ गए। उन्होंने सोचा कि यह देवर्षि ने किस जन्म का बदला लिया, जो ऐसे विकट संकट में फंसा दिया। जब त्रिलोकीनाथ ने ही उसे मार डालने का प्रण लिया है तो कौन उसका रक्षक हो सकता है? अब देवर्षि ही बताएंगे कि स्वमृत्यु का कारण बनकर वे किस लीला के पात्र बने हैं?

देवर्षि तत्काल प्रकट हो गए और काशिराज को एक उपाय सुझाया।

"अब तो माता अंजना ही तुम्हारी रक्षक हो सकती हैं। किसी प्रकार उनसे अपनी रक्षा का वचन ले लो–अन्य कोई उपाय नहीं।" नारदजी ने काशीनरेश को उपाय बताया।

काशिराज तत्काल माता अंजना के आश्रम जा पहुंचे। संयोग से माता अंजना से मिलने हनुमान भी उन दिनों वहीं आए हुए थे और उन्हें श्रीराम के प्रण के विषय में पता नहीं था। काशिराज ने रो-बिलखकर माता अंजना से प्राणरक्षा का वचन ले लिया। इसके बाद उन्होंने प्रणकर्ता श्रीराम के बारे में बताया।

"देवर्षि के खेल निराले हैं।" माता अंजना बोलीं–"इसमें अवश्य कोई भेद होगा। भगवान श्रीराम की प्रतिज्ञा तो कैसे अन्यथा होगी, परंतु मैंने तुम्हें वचन दिया है तो कुछ प्रयास अवश्य करूंगी। आप निश्चिंत हो जाइए और प्रभु श्रीराम का अखंड जाप करते रहिए।"

काशिराज नदी तट पर 'राम-नाम' भजने लगे। हनुमान अपनी माता के पास पहुंचे तो उनकी गंभीर मुद्रा देखकर घबराए और कारण पूछा।

"पुत्र, बड़ी कठिनाई आन पड़ी है। मैंने किसी को प्राणरक्षा का वचन दिया है, परंतु स्वयं को असमर्थ पा रही हूं। क्या तुम मेरे वचन को पूर्ण करोगे? यदि ऐसा कर सकते हो तो मुझे तीन वचन दो, अन्यथा मैं कोई और उपाय...।"

"माते! प्रभु श्रीराम की कृपा से मेरे लिए कुछ भी असाध्य नहीं है। मैं आपको तीन वचन देता हूं कि यदि स्वयं त्रिदेव भी आ जाएं तो भी मेरी माता का वचन व्यर्थ नहीं होगा। आप आदेश करें कि किसकी, किससे प्राणरक्षा करनी है?"

माता ने बताया तो हनुमान स्तब्ध रह गए। प्रभु श्रीराम के प्रण के विरुद्ध हनुमान कैसे जा सकते हैं, परंतु माता को दिए वचन से विमुख भी नहीं हुआ जा सकता। हनुमान सीधे प्रभु की ही शरण में पहुंचे और अपनी दुविधा बता दी।

"हनुमत्! देवर्षि नारद भी बड़े चंचल हैं। उन्होंने ही भक्त की श्रेष्ठता को सिद्ध करने के लिए यह खेल रचा है।" श्रीराम गंभीर स्वर में बोले–"वीरवर, तुम्हारे वचन से बढ़कर मेरे लिए कुछ भी नहीं है। तुम काशिराज के रक्षक हो। तुम जिसके रक्षक हो, उसका तो साक्षात् महाकाल भी कुछ नहीं बिगाड़ सकते।"

हनुमान श्रीराम का आश्वासन पाकर निश्चिंत हो गए और काशिराज को सब वृत्तांत जाकर कहा। इसके साथ ही उन्होंने यह भी कहा कि 'राम-नाम' का जाप न छोड़ना।

संध्या हुई तो प्रभु ने प्रण के अनुसार बाण चलाया, किंतु वह काशिराज के चक्कर काटकर लौट गया। तीनों बाण इसी प्रकार लौट गए। तीनों बाणों ने श्रीराम के सम्मुख प्रकट होकर निवेदन किया–"प्रभु, वह आपका नाम सुमिरण कर रहा है और मारुति उनकी रक्षा में हैं। हम कैसे उल्लंघन करें?"

"हनुमान के वचन का उल्लंघन तो मैं भी नहीं कर सकता। अब तुम अपना कार्य किए बिना तो तूणीर में जाओगे नहीं। जाओ, द्रुमकुल्य नामक पातकी क्षेत्र में जो क्रूरकर्मा राक्षस हैं, उनका नाश करो।" श्रीराम ने आदेश दिया।

इस प्रकार भक्त और भक्ति की महत्ता सिद्ध करके भगवान श्रीराम ने अपनी भी महत्ता सिद्ध कर दी। हनुमान की अनन्य और प्रगाढ़ भक्ति दुर्लभ है। श्रीराम के

चरणों में नित्य सेवा करते हुए हनुमान ने राज-राजेश्वर राम को लौकिक मर्यादाओं के सामाजिक सरोकारों का पालन करते हुए देखा।

जब एक धोबी के कहने पर माता सीता का परित्याग करके श्रीराम एकांकी हो गए तो हनुमान क्षण-भर भी उनसे विलग नहीं होते थे। राजधर्म का पालन करने वाले श्रीराम भूपों और नरों में सर्वश्रेष्ठ थे।

जब श्रीराम ने अश्वमेध यज्ञ किया तो हनुमान को श्रीराम के पुत्रद्वय लव-कुश से युद्ध करने का अवसर मिला। उन दोनों भाइयों ने यज्ञ के घोड़े को बांध लिया था। अद्वितीय रणकुशल योद्धा लव-कुश हनुमान को भी बंदी बना ले गए और माता सीता के सम्मुख प्रस्तुत किया। उस समय हनुमान का हृदय भर आया, जब भगवती भवानी को उन्होंने फिर से संन्यासिनी वेश में देखा।

हनुमान को माता सीता ने अमरत्व का वरदान दिया था, अत: आज भी उनके इसी धरा धाम पर होने की मान्यता है। यह भी मान्यता है कि तुलसीदास को बोध कराने के लिए स्वयं हनुमान ने दर्शन दिए थे—बोध से पूर्व तुलसीदास का जीवन अति साधारण था। साहित्य से उनका कोई संबंध नहीं था, परंतु जब रामभक्त हनुमान की कृपा हुई तो उन्होंने उच्च कोटि के कालजयी साहित्य रामचरितमानस की रचना कर दी, जो आज विश्व-भर का सुप्रसिद्ध ग्रंथ है। जो श्रीराम के भक्त हैं, उनकी रक्षा में हनुमान सदैव तत्पर रहते हैं।

खंड-9

श्री हनुमान चालीसा एवं अन्य स्तुतियां

अष्ट सिद्धि नौ निधि के दाता।
अस बर दीन जानकी माता॥
राम रसायन तुम्हरे पासा।
सदा रहो रघुपति के दासा॥

हे हनुमान! माता श्रीजानकीजी से आपको ऐसा वरदान प्राप्त है, जिससे आप किसी को भी अष्ट सिद्धि और नव निधि प्रदान कर सकते हैं। आप सदैव श्रीरघुनाथजी की शरण में रहते हैं। आपके पास राम-नाम का रसायन भी है, जो बुढ़ापा और असाध्य रोगों का नाश करने वाला है।

रावन जुद्ध अजान कियो तब, नाग की फांस सबै सिर डारो।
श्रीरघुनाथ समेत सबै दल, मोह भयो यह संकट भारो।।
आनि खगेस तबै हनुमान जु, बंधन काटि सुत्रास निवारो।
को नहिं जानत है जग में कपि, संकटमोचन नाम तिहारो।।

रावण ने जब श्रीराम और लक्ष्मणजी पर नागपाश नामक अस्त्र का
प्रहार किया, तब दोनों मूर्च्छित हो गए। इसके बाद सभी पर जैसे
भीषण संकट छा जाता है। नागपाश के बंधन से केवल गरुड़राज
ही मुक्ति प्रदान कर सकते थे। यह जानकर हनुमानजी पवन वेग से
उड़कर देवलोक जाते हैं और गरुड़राज को युद्धस्थल पर लेकर आते
हैं। गरुड़राज श्रीराम और लक्ष्मणजी को नागपाश से मुक्ति दिलाते हैं।
इस प्रकार हनुमानजी सभी के कष्टों का निवारण करते हैं।

1

श्री हनुमान चालीसा

दोहा

श्रीगुरु चरन सरोज रज, निज मनु मुकुरु सुधारि।
बरनऊं रघुबर बिमल जसु, जो दायकु फल चारि।।
बुद्धिहीन तनु जानिके, सुमिरौं पवन-कुमार।
बल बुद्धि बिद्या देहु मोहिं, हरहु कलेस बिकार।।

भावार्थ–श्रीगुरु महाराज के चरण-कमलों की धूल से अपने मन रूपी दर्पण को पवित्र करने के पश्चात् मैं श्रीरघुवीर के निर्मल यश को वर्णित करता हूं, जो चारों फल–धर्म, अर्थ, काम और मोक्ष को प्रदान करने वाला है। हे पवन कुमार! मैं आपका स्मरण करता हूं। आप जानते ही हैं कि मेरा शरीर और बुद्धि बहुत निर्बल है। मुझे शारीरिक बल, सद्‌बुद्धि एवं ज्ञान प्रदान कीजिए और मेरे क्लेश एवं विकारों को नष्ट कर दीजिए।

चौपाई

जय हनुमान ज्ञान गुन सागर।
जय कपीस तिहुं लोक उजागर।।1।।

भावार्थ–हे हनुमानजी! आपकी जय हो। आप ज्ञान और गुण के सागर हैं। हे कपीश्वर! आपकी जय हो! तीनों लोकों–स्वर्गलोक, भूलोक और पाताललोक में आपकी कीर्ति फैली हुई है।

> रामदूत अतुलित बल धामा।
> अंजनि-पुत्र पवनसुत नामा॥2॥

भावार्थ–हे राम के दूत! आप पवनसुत और अंजनी-पुत्र के नाम से भी जाने जाते हो। आपके बल की कोई तुलना नहीं की जा सकती।

> महाबीर बिक्रम बजरंगी।
> कुमति निवार सुमति के संगी॥3॥

भावार्थ–हे महावीर बजरंग बली! आप महान पराक्रमी हैं। आप कुमति का निवारण करके सुमति प्रदान करने में सहायक होते हैं।

> कंचन बरन बिराज सुबेसा।
> कानन कुंडल कुंचित केसा॥4॥

भावार्थ–आप सुनहरे रंग, सुंदर वस्त्रों, कानों में कुंडल और घुंघराले बालों से शोभायमान हो रहे हैं।

> हाथ बज्र औ ध्वजा बिराजै।
> कांधे मूंज जनेऊ साजै॥5॥

भावार्थ–आप हाथ में वज्र और ध्वजा थामे हुए हैं और आपके कंधे पर मूंज की जनेऊ शोभा प्रदान कर रही है।

> संकर सुवन केसरीनंदन।
> तेज प्रताप महा जग बंदन॥6॥

भावार्थ–हे शंकर के अवतार, केसरी नंदन! आपके पराक्रम और यश की संसार-भर में वंदना होती है।

विद्यावान गुनी अति चातुर।
राम काज करिबे को आतुर॥7॥

भावार्थ–आप विद्वान, गुणी और अत्यंत चतुर हैं तथा श्रीराम के कार्य करने हेतु सदैव तत्पर रहते हैं।

प्रभु चरित्र सुनिबे को रसिया।
राम लखन सीता मन बसिया॥8॥

भावार्थ–आप श्रीरामचरित सुनने में आनंद रस प्राप्त करते हैं। श्रीराम, सीता और लक्ष्मण आपके हृदय में वास करते हैं।

सूक्ष्म रूप धरि सियहिं दिखावा।
बिकट रूप धरि लंक जरावा॥9॥

भावार्थ–आपने सूक्ष्म रूप धारण करके सीताजी को दर्शन दिए और भयानक रूप धारण करके लंका को जला दिया।

भीम रूप धरि असुर संहारे।
रामचंद्र के काज संवारे॥10॥

भावार्थ–आपने विशाल रूप धारण करके राक्षसों का संहार किया और श्रीरामजी के कार्यों को सफल बनाया।

लाय सजीवन लखन जियाये।
श्रीरघुबीर हरषि उर लाये॥11॥

भावार्थ–हे महाबली हनुमान! आपने संजीवनी बूटी लाकर लक्ष्मणजी की प्राणरक्षा की, तब भगवान श्री रामचंद्रजी ने प्रसन्न होकर आपको गले से लगा लिया।

रघुपति कीन्ही बहुत बड़ाई।
तुम मम प्रिय भरतहिं सम भाई॥12॥

भावार्थ—श्रीरामचंद्र ने आपकी बहुत प्रशंसा करते हुए कहा कि तुम मेरे लिए भ्राता भरत के समान प्रिय हो।

सहस बदन तुम्हरो जस गावैं।
अस कहि श्रीपति कंठ लगावैं॥13॥

भावार्थ—सहस्र मुख तुम्हारा यश-गान करते हैं। यह कहकर श्रीराम ने आपको गले से लगा लिया।

सनकादिक ब्रह्मादि मुनीसा।
नारद सारद सहित अहीसा॥14॥

भावार्थ—श्रीसनक, श्रीसनातन, श्रीसनंदन, श्रीसनत्कुमार आदि मुनिगण, ब्रह्मा आदि देवगण और नारदजी, सरस्वतीजी, शेषनागजी आदि सभी आपका गुणगान करते हैं।

जम कुबेर दिग्पाल जहां ते।
कबि कोबिद कहि सके कहां ते॥15॥

भावार्थ—यमराज, कुबेर आदि सभी दिशाओं के रक्षक, कवि विद्वान, पंडित अथवा कोई भी प्राणी आपके यश को पूर्णतः वर्णित नहीं कर सकता।

तुम उपकार सुग्रीवहिं कीन्हा।
राम मिलाय राज पद दीन्हा॥16॥

भावार्थ—आपने सुग्रीवजी की श्रीराम से भेंट करवाकर उपकार किया, जिसके कारण उन्हें राजा का पद प्राप्त हुआ।

तुम्हरो मंत्र बिभीषन माना।
लंकेस्वर भए सब जग जाना॥17॥

भावार्थ–आपके मंत्र का विभीषणजी ने पालन किया जिसके कारण वे लंका के राजा बने, इस बात को सारा संसार जानता है।

जुग सहस्र जोजन पर भानू।
लील्यो ताहि मधुर फल जानू॥18॥

भावार्थ–सहस्रों योजन की दूरी पर जो सूर्य स्थित है, आपने मीठा फल समझकर उसका भक्षण कर लिया था।

प्रभु मुद्रिका मेलि मुख माहीं।
जलधि लांघि गए अचरज नाहीं॥19॥

भावार्थ–श्रीरामजी की अंगूठी मुंह में रखकर आपने समुद्र को लांघ लिया, इसमें कोई आश्चर्य की बात नहीं है।

दुर्गम काज जगत के जेते।
सुगम अनुग्रह तुम्हरे तेते॥20॥

भावार्थ–संसार में जितने भी दुर्गम कार्य हैं, वे आपका अनुग्रह प्राप्त होने पर सहज और सुगम हो जाते हैं।

राम दुआरे तुम रखवारे।
होत न आज्ञा बिनु पैसारे॥21॥

भावार्थ–श्रीरामजी के द्वार के आप रखवाले हैं। इस द्वार में आपकी आज्ञा बिना कोई भी प्रवेश नहीं कर सकता अर्थात् आपके अनुग्रह के बिना राम की कृपा प्राप्त करना संभव नहीं है।

सब सुख लहै तुम्हारी सरना।
तुम रच्छक काहू को डरना॥22॥

भावार्थ—आपकी शरण में आने वाले प्राणी को सभी प्रकार के आनंद सहज ही प्राप्त हो जाते हैं और जब आप रक्षक हैं, तो फिर किसी प्रकार का भय नहीं रहता।

आपन तेज सम्हारो आपै।
तीनों लोक हांक तें कांपै॥23॥

भावार्थ—आपके अलावा आपके वेग को कोई नहीं संभाल सकता और आपकी गर्जना से त्रिलोक प्रकंपित हो जाते हैं।

भूत पिसाच निकट नहिं आवै।
महाबीर जब नाम सुनावै॥24॥

भावार्थ—महावीर हनुमानजी का जहां नाम सुमिरण किया जाता है, वहां भूत, पिशाच आदि निकट भी नहीं आ सकते।

नासै रोग हरै सब पीरा।
जपत निरंतर हनुमत बीरा॥25॥

भावार्थ—वीर हनुमानजी! आपका निरंतर जप करने से सभी रोगों का नाश हो जाता है और सब प्रकार की पीड़ा दूर हो जाती है।

संकट तें हनुमान छुड़ावै।
मन क्रम बचन ध्यान जो लावै॥26॥

भावार्थ—मन, कर्म और वचन में जिनका ध्यान आपमें लगा रहता है, उन्हें आप सभी संकटों से मुक्त करा देते हैं।

सब पर राम तपस्वी राजा।
तिन के काज सकल तुम साजा॥27॥

भावार्थ–तपस्वी राजा श्रीरामजी सर्वश्रेष्ठ हैं और आपने उनके समस्त कार्यों को सहज ही पूर्ण कर दिया।

और मनोरथ जो कोइ लावै।
सोइ अमित जीवन फल पावै॥28॥

भावार्थ–जिस पर आपका अनुग्रह हो और उसकी कोई भी अभिलाषा हो तो उसे ऐसा फल प्राप्त होता है जिसकी जीवन में कोई सीमा नहीं होती।

चारों जुग परताप तुम्हारा।
है परसिद्ध जगत उजियारा॥29॥

भावार्थ–चारों युगों–सतयुग, त्रेतायुग, द्वापरयुग तथा कलियुग में आपका प्रताप फैला हुआ है और संसार में आपकी कीर्ति सर्वत्र प्रकाशित हो रही है।

साधु-संत के तुम रखवारे।
असुर निकंदन रामदुलारे॥30॥

भावार्थ–आप श्रीराम के दुलारे और साधु-संतों की रक्षा तथा दुष्टों का नाश करने वाले हैं।

अष्ट सिद्धि नौ निधि के दाता।
अस बर दीन जानकी माता॥31॥

भावार्थ–हे हनुमान! माता श्रीजानकीजी से आपको ऐसा वरदान प्राप्त है, जिससे आप किसी को भी अष्ट सिद्धि और नव निधि प्रदान कर सकते हैं।

राम रसायन तुम्हरे पासा।
सदा रहो रघुपति के दासा॥32॥

भावार्थ—आप सदैव श्रीरघुनाथजी की शरण में रहते हैं। आपके पास राम-नाम का रसायन भी है, जो बुढ़ापा और असाध्य रोगों का नाश करने वाला है।

तुम्हरे भजन राम को पावै।
जनम-जनम के दुख बिसरावै॥33॥

भावार्थ—आपका भजन-कीर्तन करने से श्रीरामजी सरलता से प्राप्त हो जाते हैं और भक्तों के जन्म-जन्मांतर के दुख दूर हो जाते हैं।

अंतकाल रघुबर पुर जाई।
जहां जन्म हरि-भक्त कहाई॥34॥

भावार्थ—ऐसे मनुष्य अंतकाल में श्रीरामजी के धाम जाते हैं और यदि फिर भी मनुष्य योनि में जन्म लेंगे तो भक्ति करेंगे और श्रीराम-भक्त कहलाएंगे।

और देवता चित्त न धरई।
हनुमत सेइ सर्ब सुख करई॥35॥

भावार्थ—हनुमानजी की सेवा करने से सभी प्रकार के सुख प्राप्त हो जाते हैं, इसके बाद अन्य किसी देवता का ध्यान करने की आवश्यकता नहीं रहती।

संकट कटै मिटै सब पीरा।
जो सुमिरै हनुमत बलबीरा॥36॥

भावार्थ—जो मनुष्य हनुमानजी का स्मरण करता रहता है, उसके सभी संकट समाप्त हो जाते हैं और सभी पीड़ा दूर हो जाती है।

जै जै जै हनुमान गोसाईं।
कृपा करहु गुरुदेव की नाईं॥37॥

भावार्थ–हे स्वामी हनुमानजी! आपकी जय हो, जय हो, जय हो! आप मुझ पर श्रीगुरुदेव के समान अनुकंपा कीजिए।

जो सत बार पाठ कर कोई।
छूटहि बंदि महा सुख होई॥38॥

भावार्थ–जो मनुष्य इस हनुमान चालीसा का सौ बार पाठ करेगा, उसे सभी प्रकार के बंधनों से मुक्ति मिल जाएगी और वह परमानंद को प्राप्त करेगा।

जो यह पढ़ै हनुमान चालीसा।
होय सिद्धि साखी गौरीसा॥39॥

भावार्थ–यह हनुमान चालीसा भगवान शिवजी ने लिखवाया है। अतः वे साक्षी हैं कि जो इसका पाठ करेगा, उसे अवश्य ही सफलता प्राप्त होगी।

तुलसीदास सदा हरि चेरा।
कीजै नाथ हृदय मंह डेरा॥40॥

भावार्थ–हे स्वामी हनुमानजी! तुलसीदास सदैव श्रीराम का सेवक रहा है। अतः आप उसके हृदय में वास कीजिए।

दोहा

पवन तनय संकट हरन, मंगल मूरति रूप।
राम लखन सीता सहित, हृदय बसहु सुर भूप॥

भावार्थ–हे संकटहारी हनुमानजी! आपका स्वरूप कल्याणकारी है। हे सुरभूप! आप श्रीराम, सीताजी और लक्ष्मणजी सहित मेरे हृदय में वास कीजिए।

2

संकटमोचन हनुमानाष्टक

बाल समय रबि भक्षि लियो तब, तीनहुं लोक भयो अंधियारो।
ताहि सों त्रास भयो जग को, यह संकट काहु सों जात न टारो॥
देवन आन करी बिनती तब, छांड़ि दियो रबि कष्ट निवारो।
को नहिं जानत है जग में कपि, संकटमोचन नाम तिहारो॥1॥

भावार्थ–हे परमवीर हनुमानजी! आपने बाल्यकाल में जब सूर्य को मीठा फल समझकर उसका भक्षण कर लिया था तो तीनों लोक में अंधकार व्याप्त हो गया था। संपूर्ण जगत में जो विपदा का समय था, उसे कोई भी टाल पाने में समर्थ नहीं हो पा रहा था। उस समय सभी देवताओं ने आपके पास आकर प्रार्थना की कि सूर्य को छोड़ दें और हम सभी के कष्टों को दूर करें। हे पवन-पुत्र हनुमान! आपको कौन नहीं जानता, आपका तो नाम ही संकटमोचन है। आपने देवताओं के बड़े और कठिन कार्यों को पूरा किया है, फिर मुझ दीन-हीन का ऐसा कौन-सा संकट हो सकता है, जिसे आप दूर नहीं कर सकते!

बालि की त्रास कपीस बसै गिरि, जात महाप्रभु पंथ निहारो।
चौंकि महा मुनि साप दिया तब, चाहिय कौन बिचार बिचारो॥
कै द्विज रूप लिवाय महाप्रभु, सो तुम दास के सोक निवारो।
को नहिं जानत है जग में कपि, संकटमोचन नाम तिहारो॥2॥

भावार्थ–बाली से भयभीत होकर सुग्रीव अपनी सेना के साथ ऋष्यमूक पर्वत पर आकर रहने लगते हैं। उस समय हनुमानजी ने स्वयं ब्राह्मण का वेश धारण करके भगवान श्रीराम की भक्ति की और उन्हें उस ओर बुलाया। इस प्रकार हनुमानजी कोई-न-कोई उचित उपाय करके भक्तों के दुखों को दूर करते हैं।

अंगद के संग लेन गये सिय, खोज कपीस यह बैन उचारो।
जीवत ना बचिहौ हम सो जु, बिना सुधि लाय इहां पगु धारो॥
हरि थके तट सिंधु सबै तब, लाय सिया-सुधि प्रान उबारो।
को नहिं जानत है जग में कपि, संकटमोचन नाम तिहारो॥3॥

भावार्थ–हे हनुमान! जब आप अंगद आदि के साथ माता सीताजी की खोज में निकले तो वानरराज सुग्रीव ने कहा था कि अगर आप बिना सीता माता की खोज किए लौटोगे तो सबको मृत्युदंड मिलेगा। सभी वानर आदि समुद्र तट पर थके-हारे बैठे थे, तभी आप सीता माता की खबर लाये और सबके प्राण बचाए।

रावन त्रास दई सिय को सब, राक्षसि सों कहि सोक निवारो।
ताहि समय हनुमान महाप्रभु, जाय महा रजनीचर मारो॥
चाहत सीय असोक सों आगि सु, दै प्रभु मुद्रिका सोक निवारो।
को नहिं जानत है जग में कपि, संकटमोचन नाम तिहारो॥4॥

भावार्थ–रावण ने सीता माता को बहुत पीड़ा पहुंचाई और प्रताड़ित करते हुए कहा कि उन्हें अपने दुखों को दूर करने के लिए राक्षसों की शरण में आ जाना चाहिए। उस समय हनुमानजी ने अशोक वाटिका में पहुंचकर सभी राक्षसों का संहार कर डाला और अशोक वाटिका में माता सीता को खोज लिया। उन्होंने भगवान श्रीराम की अंगूठी देकर माता सीता के कष्टों को दूर किया।

बान लग्यो उर लछिमन के तब, प्रान तजे सुत रावन मारो।
लै गृह बैद्य सुषेन समेत, तबै गिरि द्रोन सु बीर उपारो॥
आनि सजीवन हाथ दई तब, लछिमन के तुम प्रान उबारो।
को नहिं जानत है जग में कपि, संकटमोचन नाम तिहारो॥5॥

भावार्थ—जब रावण के पुत्र इंद्रजीत मेघनाद के शक्ति-प्रहार से लक्ष्मण मूर्च्छित हो जाते हैं, तो उनकी प्राणरक्षा हेतु हनुमानजी वैद्यराज सुषेण को उनके लंका में स्थित घर के साथ उठाकर श्रीराम शिविर में लेकर आते हैं। वैद्यराज के उपचार के अनुसार, सूर्योदय से पूर्व लक्ष्मणजी को यदि संजीवनी बूटी मिल जाए तो उनकी प्राणरक्षा हो सकती है। सुषेण वैद्य द्वारा बताई गई संजीवनी बूटी को न पहचानने के कारण वे संपूर्ण पर्वत को उठाकर ले आते हैं और वैद्यराज लक्ष्मण को संजीवनी बूटी देकर उनकी प्राणरक्षा करते हैं।

रावन जुद्ध अजान कियो तब, नाग की फांस सबै सिर डारो।

श्रीरघुनाथ समेत सबै दल, मोह भयो यह संकट भारो॥

आनि खगेस तबै हनुमान जु, बंधन काटि सुत्रास निवारो।

को नहिं जानत है जग में कपि, संकटमोचन नाम तिहारो॥6॥

भावार्थ—रावण ने जब श्रीराम और लक्ष्मणजी पर नागपाश नामक अस्त्र का प्रहार किया, तब दोनों मूर्च्छित हो गए। इसके बाद सभी पर जैसे भीषण संकट छा जाता है। नागपाश के बंधन से केवल गरुड़राज ही मुक्ति प्रदान कर सकते थे। यह जानकर हनुमानजी पवन वेग से उड़कर देवलोक जाते हैं और गरुड़राज को युद्धस्थल पर लेकर आते हैं। गरुड़राज श्रीराम और लक्ष्मणजी को नागपाश से मुक्ति दिलाते हैं। इस प्रकार हनुमानजी सभी के कष्टों का निवारण करते हैं।

बंधु समेत जबै अहिरावन, लै रघुनाथ पताल सिधारो।

देबिहिं पूजि भली बिधि सों बलि, देउ सबै मिलि मंत्र बिचारो॥

जाय सहाय भयो तब ही, अहिरावन सैन्य समेत संहारो।

को नहिं जानत है जग में कपि, संकटमोचन नाम तिहारो॥7॥

भावार्थ—जब अहिरावण श्रीराम और लक्ष्मण दोनों भाइयों को लेकर पाताल चला गया और देवी की पूजा-अर्चना करके उनकी बलि देने के लिए मंत्रोच्चारण कर रहा था, तभी हनुमानजी पाताल जाकर अहिरावण और उसकी सेना का संहार कर भगवान श्रीराम और लक्ष्मणजी को सकुशल वापस ले आते हैं।

काज किये बड देवन के तुम, बीर महाप्रभु देखि बिचारो।
कौन सो संकट मोर गरीब को, जो तुमसों नहिं जात है टारो॥
बेगि हरो हनुमान महाप्रभु, जो कछु संकट होय हमारो।
को नहिं जानत है जग में कपि, संकटमोचन नाम तिहारो॥8॥

भावार्थ—हनुमानजी ने भगवान श्रीराम के सभी कार्य सफलतापूर्वक पूर्ण किए और उनके सभी संकटों का निवारण किया। हे महाप्रतापी, महाबली हनुमान! मुझ गरीब के संकटों का भी नाश कर दो। आप सब जानते हैं और आप ही इन्हें दूर कर सकते हैं। प्रभु! मेरे जो भी संकट हैं, उन सबको दूर कर दीजिए।

दोहा

लाल देह लाली लसे, अरु धरि लाल लंगूर।
बज्र देह दानव दलन, जय जय जय कपि सूर॥

भावार्थ—जो लाल रंग का सिंदूर लगाते हैं, जिनका शरीर लाल और वज्र के समान कठोर एवं बलवान हैं, जिनकी लंबी-सी पूंछ है और जो राक्षसों का संहार करते हैं, ऐसे महाबलि हनुमान की जय हो, जय हो, जय हो।

3

श्री रामचंद्रजी की आरती

आरती कीजै श्री रघुबरजी की।
सत् चित् आनंद शिव सुंदर की॥

दशरथ-तनय, कौसिला-नंदन। सुर-मुनि-रक्षक दैत्य-निकंदन॥
अनुगत-भक्त भक्त-उर-चंदन। मर्यादा-पुरुषोत्तम वर की॥

आरती कीजै श्री रघुबरजी की।
सत् चित् आनंद शिव सुंदर की॥

निर्गुण-सगुन अरूप-रूप निधि। सकल लोक-वंदित विभिन्न विधि॥
हरण शोक-भय, दायक सब सिधि। मायारहित दिव्य नर-वर की॥

आरती कीजै श्री रघुबरजी की।
सत् चित् आनंद शिव सुंदर की॥

जानकी पति सुराधिपति जगपति। अखिल लोक पालक त्रिलोक गति॥
विश्ववंद्य अनवंद्य अमित-मति। एकमात्र गति सचराचर की॥

आरती कीजै श्री रघुबरजी की।
सत् चित् आनंद शिव सुंदर की॥

शरणागत वत्सल व्रतधारी। भक्त-कल्पतरु-वर असुरारी॥
नाम लेत जग पावनकारी। बानर-सखा, दीन-दुख हर की॥

आरती कीजै श्री रघुबरजी की।
सत् चित् आनंद शिव सुंदर की॥

4

श्री हनुमान लला की आरती

आरती कीजै हनुमान लला की।
दुष्ट दलन रघुनाथ कला की॥

जाके बल से गिरिवर कांपे।
रोग-दोष जाके निकट न झांके॥

अंजनि-पुत्र महा बलदाई।
संतन के प्रभु सदा सहाई॥

आरती कीजै हनुमान लला की...

दे बीरा रघुनाथ पठाए।
लंका जारि सिया सुधि लाए॥

लंका-सो कोट समुद्र-सी खाई।
जात पवनसुत बार न लाई॥

आरती कीजै हनुमान लला की...

लंका जारि असुर संहारे।
सियारामजी के काज संवारे॥

लछमन मूर्च्छित परे सकारे।
आनि संजीवन प्रान उबारे॥

पैठि पाताल तोरि जम-कारे।
अहिरावन की भुजा उखारे॥

बाएं भुजा असुर दल मारे।
दाहिने भुजा संतजन तारे॥

आरती कीजै हनुमान लला की...

सुर-नर-मुनि आरती उतारें।
जय जय जय हनुमान उचारें॥

कंचन थार कपूर लौ छाई।
आरति करत अंजना माई॥

जो हनुमानजी की आरति गावे।
बसि बैकुंठ परम पद पावे॥

लंक विध्वंस किये रघुराई।
तुलसीदास स्वामी कीर्ति गाई॥

आरती कीजै हनुमान लला की...

नासै रोग हरै सब पीरा।
जपत निरंतर हनुमत बीरा।।
संकट तें हनुमान छुड़ावै।
मन क्रम बचन ध्यान जो लावै।।
सब पर राम तपस्वी राजा।
तिन के काज सकल तुम साजा।।
और मनोरथ जो कोइ लावै।
सोइ अमित जीवन फल पावै।।

वीर हनुमानजी! आपका निरंतर जप करने से सभी रोगों का नाश हो जाता है और सब प्रकार की पीड़ा दूर हो जाती है। मन, कर्म और वचन में जिनका ध्यान आपमें लगा रहता है, उन्हें आप सभी संकटों से मुक्त करा देते हैं। तपस्वी राजा श्रीरामजी सर्वश्रेष्ठ हैं और आपने उनके समस्त कार्यों को सहज ही पूर्ण कर दिया। जिस पर आपका अनुग्रह हो और उसकी कोई भी अभिलाषा हो तो उसे ऐसा फल प्राप्त होता है जिसकी जीवन में कोई सीमा नहीं होती।